·毛泽东谈文论史全编·

顾　问：龙新民　郑欣淼　陈　晋　阎晓宏

# 评点中国古代戏曲赏析

MAOZEDONG PINGDIAN ZHONGGUO
GUDAI XIQU SHANGXI

毕桂发　主　编

陈锡祥　副主编

中国文史出版社

**图书在版编目（CIP）数据**

毛泽东评点中国古代戏曲赏析 / 毕桂发主编 . -- 北京 : 中国文史出版社，2023.12
（毛泽东谈文论史全编）

ISBN 978-7-5205-4565-5

Ⅰ . ①毛… Ⅱ . ①毕… Ⅲ . ①毛泽东著作研究②古代戏曲 – 文学欣赏 – 中国
Ⅳ . ① A841.691 ② I207.37

中国国家版本馆 CIP 数据核字 (2023) 第 244883 号

责任编辑：窦忠如
特约编辑：王德俊　　窦广利　　赵增越　　张幼平　　邓文华　　张永俊

出版发行：中国文史出版社
社　　　址：北京市海淀区西八里庄路 69 号院　邮编：100142
电　　　话：010-81136606　81136602　81136603（发行部）
传　　　真：010-81136655
印　　　装：廊坊市海涛印刷有限公司
经　　　销：全国新华书店
开　　　本：787 毫米 × 1092 毫米　1/16
印　　　张：18
字　　　数：267 千字
版　　　次：2024 年 1 月北京第 1 版
印　　　次：2024 年 8 月第 3 次印刷
定　　　价：58.00 元

# 总　序

2023 年 12 月 26 日，是中国人民的伟大领袖毛泽东同志诞辰 130 周年。经过多年酝酿策划和组织编撰，我们于今年正式出版发行《毛泽东谈文论史全编》（以下简称《全编》）以示隆重纪念。

十年前，习近平总书记在纪念毛泽东同志诞辰 120 周年座谈会上的重要讲话中指出："毛泽东同志是伟大的马克思主义者，是伟大的无产阶级革命家、战略家、理论家，是马克思主义中国化的伟大开拓者，是近代以来中国伟大的爱国者和民族英雄，是党的第一代领导核心，是领导中国人民彻底改变自己命运和国家面貌的一代伟人。"同时，毛泽东同志又是世所公认的伟大的文学家、史学家、诗人和作家。在深入学习贯彻党的二十大精神、纪念毛泽东同志诞辰 130 周年的重要时间节点上，组织编撰出版这一大型项目图书，为人们缅怀毛泽东同志的丰功伟绩，学习毛泽东同志的伟人品格、政治智慧和文化思想，提供了一套非常重要的文化历史资料；对于弘扬中华优秀传统文化，学习贯彻党的二十大报告中关于"推进文化自信自强，铸就社会主义文化新辉煌"的重要精神，具有十分宝贵的启示和积极的意义。

在组织编撰这部大型项目图书的过程中，我们坚持以习近平新时代中国特色社会主义思想为指导，认真学习党中央关于历史问题的三个决议精神，特别是十九届六中全会通过的《中共中央关于党的百年奋斗重大成就和历史经验的决议》精神，对全部书稿的政治观点和思想内容进行了认真把关，使其符合三个决议精神，也符合习近平总书记十年来有关论述毛泽东同志历史功绩和毛泽东思想指导地位的重要讲话精神，以及关于学习党史国史和弘扬中华传统文化的重要讲话精神。

《全编》计27种40册1500万字。编撰者耗费数十年心血收集、整理、阐析、赏评，把毛泽东在各个时期的文章、诗词、书信、讲话、谈话中引用、化用、批注、圈阅、点评、编选的古今人物和文史作品，把毛泽东传记、年谱、回忆录中提及或引用和评点的古今人物和文史作品，即使片言只语、寸缣尺楮也收集入册，希望能够集散为专、分门别类，尽量避免遗珠之憾，力求内容全面系统、表述科学客观。

这部《全编》有以下几个特点：

资料齐全。毛泽东同志一生酷爱读书，可以说是博览群书、通古贯今。他曾说："饭可以一日不吃，觉可以一日不睡，书不可以一日不读。"他熟读《二十四史》《资治通鉴》等中国历代著名历史著作，熟读中国历代优秀的诗词文学作品，且不动笔墨不读书，读书时做了大量批注和圈画，还常常在自己的文章、诗词、讲话、谈话中引经据典、巧妙运用，真可谓博学约取、学以致用。这就给我们留下了浩如烟海的珍贵史料。在编著这部《全编》时，我们想最大限度地收集、整理、汇编其所涵盖的各个方面的文献史料，力争做到文献可靠、史料精准，可读性、知识性和趣味性兼具，使其成为研究毛泽东思想特别是毛泽东文化思想的重要资料。

分类精细。毛泽东同志喜欢中国古代文学，阅读、圈评了大量各类体式的文学作品，他的诗词创作尤为脍炙人口。因此，收录《全编》中关于毛泽东同志的文史资料，浩瀚如海，编撰者都进行了认真严格的划分整理，将其分三辑，文学类就有两辑，所占分量最大。比如，编撰者将其细分为评点名诗、名词、散曲、辞赋、小说、散文、戏曲的"毛泽东同志评点中国传统文化赏析"7种19册，以及《跟着毛泽东学诗词》《毛泽东诗话》《周世钊论毛泽东诗词》《毛泽东致周世钊书信手迹》与毛泽东读唐诗、宋词、元曲、古文等的"毛泽东与中国诗词曲赋"8种9册。

评述允当。在这部《全编》中，编撰者将每篇作品分为毛泽东评点、人物、事件评述或毛泽东评点、原文和赏析，力求评述或赏析允妥、适当，即深刻理解毛泽东原文含义，紧扣毛泽东的评点，不作过多发挥，文字力求简明生动。同时，编撰者注重史料收集整理的文献性，兼顾知识性和趣味性，这就使得这部大型项目图书兼具很强的可读性。

这部《全编》还有一个最突出的重要特点，那就是比较集中地梳理和呈现了毛泽东同志的历史自信和文化自信。习近平总书记在纪念毛泽东同志诞辰 120 周年座谈会上的讲话中明确指出，毛泽东同志"是马克思主义中国化的伟大开拓者，是近代以来中国的爱国者和民族英雄"。这个评价反映在毛泽东同志学习和运用、继承和发展中华优秀传统文化方面，鲜明地体现为他的历史自信和文化自信。因此，我们认为这部《全编》的编撰出版，有益于读者更深入体会党的二十大报告论述的"坚持和发展马克思主义，必须同中华优秀传统文化相结合"的重大论断。在这部《全编》中，有关毛泽东圈阅、评点历史人物和文史作品的材料，就很具体地体现了他作为"马克思主义中国化的伟大开拓者"，是如何运用马克思主义的世界观和方法论，去激活中华优秀传统文化的；又是如何通过继承、运用和发挥中华优秀传统文化，为坚持和发展马克思主义提供深厚滋养的。

　　《全编》除了引用毛泽东同志的相关评点外，主要篇幅是介绍、叙述和评论毛泽东同志评点的对象即历史人物和文史作品，所引毛泽东的评点内容都出自公开的出版物并注明出处。从目前已出版的各类关于毛泽东同志的书籍来看，这是目前更加全面系统反映伟人毛泽东同志的一部大型丛书，但每册又可独立成书，以满足不同读者的阅读喜好与多样需求。当然，限于编撰者的水平和时间，这部《全编》的体例编排和文字表述等方面还有改进和完善空间，恳请专家学者和广大读者朋友不吝批评指正。

《毛泽东谈文论史全编》编委会

2023 年 12 月 18 日

# 目　录

关汉卿

　《窦娥冤》　第三折 ………………………………………………… 1

　《望江亭中秋切鲙》　第一折 …………………………………… 7

白　朴

　《梧桐雨》　第四折 ……………………………………………… 13

王实甫

　《西厢记》第一本　张君瑞闹道场杂剧　楔子 ………………… 19

　《西厢记》第一本　张君瑞闹道场杂剧　第一折 ……………… 21

　《西厢记》第二本　崔莺莺夜听琴杂剧　第一折（节录）…… 27

　《西厢记》第二本崔莺莺夜听琴杂剧　第一折　楔子 ………… 29

　《西厢记》第三本　张君瑞害相思　第二折 …………………… 35

　《西厢记》第四本　草桥店梦莺莺　第二折 …………………… 42

　《西厢记》第四本　草桥店梦莺莺　第三折 …………………… 47

康进之

　《李逵负荆》　第四折 …………………………………………… 54

郑德辉

　《王粲登楼》　第一折 …………………………………………… 60

李开先

　《宝剑记》第三十七出　夜奔 ………………………………… 68

梁辰鱼

　　《双红记》　清门 ················································ 74

汤显祖

　　《牡丹亭》　第十出　惊梦 ······································ 80

　　《南柯梦记》卷下　第四十二出　寻寤 ·························· 88

　　《紫钗记》　折柳 ·············································· 94

阮大铖

　　《燕子笺》　九折　骇像 ········································ 98

吴　炳

　　《情邮寄》　三十八折　四和 ··································· 103

尤　侗

　　《钧天乐》　诉庙 ············································· 106

邱　园

　　《虎囊弹》　山门 ············································· 111

王蕴章

　　《霜华影》　哭陵 ············································· 118

　　《法门寺》第十场（京剧） ····································· 121

　　《霸王别姬》（京剧）　梅兰芳演出本 ··························· 140

　　《断桥》（昆曲）　梅兰芳演出本 ······························· 151

　　《荒山泪》第九场（京剧）　程砚秋演出本 ······················· 158

　　《卧龙吊孝》第三场（京剧）　言菊朋演出本 ····················· 163

　　《打渔杀家》第一场（京剧） ··································· 167

　　《白蛇传》第十一场　断桥（昆曲）　李玉茹演出本 ··············· 171

　　《庵堂认母》汉剧　沈云陔演出本 ······························· 181

　　《大登殿》（河北梆子） ······································· 195

　　《失街亭》第一场（京剧）　高庆奎演出本 ······················· 208

　　《空城计》第四场（京剧）　李和曾演出本 ······················· 213

　　《斩马谡》（京剧）　谭富英演出本 ····························· 220

《群英会》（京剧）　马连良、袁世海演出本 ················· 227

《穆桂英挂帅》第五场（豫剧）　马金凤演出本 ··············· 238

《打金枝》第三场　劝宫（晋剧）　丁果仙演出本 ············· 245

《逼上梁山》（京剧）　（延安）中共中央党校俱乐部演出本 ········· 257

《三打祝家庄》（京剧）　延安平剧院演出本 ················· 266

# 关汉卿

关汉卿（约1220—1300），号已斋（一作一斋）、已斋叟。汉族，大都（今北京）人，又有解州（今山西运城）、祁州（今河北安国）伍仁村之说，元代杂剧作家。与马致远、郑光祖、白朴并称为"元曲四大家"，关汉卿居于首。

据元代后期戏剧家钟嗣成《录鬼簿》记载，"关汉卿，大都人，太医院尹，号已斋叟"。大约属元代太医院的一个医生。南宋灭亡之后，曾到过杭州、扬州等地，是一位能"躬践排场，面傅粉墨"（臧晋叔语）的戏剧家。

## 《窦娥冤》 第三折

【原文】

（外扮监斩官上云）下官监斩官是也。今日处决犯人，着做公的把住巷口，休放往来人闲走。（净扮公人，鼓三通，锣三下科，刽子磨旗、提刀、押正旦带枷上，刽子云）行动些，行动些，监斩官去法场上多时了。（正旦唱）

〔正宫·端正好〕没来由犯王法，不提防遭刑宪，叫声屈动地惊天。顷刻间游魂先赴森罗殿，怎不将天地也生埋怨。

〔滚绣球〕有日月朝暮悬，有鬼神掌着生死权。天地也！只合把清浊分辨，可怎生糊突了盗跖、颜渊？为善的受贫穷更命短，造恶的享富贵又寿延。天地也！做得个怕硬欺软，却原来也这般顺水推船！地也，你不分好歹何为地！天也，你错勘贤愚枉做天！哎，只落得两泪涟涟。

（刽子云）快行动些，误了时辰也。（正旦唱）

【倘秀才】则被这枷纽的我左侧右偏，人拥的我前合后偃。我窦娥向哥哥行有句言。（刽子云）你有甚么话说？（正旦唱）前街里去心怀恨，后街里去死无冤，休推辞路远。

（刽子云）你如今到法场上面，有什么亲眷要见的，可教他过来，见你一面也好。（正旦唱）

【叨叨令】可怜我孤身只影无亲眷，则落的吞声忍气空嗟怨。（刽子云）难道你爷娘家也没的？（正旦云）只有个爹爹，十三年前上朝取应去了，至今杳无音信。（唱）早已是十年多不睹爹爹面。（刽子云）你适才要我往后街里去，是甚么主意？（正旦唱）怕则怕前街里被我婆婆见。（刽子云）你的性命也顾不得，怕他见怎的？（正旦云）俺婆婆若见我披枷带锁赴法场餐刀去呵，（唱）枉将他气煞也么哥，枉将他气煞也么哥。告哥哥，临危好与人行方便。

（卜儿哭上科，云）天那，兀的不是我媳妇儿！（刽子云）婆子靠后。（正旦云）既是俺婆婆来了，叫他来，待我嘱咐他几句话咱。（刽子云）那婆子，近前来，你媳妇要嘱咐你话哩。（卜儿云）孩儿，痛杀我也。（正旦云）婆婆，那张驴儿把毒药放在羊肚儿汤里，实指望药死了你，要霸占我为妻。不想婆婆让与他老子吃，倒把他老子药死了。我怕连累婆婆，屈招了药死公公，今日赴法场典刑。婆婆，此后遇着冬时年节，月一十五，有浆不了的浆水饭，浆半碗儿与我吃；烧不了的纸钱，与窦娥烧一陌儿。则是看你死的孩儿面上。（唱）

【快活三】念窦娥葫芦提当罪愆，念窦娥身首不完全，念窦娥从前已往干家缘，婆婆也，你只看窦娥少爷无娘面。

【鲍老儿】念窦娥服侍婆婆这几年，遇时节将碗凉浆奠；你去那受刑法尸骸上烈些纸钱，只当把你亡化的孩儿荐。（卜儿哭科，云）孩儿放心，这个老身都记得。天那，兀的不痛杀我也。（正旦唱）婆婆也，再也不要啼啼哭哭，烦烦恼恼，怨气冲天。这都是我做窦娥的没时没运，不明不暗，负屈衔冤。

（刽子做喝科云）兀那婆子靠后，时辰到了也。（正旦跪科）（刽子开枷科）（正旦云）窦娥告监斩大人，有一事肯依，窦娥便死而无怨。（监斩官云）你有什么事？你说。（正旦云）要一领净席，等我窦娥站立，又要丈二白练，挂在旗枪上。若是我窦娥委实冤枉，刀过处头落，一腔热血休半点儿沾在地下，都飞在白练上者。（监斩官云）这个就依你，打什么不紧。（刽子做取席站科，又取白练挂旗上科）（正旦唱）

【耍孩儿】不是我窦娥罚下这等无头愿，委实的冤情不浅。若没些儿灵圣与世人传，也不见得湛湛青天。我不要半星热血红尘洒，都只在八尺旗枪素练悬。等他四下里皆瞧见，这就是咱苌弘化碧，望帝啼鹃。

（刽子云）你还有甚的说话，此时不对监斩大人说，几时说那？（正旦再跪科云）大人，如今是三伏天道，若窦娥委实冤枉，身死之后，天降三尺瑞雪，遮掩了窦娥尸首。（监斩官云）这等三伏天道，你便有冲天的怨气，也召不得一片雪来，可不胡说！（正旦唱）

【二煞】你道是暑气暄，不是那下雪天；岂不闻飞霜六月因邹衍？若果有一腔怨气喷如火，定要感的六出冰花滚似绵，免着我尸骸现；要什么素车白马，断送出古陌荒阡？

（正旦再跪科云）大人，我窦娥死的委实冤枉，从今以后，着这楚州亢旱三年。（监斩官云）打嘴！那有这等说话！（正旦唱）

【一煞】你道是天公不可期，人心不可怜，不知皇天也肯从人愿。做甚么三年不见甘霖降，也只为东海曾经孝妇冤。如今轮到你山阳县，这都是官吏每无心正法，使百姓有口难言。

（刽子做磨旗科云）怎么这一会儿天色阴了也？（内做风科，刽子云）好冷风也！（正旦唱）

【煞尾】浮云为我阴，悲风为我旋，三桩儿誓愿明提遍。（做哭科云）婆婆也，直等待雪飞六月，亢旱三年呵，（唱）那其间才把你个屈死的冤魂这窦娥显。

（刽子做开刀，正旦倒科）（监斩官惊云）呀，真个下雪了，有这等异事！（刽子云）我也道平日杀人，满地都是鲜血，这个窦娥的血，都飞在那丈二白练上，并无半点落地，委实奇怪。（监斩官云）这死罪必有冤枉，早两桩儿应验了，不知亢旱三年的说话，准也不准？且看后来如何。

左右，也不必等待雪晴，便与我抬他尸首，还了那蔡婆婆去罢。（众应科，抬尸下）

## 【毛泽东评点】

1938年12月，毛泽东在延安与即将赴晋察冀出任二分区司令员的郭天民谈话。在谈话结束时，毛泽东问：天民同志，听说你有一个相好，很漂亮，她叫啥名字？回答：她叫窦克。又问：哪个"窦"字？郭天民回答：就是《窦娥冤》的"窦"。毛泽东说：哦，《六月雪》啊！那是一出好戏，大戏剧家关汉卿的杰作。那出戏是冤情呢！你可不能演"窦克冤"。

——陈晓东：《将星红安》，作家出版社1999年版，第77页。

1964年2月13日，春节。下午，毛泽东在人民大会堂召开教育工作座谈会。刘少奇、邓小平、彭真、陆定一、康生、林枫、章士钊、陈叔通、郭沫若、许德珩、黄炎培、朱穆之、张劲夫、杨秀峰、蒋南翔、陆平十六人参加。

——中共中央文献研究室编：《毛泽东年谱（1949—1976）》第五卷，中央文献出版社2013年版，第314—315页。

毛泽东在座谈会上说：历代状元都没有很出色的。李白、杜甫不是进士，也不是翰林，韩愈、柳宗元只是二等进士，王实甫、关汉卿、罗贯中、蒲松龄、曹雪芹也都不是进士和翰林。就是当了进士、翰林都是不成功的。

——萧延中：《晚年毛泽东》，春秋出版社1989年版，第357—258页。

中国教育史有人民性的一面。孔子的有教无类，孟子的民贵君轻，荀子的人定胜天，屈原的批判君恶，司马迁的颂扬反抗，王充、范缜、柳宗元、张载、王夫之的古代唯物论，关汉卿、施耐庵、吴承恩、曹雪芹的民主文学，孙中山的民主革命，诸人情况不同，许多人并无教育专著，然而上举那些，不能不影响对人民的教育，谈中国教育史，应当提到他们。

——《教育与生产劳动相结合的原则是不可移易的》，《毛泽东文集》第七卷，人民出版社1999年版，第398页。

经毛泽东审阅、修改的 1951 年 6 月 6 日《人民日报》社论《正确使用祖国的语言，为语言的纯洁和健康而斗争》指出："我国历史上的文化和思想界的领导人物一贯重视语言的选择和使用，并且产生过许多善于使用语言的巨匠，如散文家孟子、庄子、荀子、司马迁、韩愈等，诗人屈原、李白、杜甫、白居易、关汉卿、王实甫等，小说家《水浒传》作者施耐庵、《三国演义》作者罗贯中、《西游记》作者吴承恩、《儒林外史》作者吴敬梓、《红楼梦》作者曹雪芹等。

——《毛泽东新闻工作文选》，新华出版社 1983 年版，第 405—406 页。

## 【赏析】

《窦娥冤》是关汉卿的代表作，写一个弱小无辜的寡妇窦娥，在贪官桃杌的迫害下，被诬为"药死公公"，斩首示众。它是一部具有深刻社会意义的悲剧。剧本通过窦娥悲惨的遭遇，深刻地暴露了元代社会政治的黑暗和官吏昏庸无能、是非不明、草菅人命；讴歌了窦娥这个十分善良而又具有强烈反抗精神的人物，表现了我国古代人民对黑暗统治势力坚强不屈的斗争精神。

全剧共四折，《法场》一折戏是这个悲剧的高潮。在前面两折戏中，窦娥还是一个头脑里充满了贞节、孝顺等封建伦理观念安分守己的善良妇女，却被下在死囚牢中，眼看就要被杀头，面对着这残酷的现实，她清醒了，她要反抗。《法场》这折戏，作者就描写了窦娥反抗性格的急剧发展。

这一折戏根据它的场景、气氛和情调的不同，可以分为三个段落。

第一段从"外扮监斩官上"到"只落得两泪涟涟"，是写窦娥被绑赴法场的途中，对人世的主宰者天和地的埋怨和控诉。

首先，监斩官登场，通过他几句简短的念白，就给戏剧场面带来了杀气腾腾的紧张气氛。接着，刽子手押窦娥带枷出场，并催她快走，使剧情一开始就显得很紧张。窦娥上场后不用念白，直接唱〔端正好〕一曲："没来由犯王法，不提防遭刑宪，叫声屈动地惊天。"窦娥想到自己即将要不明不白地死去，怎么能不对天地产生埋怨呢？充分表达了窦娥临刑前极度悲愤的心情。接下去〔滚绣球〕一曲更是大声疾呼，对人世的主宰者天和地发出了埋怨和责骂。她本来认为日月鬼神应该把好坏分清的，可是现实情况只能使她埋怨天地糊涂。在这呼天不应、叫地不灵的情况下，她大胆地责骂天和地"怕硬欺软""顺水推船""错勘贤愚""不分好歹"，"地也，你不分好歹何为地！天也，你错勘贤愚枉做天"！这是震动人心的怒吼，是窦娥愤怒情绪的猛烈进发，是从绝望中发出来的嘶喊，也是作者对封建社会的抨击。

第二段从"刽子云"到"不明不暗，负屈衔冤"，是一个过渡性的场面。写窦娥与婆婆在法场相会的情景。

〔倘秀才〕一曲写了窦娥过街时的一些情节。接着写她求告刽子手不要走前街，而从后街走。这是为什么呢？原来性格善良的窦娥，怕婆婆看到自己披枷带锁的痛苦，更突出了窦娥的善良品质。刽子手的问话引出了〔叨叨令〕这支曲子，交代了她过去的身世：无亲无眷，只有个爹爹也十多年没有音信，唯一的亲人就是婆婆了。接下去，她嘱咐婆婆的一段道白，把冤情的前前后后交代得明明白白。她替婆婆承担了罪名，而要求于婆婆的却是那样低微，半碗冷稀饭，一陌纸钱。〔快活三〕〔鲍老儿〕两支曲子用凄切、质朴的语言表现了窦娥与婆婆死别的悲痛心情。在仇人面前，窦娥绝不屈服，可是面对着亲人，"葫芦提，当罪愆"，想到自己死得太悲惨，"身首不完全"，想到几年来和婆婆相依为命。作者一连用了三个"念窦娥"的排比句，真是声泪俱下。蔡婆的啼哭和"兀的不痛杀我也"的悲叹，表明婆媳之间的感情很深厚。接下去，窦娥劝婆婆："再也不要啼啼哭哭，烦烦恼恼，怨气冲天。"这不仅是在劝婆婆，也是窦娥在前面哭诉时表现出的呼天抢地的悲愤也无济于事的进一步表白。"这都是"三句，表面上好像是把一切归之于自己的命运，实际上她是不甘心这样死去的，只是为了安慰婆婆才这样说的。

第三段从"刽子做唱科"到最后。写窦娥慷慨赴死，在临刑前发下的三桩誓愿。她发下的第一桩誓愿是："刀过处头落，一腔热血休半点儿沾在地下，都飞在白练上者。"〔耍孩儿〕一曲，说明她之所以要"发下这等无头愿"，实由于"冤情不浅"。第二桩誓愿是由于"有一腔怨气喷如火，定要感的六出冰花滚似锦"，〔二煞〕一曲这两句用鲜明的对比手法，生动地表现了窦娥冤气冲天、死不瞑目的感情。最后一桩誓愿是："着这楚州亢旱三年"。通过〔一煞〕唱词，表明她发下这桩誓愿，是为了要控诉当时社会的黑暗，要使人知道"这都是官吏们无心正法，使百姓有口难言"。这三桩誓愿都是违背生活常理的，但〔煞尾〕一曲却突然阴云满天，北风怒号，"直等待雪飞六月，亢旱三年"昭示窦娥的冤屈。第四折写窦娥这三桩誓愿都出现了，故叫《感天动地窦娥冤》，又名《六月雪》。

毛泽东十分熟悉这个故事，说它是一出好戏，"大戏剧家关汉卿的杰作"。

# 《望江亭中秋切鲙》　第一折

**【原文】**

（旦儿扮白姑姑上，云）贫道乃白姑姑是也。从幼年间便舍俗出家，在这清安观里做着个住持。此处有一女人，乃是谭记儿，生的模样过人。不幸夫主亡逝已过，他在家中守寡，无男无女，逐朝每日到俺这观里来与贫姑攀话。贫姑有一个侄儿是白士中。数年不见，音信皆无，也不知他得官也未？使我心中好生记念。今日无事，且闭上这门者。

（正末扮白士中上）诗云，昨日金门去上书，今朝墨绶已悬鱼。谁家美女颜如玉，彩球偏爱掷贫儒。小官白士中前往潭州为理路，打清安观经过，观中有我的姑娘——是白姑姑，在此做住持。小官今日与白姑姑相见一面，便索赴任。来到门首，无人报复，我自过去。（做见科，云）姑姑！您侄儿除授潭州为理，一径的来望姑姑。

（姑姑云）白士中孩儿也，喜得美除。我恰才道罢，孩儿果然来了也。孩儿，你媳妇儿好么？

（白士中云）不瞒姑姑说，您媳妇儿亡逝已过了也！

（姑姑云）侄儿，这里有个女人，乃是谭记儿，大有颜色，逐朝每日在我这观里，与我攀话。等他来时，我圆成与你做个夫人，意下如何？

（白士中云）姑姑，莫非不中么？

（姑姑云）不妨事，都在我身上。你壁衣后头躲者，我咳嗽为号，你便出来。

（白士中云）谨依来命。（下）

（姑姑云）这早晚谭夫人敢待来也？

（正旦扮谭记儿上，云）妾身乃学士李希颜的夫人，姓谭，小字记儿。不幸夫主亡，过了三年光景，我寡居无事，每日只在清安观和白姑姑攀些闲话。我想，做妇人的没了丈夫，身无所主，好苦人也呵！（唱）

【仙吕】【点绛唇】我则为锦帐春阑，绣衾香散，深闺晚，粉谢脂残，到的这日暮愁无限！

【混江龙】我为甚一声长叹，玉容寂寞泪阑干？则这花枝里外，竹影中间，气吁的片片飞花纷似雨，泪洒的珊珊翠竹染成斑。我想着香闺少女，但生的嫩色娇颜，都只爱朝云暮雨，那个肯凤只鸾单？这愁烦，恰便似海来深，可兀的无边岸！怎守得三贞九烈，敢早着了钻懒帮闲。

（云）可早来到也。这观门首无人报复，我自过去。（做见姑姑科，云）姑姑，万福！

（姑姑云）夫人，请坐。

（正旦云）我每日定害姑姑，多承雅意。妾身有心跟的姑姑出家，不知姑姑意下何如？

（姑姑云）夫人，你那里出得家！这出家无过草衣木食，熬枯受淡，那白日也还闲可，到晚来独自一个，好生孤恓！夫人，只不如早早嫁一个丈夫去好。（正旦唱）

【村里迓鼓】怎如得您这出家儿清静，到大来一身散诞。自从俺儿夫亡后，再没个相随相伴。俺也曾把世味亲尝、人情识破，怕甚么尘缘羁绊？俺如今罢扫了蛾眉，净洗了粉脸，却下了云鬟，姑姑也，待甘心捱您这粗茶淡饭。

（姑姑云）夫人，你平日是享用惯的，且莫说别来，只那一顿素斋，怕你也熬不过哩。（正旦唱）

【元和令】则您那素斋食，刚一餐，怎知我粗米饭也曾惯。俺从今把心猿意马紧牢拴，将繁华不挂眼。（姑姑云）夫人，你岂不知："雨里孤村雪里山，看时容易画时难。早知不入时人眼，多买胭脂画牡丹。"夫人你怎生出的家来！（正旦唱）您道是"看时容易画时难"，俺怎生就住不的山，坐不的关，烧不的药，炼不的丹？

　　（姑姑云）夫人，放着你这一表人物，怕没有中意的丈夫嫁一个去？只管说那出家做甚么！这须了不的你终身之事，（正旦云）嗨！姑姑这终身之事，我也曾想来：若有似俺男儿知重我的，便嫁他去也罢。（姑姑做咳嗽科，白士中见旦科，云）祗揖。（正旦回礼科，云）姑姑，兀的不有人来，我索回去也。（姑姑云）夫人，你那里去？我正待与你做个媒人。只他便是你夫主，可不好哪！（正旦云）姑姑，这是甚么说话！（唱）

　　【马上娇】咱则是语话间，有甚干；姑姑也，您便待做了筵席上撮合山。（姑姑云）便与您做个撮合山，也不误了你。（正旦唱）怎把那隔墙花强攀做连枝看？（做走科）（姑姑云）关了门者，我不放你出去。（正旦唱）把门关，将人来紧遮拦。

　　【胜葫芦】你却便引的人来心恶烦，可甚的撒手不为奸！你暗埋伏，隐藏着谁家汉？俺和你几年价来往，倾心儿契合，则今日索分颜！

　　（姑姑云）你两个成就了一对夫妻，把我这座清安观权做高唐，有何不可？（正旦唱）

　　【幺篇】姑姑，你只待送下我高唐十二山，枉展污了你这七星坛。（姑姑云）我成就了你锦片也似前程，美满恩情，有甚么不好处？（正旦唱）说甚么锦片前程真个罕！（姑姑云）夫人，你不要这等妆幺做势，那个着你到我这观里来？（正旦唱）一会儿甜言热趱，一会儿恶叉白赖，姑姑也，只被你直着俺两下做人难！

　　（姑姑云）兀那君子，谁着你这里来？

　　（白士中云）就是小娘子着我来。

　　（正旦云）你倒将这言语赃诬我来，我至死也不顺随你！

　　（姑姑云）你要官休也私休？

　　（正旦云）怎生是官休？怎生是私休？（姑姑云）你要官休呵，我这里是个祝寿道院，你不守志，领着人来打搅我，告到官中，三推六问，枉打坏了你；若是私休，你又青春，他又年少，我与你做个撮合山媒人，成就了您两口儿，可不省事？

（正旦云）姑姑，等我自寻思咱。

（姑姑云）可知道来："千求不如一吓！"（正旦云）好个出家的人，偏会放习！姑姑，他依的我一句话儿，我便随他去罢；若不依着我呵，我断然不肯随他。

（白士中云）休道一句话儿，便一百句，我也依的。（正旦唱）

【后庭花】你着他休忘了容易间，则这十个字莫放闲。岂不闻："芳槿无终日，贞松耐岁寒。"姑姑也，非是我要拿班，只怕他将咱轻慢。我、我、我，撺断的上了竿；你、你、你，掇梯儿着眼看；他、他、他，把《凤求凰》暗里弹；我、我、我，背王孙去不还。只愿他肯、肯、肯做一心人，不转关；我和他守、守、守《白头吟》，非浪侃。

（姑姑云）你两个久后，休忘我做媒的一片好心儿！（正旦唱）

【柳叶儿】姑姑也，你若提着这桩儿公案，则你那观名儿唤做清安！你道是蜂媒蝶使从来惯，怕有人担疾患，到你行求丸散，你则与他这一服灵丹。姑姑也，你专医那枕冷衾寒！

（云）罢、罢、罢！我依着姑姑，成就了这门亲事罢。

（姑姑云）白士中，这桩事亏了我么

（白士中云）你专医人那枕冷衾寒，亏了姑姑！您孩儿只今日，就携着夫人同赴任所，另差人来相谢也。

（正旦云）既然相公要上任去，我和你拜辞了姑姑，便索长行也。（姑姑云）白士中，你一路上小心在意

您两口儿正是郎才女貌，天然配合，端不枉了也！（正旦唱）

【赚煞尾】行程则宜疾，不宜晚。休想我着那别人绊翻，不用追求相趁赶，则他这等闲人，怎得见我容颜？姑姑也，你放心安，不索怎语话相关。收了缆，撅了桩，端跳板，挂起这秋风布帆，试看那碧云两岸落，可便轻舟已过万重山。（同白士中下）

（姑姑云）谁想今日成合了我侄儿白士中这门亲事，我心中可煞喜也！（诗云）非是贫姑硬主张，为他年少守空房。观中怕惹风情事，故使

机关配白（俊）郎。（下）

**【毛泽东评点】**

　　毛泽东在读顾名编《曲选》（上海光华书局1931年版）时，圈阅了这出杂剧，并在"您孩儿只今日就携着夫人同赴任所"一句的"您""着""所"三字旁各点一个墨点。

　　　　　　——中央档案馆整理：《毛泽东评点诗词曲精选》，中国档案出版社1998年版，第584页。

**【赏析】**

　　《望江亭》，全名《望江亭中秋切鲙》。旦本。出场人物：正旦——谭记儿；正末——白士中；旦儿——白姑姑；净——杨衙内；外——李秉忠。

　　此剧写谭记儿在望江亭内设计对付权贵杨衙内的故事，剧本表现了谭记儿的机智。

　　全剧共四折。剧情是这样的：第一折：才貌双全的谭记儿新寡，暂居于女道观中。观主白姑姑的侄儿白士中往潭州上任途中探访观主，告知自己失偶之事。观主于是从中撮合，使得白士中与谭记儿结成夫妻。第二折：权贵杨衙内早已看中谭记儿，本想娶她为妾，此时对白士中怀恨在心，暗奏圣上请得势剑、金牌，前往潭州取白士中首级。白士中得到消息，愁眉不展。谭记儿不愿让他受自己连累，想出妙计。第三折：时逢中秋，谭记儿扮作渔妇卖鱼，在望江亭上灌醉杨衙内及其随从，将势剑、金牌、文书窃走。第四折：杨衙内欲绑缚白士中却没有凭据，白士中出示势剑、金牌、文书，说有渔妇告杨衙内中秋欲对她无礼。等到谭记儿换装以白士中夫人出现时，杨衙内方知中计。恰好湖南都御史李秉忠暗中访得此事，奏于朝廷，杨衙内受到惩办，白士中依旧治理潭州，夫妻和美。

　　第一折写谭记儿与白士中经白道姑撮合结为夫妇。可分为三层，第一层从开头到"若有似俺男儿知重我的，便嫁他去也罢"，写谭记儿新寡，内心充满着苦痛和矛盾：失侣的悲哀，使她"气吁的片片飞花纷似雨，泪洒的珊珊翠竹染成斑"，长年的孤独生活，使她感到"这愁烦，恰似海来深，可兀的无边岸"。改嫁吧，却怕再也找不到"似俺男儿知重我的"知心友；不改嫁吧，到头来"怎守得三贞九烈，敢着了钻懒帮闲"（【混江龙】）。为了排遣这无边的苦闷，她"逐日每朝"来清安观里与白姑姑"攀话"，白姑姑成了她唯一的知己。白士中新鳏，也有再娶之意。第二层，从白士中见旦到"我依着姑姑，成就了这门亲事罢"，写谭记儿与白士中在白姑姑的撮合下结为夫妇。谭记儿的苦闷心情和内心矛盾，白姑姑早已一清二楚，而且深表同情，所以白士中来到清安观后，白姑姑便蛮有把握地要促成白士中和谭记儿的婚事。但谭记儿深知"芳槿无终日，贞松耐岁寒"（【后庭花】），她希望得到的爱情是，要像"贞松"那样天长地久，而不能像芳槿那样艳丽一时，换句话说就是要白头到老的恩爱夫妻，而不是快乐一时的露水夫妻。第三层，从"白士中，这桩事亏了我么"到末尾，写白士中立即带谭记儿去上任。你看，"收了缆，撅了桩，踹跳板，挂起这秋风布帆，试看那碧云两岸落，可便轻舟已过万重山"（【赚煞尾】），心情是何等愉快！

毛泽东只在白士中立即上任一句旁加了墨点，是对白士中作为地方官员以公事为重的肯定，也是一个国家领导人的特殊视角。

关汉卿的《望江亭》杂剧，是一部杰出的喜剧。剧中塑造的那个谭记儿，是中国文学史上一个杰出的女性形象，具有鲜明的个性特征和强烈的反封建的思想倾向，表达了作者的进步理想和人民群众的愿望。

# 白　朴

　　白朴（1226—1306后），原名恒，字仁甫，后改名朴，字太素，号兰谷先生。原籍隩州（今山西河曲），后徙居真定（今河北正定），晚年寓居金陵（今江苏南京）。他幼年时值金国覆亡，饱经兵乱，赖诗人元好问多方扶持，并教他读书。金亡后流寓真定。在大都（今北京）时，他曾和关汉卿共同参加过玉京书会，并到过汴梁、杭州等戏剧演出较盛的地方。晚年寄居金陵。今存有杂剧《墙头马上》《梧桐雨》《东墙记》三种。

## 《梧桐雨》　第四折

**【原文】**

　　（正末见旦科，云）妃子，你在那里来？（旦云）今日长生殿排宴，请主上赴席。（正末云）吩咐梨园子弟齐备着。（旦下）（正末做惊醒科，云）呀！原来是一梦。分明梦见妃子，却又不见了。（唱）

　　【双鸳鸯】斜軃翠鸾翘，浑一似出浴的旧风标，映着云屏一半儿娇。好梦将成，还惊觉，半襟情湿鲛绡。

　　【蛮姑儿】懊恼，窨（yìn）约！惊我来的又不是楼头过雁，砌下寒蛩，檐前玉马，架上金鸡；是兀那窗儿外，梧桐上，雨潇潇。一声声洒残叶，一点点滴寒梢，会把愁人定虐。

　　【滚绣球】这雨呵！又不是救旱苗，润枯草，洒开花萼，谁望道秋雨如膏？向青翠条，碧玉梢，碎声儿必（此字是必加削刀）剥，增百十倍，歇和芭蕉。子管里珠连玉散飘千颗，平白地瀽（jiǎn）瓮番盆下一宵，惹的人心焦。

【叨叨令】一会价紧呵，似玉盘中万颗珍珠落；一会价响呵，似玳筵前几簇笙歌闹；一会价清呵，似翠岩头一派寒泉瀑；一会价猛呵，似绣旗下数面征鼙操。兀的不恼杀人也么哥！则被他诸般儿雨声相聒噪。

【倘秀才】这雨一阵阵打梧桐叶凋，一点点滴人心碎了！枉着金井银床紧围绕，只好把泼枝叶做柴烧，锯倒。

（带云）当初妃子舞翠盘时，在此树下，寡人与妃子盟誓时，亦对此树。今日梦境相寻，又被他惊觉了。（唱）

【滚绣球】长生殿那一宵，转回廊，说誓约，不合对梧桐并肩斜靠，尽言词絮絮叨叨。沉香亭那一朝，按霓裳，舞六幺，红牙箸击成腔调，乱宫商闹闹炒炒（吵吵）。是兀那当时欢会，栽排下今日凄凉，厮辏着暗地量度。

（高力士云）主上，这诸样草木，皆有雨声，岂独梧桐？（正末云）你那里知道，我说与你听者。（唱）

【三煞】润蒙蒙杨柳雨，凄凄院宇侵帘幕。细丝丝梅子雨，装点江干满楼阁。杏花雨红湿阑干，梨花雨玉容寂寞。荷花雨翠盖翩翩，豆花雨绿叶萧条。都不似你惊魂破梦，助恨添愁，彻夜连宵。莫不是水仙弄娇，蘸杨柳，洒风飘？

【二煞】哧哧（chuang）似喷泉瑞兽临双沼，刷刷似食叶春蚕散满箔。乱洒琼阶，水传宫漏，飞上雕檐，洒滴新槽。直下的更残漏断，枕冷衾寒，烛灭香消。可知道夏天不觉，把高凤麦来漂。

【黄钟煞】顺西风低把纱窗哨，送寒气频将绣户敲。莫不是天故将人愁闷搅？前度铃声响栈道，似花奴羯鼓调，如伯牙《水仙操》。洗黄花润篱落，渍苍苔倒墙角。渲湖山，漱石窍，浸枯荷，溢池沼。沾残蝶粉渐消，洒流萤焰不着。绿窗前促织叫，声相近，雁影高，催邻砧处处捣，助新凉分外早。斟量来这一宵，雨和人紧厮熬。伴铜壶，点点敲，雨更多，泪不少。雨湿寒梢，泪染龙袍，不肯相饶。共隔着一树梧桐直滴到晓。

## 【毛泽东评点】

毛泽东在读顾名编《曲选》时，圈阅了这出杂剧的第四折，并对其中的【正宫】【双鸳鸯】【鸾姑儿】【滚绣球】【叨叨令】【三煞】【黄钟煞】

诸曲密加圈点，并将【滚绣球】中"珠莲玉散飘千颗"的"莲"字改为"连"，下面的一支【滚绣球】的"乱宫商闹闹炒炒"中的"炒炒"改为"吵吵"。

——中央档案馆整理：《毛主席的评点诗词曲精选》，中国档案出版社1998年版，第585—588页。

## 【赏析】

《梧桐雨》共四折，一个楔子。它通过写唐明皇和杨贵妃的爱情悲剧，揭示唐王朝盛极而衰的历史教训。楔子交代唐明皇暮年倦于政事，一心想做太平天子，便强将儿媳寿王妃杨玉环度为道士，封贵妃，日夜纵情声色。第一折描写李、杨二人在长生殿设宴共赏七夕；第二折写唐明皇贪恋声色，不理朝政，导致"安史之乱"；第三折写唐明皇携杨贵妃仓皇出逃至马嵬坡，六军哗变，杨贵妃被迫自缢而死；第四折写唐明皇对杨贵妃的追思。这一折共23支曲子，【端正好】至【呆骨朵】五曲写唐玄宗面对杨贵妃真容引起的怀念与感伤。这里有还京兆半年来孤辰难熬的叙述，也有白发新添瘦骨嶙峋的肖像描绘；有画轴高挑放声高叫的思念，也有叫而不应雨泪号啕的忧伤；有对往昔笙歌筵舞赏心乐事的怀念，也有对生死爱情半路夭折的痛悼；有对神明鉴察之下誓约终未履行的愧悔，也有对无权柄谢位辞朝无可奈何的哀叹，真可谓百感交集、声泪俱下，充分展现了唐玄宗复杂的心理状态。唐明皇面对杨贵妃的画像忧愁无法排遣，便去沉香亭闲行遣闷。地点也由殿宇内转换为亭皋边。沉香亭曾是唐明皇与杨贵妃御园小宴、啖荔枝、舞霓裳追欢取乐的地方。如今怎能不见物思人，触景伤情。

【白鹤子】至【倘秀才】五曲即是写唐玄宗在沉香亭畔对杨贵妃的回忆和物在人亡的哀伤。"见芙蓉怀媚脸，遇杨柳忆纤腰"两句曲词是从白居易《长恨歌》"芙蓉如面柳如眉"演化而来。作者运用巧妙的比喻和丰富的联想，写唐玄宗对往昔歌舞承平、荣华富贵的追忆和对杨贵妃的想念。可是眼下却是"翠盘中荒草满，芳树下暗香消。空对井梧桐，不见倾城貌"。剧作通过今昔对比，抒写唐明皇对往日繁华一去不复返的无限惆怅。

唐明皇回到寝殿，时间已由白昼转入夜晚。景物更加衰败，色调更加昏暗，人物心境也更加忧伤。【芙蓉花】至【倘秀才】四曲前三曲写唐明皇入梦前的孤寂和焦躁。作品渲染一种独特的氛围来烘托主人公的心境。暗淡的串烟、昏惨的银河、喧闹的秋虫、满地的阴云、狂恶的西风、飘落的败叶、琅琅的殿铃、簌簌的朱帘、叮当的铁马，造成凄凉、阴惨、焦灼的气氛，有力地衬托了唐明皇孤寂、忧郁、烦躁的心绪。作者运用滴溜溜、疏刺刺、忽鲁鲁、厮琅琅、扑簌簌、吉叮当等象声词和状形词摹写景物的声响和形态，更增加了语言的形象性和表现力。

【黄钟煞】以下九曲曲文抒写唐明皇的寝殿惊梦，作者以具体形象为喻，极写唐玄宗内心的哀伤。这是毛泽东所阅顾名《曲选》所选部分，也是本剧的精华所在。

【双鸳鸯】一曲直接写梦会。唐明皇刚刚入睡，就梦见杨贵妃请他长生殿赴宴，杨贵妃生前的娇态和往日的荣华富贵又浮现在眼前。可是转瞬间睡梦又被惊醒，一切皆成虚幻。"好梦将成，还惊觉，半襟情泪湿鲛绡（神话传说中鲛人织的绡，泛指薄纱）"。惊梦之后，内心更加感伤。

追寻惊梦的原因，白朴把视野集中在一个焦点上——梧桐雨。【蛮姑儿】以下数曲极力铺叙"秋夜梧桐雨"的自然景象，造成一种凄怆冷落的意境，抒写唐明皇孤凄、愁苦、烦乱的心境。作者以多种多样的艺术手法和修辞方式，从各种不同的角度，描绘雨打梧桐的意象。作品摹写梧桐雨以楼头过雁、砌下寒蛩、檐前玉马、架上金鸡作反衬，以杨柳雨、梅子雨、杏花雨、梨花雨、荷花雨、豆花雨作对比，以"玉盘中万颗珍珠落""玳筵前几簇笙歌闹""翠岩头一派寒泉瀑""绣旗下数面征鼙操""喷泉瑞兽临双沼""食叶春蚕散满箔""花奴羯鼓调""伯牙《水仙操》"作比喻，以"洗黄花润篱落；渍苍苔倒墙角。渲湖山，漱石窍，浸枯荷，溢池沼"作排比，令人眼花缭乱，目不暇接。尤其值得称道的是，作者时时刻刻都使景物的描绘与人物感情的抒发相契合，每首曲词结尾都把主人公的思想感情作为景物描写的归宿，写自然景象所引起的主人公心理感受，层层递进地抒写主人公情感的演变历程。例如，先是怨雨惊梦"把愁人定虐"，后又烦雨"惹的人心焦"，继而又恼雨"相聒噪"，最后又恨"雨和人紧厮熬"，"一阵阵打梧桐叶凋，一点点滴人心碎了"，以至愤怒地要"把泼枝叶做柴烧，锯倒。"孟称舜说得好："只说雨声，而愁恨千端，如飞泉喷瀑，一时倾泻。"（《新镌古今名剧·酹江集》）这几首曲文写雨声，既以景物作为人物感情的衬托，又采用移情的方法使景物涂抹上人物的感情色彩，由景入情，情由景生，以景衬情，景中有情，创造了一个浓郁的悲剧氛围，充分展现了主人公的内心世界。在大量描摹梧桐雨的过程中，作者又把梧桐树作为联想的条件，中间穿插【滚绣球】一曲，写唐明皇的情悔："是兀那当时欢会，栽排下今日凄凉，厮辏着暗地量度。"今天的凄凉是由往日的欢会所栽排，昔日的骄奢淫逸造成如今的死别生离。盛极而衰，乐极哀来，唐明皇自己吞食自己种植的苦果。这句点睛之笔，是主题思想的高度概括，也是人生底蕴的深刻揭示，具有很强的讽喻性。

《梧桐雨》第四折语言华美绮丽，绚烂多彩，而又浑朴自然，不事雕琢，即当行，又富于文采，开启了元杂剧文采派的先声。近人王国维说："白仁甫《秋夜梧桐雨》剧，沉雄悲壮，为元剧冠冕。"它被列为元杂剧四大悲剧之一，是当之无愧的。

毛泽东在读这出戏曲时，对多支曲子进行了密密的圈点，并修改了两处错字，说明他读得很仔细，很感兴趣。

# 王实甫

　　王实甫，名德信，大都（今北京）人。生卒年不详。元代杂剧作家。钟嗣成《录鬼簿》将他列入"前辈已死名公才人"，周德清《中原音韵》在称赞关汉卿、郑光祖和白朴、马致远"一新制作"的同时，也称赞了《西厢记》的曲文，并说"诸公已矣，后学莫及"。由此可以推知，王实甫活动的年代可能与关汉卿等相去不远。他的主要创作活动当在元成宗元贞、大德年间。

　　《北宫词纪》所收署名王实甫的散曲【商调】【集贤宾】《退隐》中写道："想着那红尘黄阁昔年羞，到如今白发青衫此地游"，"人事远，老怀幽，志难酬，知机的王粲；梦无凭，见景的庄周"，"怕狼虎恶图谋，遇事休开口，逢人只点头，见香饵莫吞钩，高抄起经纶大手"，可知王实甫早年曾经为官，宦途不无坎坷，晚年退隐。曲中又有"且喜的身登中寿"，"百年期六分甘到手"，可以推断他至少活到 60 岁。这首散曲又见于《雍熙乐府》，未署名。因此，学术界对它的作者是谁有不同看法。

　　王实甫所作杂剧，名目可考者共 13 种。今存有《崔莺莺待月西厢记》、《吕蒙正风雪破窑记》和《四大王歌舞丽春堂》3 种。《中原音韵》曾把《西厢记》第一本第三折的曲文作为"定格"的范例标举。元末明初贾仲明的【凌波仙】吊曲说王实甫"作词章，风韵羡，士林中等辈伏低。新杂剧，旧传奇，西厢记，天下夺魁"。明初朱权《太和正音谱》誉王实甫词如"花间美人"，"极有佳句"，"铺叙委婉，深得骚人之趣"。可见，他的作品在元代和元明之际很为人所推重，《西厢记》其时已被称为杂剧之冠。他还有散曲作品。

　　毛泽东对西厢记十分熟悉，早在延安时期，他 1941 年写的《驳第三次"左"倾路线》一文中，就顺笔提到，金圣叹不愿意抹杀王实甫在《西厢记》中偶然写出的几句好话。

1962 年 12 月，在一个周末晚会上，当时在中央办公厅秘书室工作的崔英见毛泽东正坐在沙发上休息，立即走过去，向毛泽东伸出了手，自我介绍说，我是新调来的，在秘书室工作。毛泽东问她叫什么名字。她告诉毛泽东，我叫崔英时，毛泽东微笑着对她说："那么你的爱人可能是姓张了？"问得崔英茫然不知所措，还没等她答话，毛泽东又面带笑容地问她："你读过《西厢记》吗？"崔英才恍然大悟，明白了毛泽东说她的爱人可能是姓张的来由。她告诉毛泽东，读过《西厢记》。毛泽东问："你读的是哪个版本？"崔英说是王实甫写的那本。毛泽东说："你应该再读读董解元写的《西厢记诸宫调》，那本写得好，文词写得美，文字精练细腻，读两遍不嫌多。"（崔英：《中南海的两次周末晚会》，《毛泽东读古书实录》，第 287 页，上海人民出版社 1994 年版。）

他对《西厢记》中两个小人物——红娘和惠明评价很高，曾用他们的形象来说明现实问题。

1958 年 5 月 8 日，毛泽东在中共八大二次会议上的讲话中说，"红娘是一个有名的人物"。

1958 年 7 月 1 日，毛泽东批示有关同志为他找几本古典文学著作，其中有《西厢记》。

1962 年 8 月 5 日，毛泽东在一次谈话中，又举《西厢记》为例说明戏剧冲突在戏剧艺术中的重要作用。他说："《西厢记》中的老夫人代表封建势力，是对立面，有了老夫人，才有戏，不然光有莺莺、红娘、张生三个人打成一片，没有对立面还有什么戏呀！"


## 《西厢记》第一本　张君瑞闹道场杂剧　楔子


【原文】

（外扮老夫人上开）老身姓郑，夫主姓崔，官拜前朝相国，不幸因病告殂。只生得个小女，小字莺莺，年一十九岁，针指女工，诗词书算，无不能者。老相公在日，曾许下老身之侄——乃郑尚书之长子郑恒——为妻。因俺孩儿父丧未满，未得成合。又有个小妮子，是自幼服侍孩儿的，唤做红娘。一个小厮儿，唤做欢郎。先夫弃世之后，老身与女孩儿扶柩至博陵安葬；因路途有阻，不能得去。来到河中府，将这灵柩寄在普救寺内。这寺是先夫相国修造的，是则天娘娘香火院，况兼法本长老又是俺相公剃度的和尚，因此俺就这西厢下一座宅子安下。一并写书附京师去，唤郑恒来相扶回博陵去。我想先夫在日，食前方丈，从者数百，今日至亲则这三四口儿，好生伤感人也呵！

【仙吕】【赏花时】夫主京师禄命终，子母孤孀途路穷；因此上旅榇在梵王宫。盼不到博陵旧家，血泪洒杜鹃红。今日暮春天气，好生困人，不免唤红娘出来吩咐他。红娘何在？（旦俫扮红见科）（夫人云）你看佛殿上没人烧香呵，和小姐散心耍一回去来。（红云）谨依严命。（夫人下）（红云）小姐有请。（正旦扮莺莺上）（红云）夫人着俺和姐姐佛殿上闲耍一回去来。（旦唱）

【幺篇】可正是人值残春蒲郡东，门掩重关萧寺中；花落水流红，闲愁万种，无语怨东风。（并下）

## 【毛泽东评点】

毛泽东曾三次手书过（幺篇）这支曲子。

——《毛泽东手书选集·古诗词》（下），北京出版社1996年版，第178—180页。

## 【赏析】

《西厢记》，全名《崔莺莺待月西厢记》。元王实甫作。写张生与崔莺莺这一对有情人冲破困阻终成眷属的故事。全剧共五本二十一折。剧情是：书生张君瑞在普救寺里偶遇已故崔相国之女莺莺，对她一见倾心，苦于无法接近。此时恰有孙飞虎听说莺莺美貌，率兵围住普救寺，要强娶莺莺为妻。崔老夫人情急之下听从莺莺主意，允诺如有人能够退兵，便将莺莺嫁他。张生喜出望外，修书请得故人白马将军杜确率兵前来解围，但事后崔老夫人绝口不提婚事，只让二人以兄妹相称。张生失望之极，幸有莺莺的丫环红娘从中帮忙，扶莺莺月夜烧香，听见张生弹琴诉说衷肠。后来莺莺听说张生病倒，让红娘去书房探望。张生相思难解，央求红娘替他从中传递消息。莺莺怜惜张生，终于鼓起勇气，也写诗回赠，后在红娘帮助下，二人瞒过崔老夫人，私下幽会并订了终身。老夫人知情后怒责红娘，但已无可挽回，便催张生进京应考。张生与莺莺依依而别，半年后得中状元。崔老夫人的侄儿郑恒本与莺莺有婚约，便趁张生还未返回之时谎报张生已被卫尚书招赘为婿，老夫人一气之下要将莺莺嫁给郑恒，幸好张生及时归来，有情人终成眷属。

楔子，戏剧中的引子。一般在篇首，用以点明、补充正文。元杂剧也有在本与本、折与折间使用的。这个楔子用在第一本开端，作为整剧的引子。它通过老夫人的宾白，介绍了主要人物老妇人、莺莺、欢郎以及婢女红娘，还有崔家与普济寺长老法本的关系。由于暂住寺中寂寞，莺莺在红娘陪伴下在寺中游春，便唱了【幺篇】这支曲子。"可正是人值残春蒲郡东，门掩重关萧寺中"，前二句叙事兼抒情，蒲东郡，即唐河中府，即今山西永济。萧寺，即佛寺。语出唐李绅《莺莺歌》："门掩重关萧寺中，芳草花时不曾出。"此用其语。梁武帝萧衍信佛，好造佛寺，后人因有称佛寺为萧寺的。后三句描写，写暮春景色，花落水中随水流而去，莺莺满腔闲愁无法排遣，埋怨恼人的东风把话吹落。是少女怀春的表现，为下面剧情的发展作了铺垫。

毛泽东曾三次手书【幺篇】这支曲子，说明他十分喜爱。


## 《西厢记》第一本　张君瑞闹道场杂剧　第一折

（正末扮张生骑马引仆上开）小生姓张，名珙，字君瑞，本贯西洛人也，先人拜礼部尚书，不幸五旬之上，因病身亡。后一年丧母。小生书剑飘零，功名未遂，游于四方。即今贞元十七年二月上旬，唐德宗即位，欲往上朝取应，路经河中府过。蒲关上有一故人，姓杜名确，字君实，与小生同郡同学，当初为八拜之交。后弃文就武，遂得武举状元，官拜征西大元帅，统领十万大军，镇守着蒲关。小生就望哥哥一遭，却往京师求进。暗想小生萤窗雪案，刮垢磨光，学成满腹文章，尚在湖海飘零，何日得遂大志也呵！万金宝剑藏秋水，满马春愁压绣鞍。

【仙吕】【点绛唇】游艺中原，脚跟无线、如蓬转。望眼连天，日近长安远。

【混江龙】向《诗》《书》经传，蠹鱼似不出费钻研。将棘围守暖，把铁砚磨穿。投至得云路鹏程九万里，先受了雪窗萤火二十年。才高难入俗人机，时乖不遂男儿愿。空雕虫篆刻，缀断简残编。

行路之间，早到蒲津。这黄河有九曲，此正古河内之地，你看好形势也呵！

【油葫芦】九曲风涛何处显，只除是此地偏。这河带齐梁，分秦晋，隘幽燕；雪浪拍长空，天际秋云卷；竹索缆浮桥，水上苍龙偃；东西溃九州，南北串百川。归舟紧不紧如何见？恰便似弩箭乍离弦。

【天下乐】只疑是银河落九天；渊泉、云外悬，入东洋不离此径穿。滋洛阳千种花，润梁园万顷田，也曾泛浮槎到日月边。

话说间早到城中。这里一座店儿，琴童接下马者！店小二哥那里？（小二上云）自家是这状元店里小二哥。官人要下呵，俺这里有干净店房。（末云）头房里下，先撒和那马者！小二哥，你来，我问你：这里有甚么闲散心处？名山胜境，福地宝坊皆可。（小二云）俺这里有一座寺，名曰普救寺，是则天皇后香火院，盖造非俗：琉璃殿相近青霄，舍利塔直侵云汉。南来北往，三教九流，过者无不瞻仰；只除那里可以君子游玩。（末云）琴童料持下晌午饭！俺到那里走一遭便回来也。（仆云）安排下饭，撒和了马，等哥哥回家。（下）（法聪上）小僧法聪，是这普救寺法本长老座下弟子。今日师父赴斋去了，着我在寺中，但有探长老的，便记着，待师父回来报知。山门下立地，看有甚么人来。（末上云）却早来到也。（见聪了，聪问云）客官从何来？（末云）小生西洛至此，闻上刹幽雅清爽，一来瞻仰佛像，二来拜谒长老。敢问长老在么？（聪云）俺师父不在寺中，贫僧弟子法聪的便是，请先生方丈拜茶。（末云）既然长老不在呵，不必吃茶；敢烦和尚相引，瞻仰一遭，幸甚！（聪云）小僧取钥匙，开了佛殿、钟楼、罗汉堂、香积厨、盘桓一会，师父敢待回来。（做看科）（末云）是盖造得好也呵！

【村里迓鼓】随喜了上方佛殿，早来到下方僧院。行过厨房近西、法堂此、钟楼前面。游了洞房，登了宝塔，将回廊绕遍。数了罗汉，参了菩萨，拜了圣贤。

（莺莺引红娘拈花枝上云）红娘，俺去佛殿上耍去来。（末做见科）呀！正撞着五百年前风流业冤。

【元和令】颠不刺的见了万千，似这般可喜娘的庞儿罕曾见。只教人眼花缭乱口难言，魂灵儿飞在半天。他那里佟人调戏，軃着香肩，只将花笑拈。

【上马娇】这的是兜率宫，休猜做了离恨天。呀，谁想着寺里遇神仙！我见他宜嗔宜喜春风面，偏、宜贴翠花钿。

【胜葫芦】则见他宫样眉儿新月偃，斜侵入鬓边。（旦云）红娘，你覷：寂寂僧房人不到，满阶苔衬落花红。未语前先腼腆，樱桃红绽，玉粳白露，半晌恰方言。

【幺篇】恰便似呖呖莺声花外啭，行一步可人怜。解舞腰肢娇又软，千般袅娜，万般旖旎，似垂柳晚风前。

（红云）那壁有人，咱家去来。（旦回顾覷末下）（末云）和尚，恰怎么观音现来？（聪云）休胡说，这是河中府崔相国的小姐。（末云）世间有这等女子，岂非天姿国色乎？休说那模样儿，只那一对小脚儿，价值百镒之金。（聪云）偌远地，他在那壁，你在这壁，系着长裙儿，你便怎知他脚儿小？（末云）法聪，来，来，来，你问我怎便知，你覷：

【后庭花】若不是衬残红芳径软，怎显得步香尘底样儿浅。且休提眼角儿留情处，只这脚踪儿将心事传。慢俄延，投至到栊门儿前面，刚那了一步远。刚刚的打个照面，疯魔了张解元。似神仙归洞天，空馀下杨柳烟，只闻得鸟雀喧。

【柳叶儿】呀，门掩着梨花深院，粉墙儿高似青天。恨天，天不与人行方便，好着我难消遣，端的是怎流连。小姐呵，则被你兀的不引了人意马心猿？

（聪云）休惹事，河中开府的小姐去远了也。（末唱）

【寄生草】兰麝香仍在，佩环声渐远。东风摇曳垂杨线，游丝牵惹桃花片，珠帘掩映芙蓉面。你道是河中开府相公家，我道是南海水月观音现。"十年不识君王面，始信婵娟解误人。"小生便不往京师去应举也罢。（觑聪云）敢烦和尚对长老说知，有僧房借半间，早晚温习经史，胜如旅邸内冗杂，房金依例拜纳，小生明日自来也。

【赚煞】饿眼望将穿，馋口涎空咽，空着我透骨髓相思病染，怎当他临去秋波那一转！休道是小生，便是铁石人也意惹情牵。近庭轩，花柳争妍，日午当庭塔影圆。春光在眼前，争奈玉人不见，将一座梵王宫疑是武陵源。

## 【毛泽东评点】

毛泽东曾手书过这一折中的【仙吕】【点绛唇】【混江龙】【油葫芦】和【寄生草】等四支曲子。

——《毛泽东手书选集·古诗词》（下），北京出版社 1996 年版，第 181—194 页。

## 【赏析】

《西厢记》的第一本第一折，有的明刊本另有标目，曰《佛殿奇逢》，清刊本标《惊艳》的也不少。曰奇曰惊，正好用两种不同的神态来说明当时的气氛，并突出了莺莺的形态之美。这次张生、莺莺在佛殿上的相遇，彼此都毫无思想准备，完全出乎意料。所以对双方来说，都是一场奇遇。而莺莺的绝世姿容，又使张生更多一层惊奇之感而倍加倾倒。

这一折一开始的五支曲子主要写张生的家世生平以及黄河蒲津渡口一带的山川景色，普救寺的建筑格局。可以说是人物介绍和故事的背景，包括时间、空间在内的介绍。第一支曲子【仙侣】【点绛唇】游艺，游憩于六艺之中，泛指学艺的修养。蓬转，蓬草随风转动，比喻人四处漂流。日近长安远，抬头看见太阳，觉得近；但抬头看不见长安，觉得远。后泛指离京遥远。典出《晋书·明帝纪》："帝幼而聪哲，为元帝所宠异。年数岁，尝坐置膝前。属长安使来，因问帝曰：'汝谓日与长安孰近？'对曰：'长安近，不闻人从日边来，居然可知也。'元帝异之，明日，宴群僚，又问之，对曰：'日近。'元帝失色曰：'何乃异向者之言乎？'对曰：'举头则见日，不见长安。'"这支曲子交代了张生的行踪：要进京赶考。

【混江龙】一曲描写长期下苦功钻研学业，志在必中。【油葫芦】一曲则描写河中府地势险要：这黄河穿过齐、梁两国，分开秦晋，成为阻挡幽燕的天然屏障，形势极其雄伟。眼前雪一般的浪花拍打着长空，好像天边的秋云在卷动；连接两岸的浮桥，用竹索揽着船只而成，好像一条苍龙卧在水面上。水流湍急，行船好像箭从弦上射出去一样。【天下乐】一曲继续写黄河惊涛：黄河与天相连，使人疑心它是从九天落下的银河；它的源头在云层之外，流入东海；他路过洛阳和梁园（开封）的时候，滋润着千种名花、万顷良田，它的上游与天河相通，传说还曾经泛着浮槎把张骞送到太阳和月亮上呢。这黄河是多雄伟呀！

从【元和令】开始，直到第一折结束，都是从张生口中层次分明地从各个不同角度描绘这个"风流业冤"的容貌之美、体态之美和风度之美，偶然也对自然景色有所渲染，则都是为了衬托莺莺而写的，都是为了衬托、创造欢乐愉快的气氛而写的。

在【元和令】中，王实甫先只是从比较远的距离，让人们一睹莺莺"尽人调戏，軃着香肩，只将花笑拈"的神情，显得莺莺天真之极、自然之极、大方之极。决不能把"尽人调戏"理解成为莺莺让别人肆意侮辱而毫无反抗。只是说明她明知有人在欣赏她的姿容，她既没有因此而得意忘形，也没有因此而忸怩作态，而是与平时一样，泰然处之。

【上马娇】中的"宜嗔宜喜春风面"也是神来之笔的佳句。说莺莺欢乐不美的问题，更主要的是写张生的激情，在他眼中，莺莺无时无刻不可爱。这正如古人说西施心痛时双眉深锁别有一种美态一样。

"谁想着寺里遇神仙"，有三层意思：

第一，在佛殿上遇到莺莺完全出乎意外；第二，莺莺美艳出众，似非凡人所能及，因此誉之为神仙；第三，张生见到莺莺之后，自己有了无可言喻的幸福感，于是称莺莺为神仙。"兜率宫"是神仙居住之地，以下曲文里提到"南海水月观音现"的观音菩萨，提到"武陵源"等仙境，也都是形容莺莺之美"宜嗔宜喜春风面'，是从正面看过去所得的印象，如何呢？所以还得加上一句"偏宜贴翠花钿"，侧面看过去也很美，贴上翠花钿这种面饰，是最合适不过了。可以说【元和令】和【上马娇】都是从比较远的距离观察、欣赏莺莺的美貌。而【胜葫芦】则把距离拉近了，仿佛电影中的特写镜头：先写了一笔修长而纤细的新月般的眉毛。刚才莺莺没有说话，所以只注意到她在自然自在地"只将花笑拈"。现在莺莺一开口说话，不知不觉多少有些腼腆。而她的口型，她的嘴唇的珠红的色泽，首先使张生感到确实樱桃一般小而可爱。接着也看到了莺莺洁白而整齐的一口牙齿。

【后庭花】一开始就写张生发现角里也流露出了一种蕴藏着的深情，所以张生认为莺莺的脚步之所以移动得如此缓慢，也是不愿很快离开的表示，也是莺莺给他张生的一种甚有好感的反应。这样想着，张生就像着了魔一般的兴奋、激动，定不下心来。但是，好景不长，"刚刚的打个照面"，莺莺终于进门去也。对张生来说，就像"神仙归洞天"已经遥远了。他只能望着杨柳烟，听着鸟雀喧而惆怅万端了。

莺莺既然已经"似神仙归洞天"一般地进入了"梨花深院"了，而且门也掩了起来。因此【柳叶儿】写张生的失望和怨恨。挡着张生的是那一堵高似青天的粉墙。张生恨这一堵粉墙，也恨老天不与他张生提供方便。张生从理智上完全明白了"粉墙"与"天"都是无生命、无知觉、无爱憎，他之所以恨"粉墙"与"天"，实际上是恨封建礼教，是恨坚决奉行封建礼教的老夫人，使他不能和莺莺欢叙互相爱慕之情。张生不知如何是好，定不下心来。

既然莺莺已经到了张生视线之外，所以【寄生草】第一句的"兰麝香仍在"，不写视觉而写嗅觉了，表明莺莺刚才还在这里盘桓过，香味还没有消散掉。"佩环声渐远"，则是诉诸听觉了，粉墙儿虽然高似青天终于没有把声音全部隔绝，还听到佩环叮当之声，但是愈来愈远了，人去得更远了。王实甫在张生看得到莺莺时，从视觉上狠下功夫，分别从远处、近处、正面、侧面，为莺莺塑造美丽的形象，在视线达不到之处，写张生在呼吸着莺莺刚才路过时遗留下来的兰麝之香，继而再写听觉，仿佛亲眼看到了莺莺走到梨花深院的深处去了。王实甫如此调动了一切艺术手法，塑造莺莺的美丽形象，作者一下子捕捉住了张生这种近乎"疯魔"的精神状态而作出准确的反映。第二句"珠帘掩映芙蓉面"，既有景物，也将莺莺纳入画面之中了。张生认为此时此刻莺莺很可能已经到达悬挂珠帘的闺房，所谓"芙蓉面"，当是指莺莺芙蓉般的面孔。结束时，继以上六支曲子已经三番四次将美艳的莺莺比喻为神仙之后，又一次再作这样的比喻，但不再抽象地喻之为神仙，而是径喻为最美的神仙，即观音菩萨。

【么篇】第一句从听觉上写莺莺声音之悦耳转变为写动态的莺莺。当然说话比沉默的动作性已经是更大得多。整个身躯都要活动起来的。态又如何呢？"行一步可人怜"，仅仅走了一步，娇媚而给人以善舞的感觉。至于用黄莺比喻清脆的语言，用迎风的垂柳比喻扭动的腰肢，很得体。

张生和莺莺这两个主人公，在第一折中都出场了，而且性格鲜明，给观众留下了深刻的印象。

毛泽东曾手书过这一折中的四支曲子，可见他对这一折戏曲很感兴趣。

## 《西厢记》第二本
## 崔莺莺夜听琴杂剧　第一折（节录）

【原文】

（孙飞虎上开）自家姓孙，名彪，字飞虎，方今天下扰攘。因主将丁文雅失政，俺分统五千人马，镇守河桥，劫掳良民财物。近知先相国崔珏之女莺莺，眉黛青步辇，莲脸生春，有倾国倾城之容，西子太真之颜，现在河中府普救寺借居。我心中想来：当今用武之际，主将尚然不正，我独廉何为？大小三军，听吾号令：人尽衔枚，马皆勒口，连夜进兵河中府！掳莺莺为妻，是我平生愿足。（下）（法本慌上）谁想孙飞虎将半万贼兵围住寺门，鸣锣击鼓，呐喊摇旗，欲掳莺莺小姐为妻。我今不敢违误，即索报知夫人走一遭（下）（夫人慌云）如此却怎了！俺同到小姐卧房里商量去。（下）（旦引红娘上去）自见了张生，神魂荡漾，情思不快，茶饭少进。早是离人伤感，况值暮春天道，好烦恼人也呵！好句有情怜夜月，落花无语怨东风。

【仙吕】【八声甘州】恹恹瘦损，早是伤神，那值残春。罗衣宽褪，能消几度黄昏？风袅篆烟不卷帘，雨打梨花深闭门；无语凭阑干，目断行云。

【混江龙】落红成阵，风飘万点正愁人，池塘梦晓，阑槛辞春；蝶粉轻沾飞絮雪，燕泥香惹落花尘；系春心情短柳丝长，隔花阴人远天涯近。香消了六朝金粉，清减了三楚精神。

（红云）姐姐情思不快，我将被儿薰得香香的，睡些儿。……

## 【毛泽东评点】

毛泽东曾手书过【仙吕】【八声甘州】和三次手书【混江龙】这两支曲子。

——《毛泽东手书选集·古诗词》（下），北京出版社1996年版，第195—203页。

## 【赏析】

《西厢记》第二本第一折，开头宾白写孙飞虎兵围普救寺，接下来莺莺有两支曲子。第一支【仙侣】【八声甘州】写莺莺与张生一见钟情，抛舍不下，又值残春天气，茶饭不思，饮食锐减，逐渐消瘦，连她穿的罗衣也显得宽大松动，好像有病一样，显得十分柔弱。"能消几度黄昏"系用典，赵令畤《清平乐》："断送一生憔悴，只消几个黄昏。""篆烟"，指香烟盘绕曲折，像篆文一样。"雨打梨花深闭门"，系用秦观《忆王孙》成句。"无语凭阑干"，借用宋代《菩萨蛮》："何处春归早，无语凭栏杆。"大白天，点着薰香，帘子也不卷，百无聊赖，凭着栏杆，望天上云飞，连一句话也不说。很好地抒发了她的忧愁苦闷。

接着的【混江龙】一曲，更进一步从环境的描写，借景抒情。其中

"风飘万点正愁人"系用杜甫《落花》诗成句，"人远天涯近"是用朱淑真《生查子》成句。整支曲子是说，落花纷纷，被风一吹，万点飞花令人愁闷。池塘梦醒，阑干辞别春天；蝴蝶所采花粉轻轻地沾到白色的飞花上，燕子所衔的泥土也染上落花的香气；长长的柳丝系念着莺莺萌动的春心，与张生隔着花荫显得很远而天涯却觉得很近，莺莺金粉香销，精神锐减。很好地抒发了莺莺春心萌动的情态。

毛泽东曾手书过这一折中的两支曲子，可见他对这一折戏很感兴趣。


# 《西厢记》第二本
## 崔莺莺夜听琴杂剧　第一折　楔子


【原文】

（夫人云）此事如何？

（末云）小生有一计，先用着长老。

（洁云）老僧不会厮杀，请秀才别换一个。

（末云）休慌，不要你厮杀。你出去与贼汉说："夫人本待便将小姐出来，送与将军，奈有父丧在身。不争鸣锣击鼓，惊死小姐，也可惜了。将军若要做女婿呵，可按甲束兵，退一射之地。限三日功德圆满，脱了孝服，换上颜色衣服，倒陪房奁，定将小姐送与将军。不争便送来，一来父孝在身，二来于军不利。"你去说去。（本云）三日后如何？（末云）有计在后。（洁朝鬼门道叫科）请将军打话。

（飞虎引卒上云）快送莺莺出来。

（洁云）将军息怒！夫人使老僧来与将军说。（说如前了）

（飞虎云）既然如此，限你三日后。若不送来，我着你人人皆死，个个不存。你对夫人说去，怎的这般好性儿的女婿，教他招了贼。（引卒下）

（洁云）贼兵退了也，三日后不送出去，便都是死的。

（末云）小子有一故人，姓杜名确，号为白马将军，见统十万大兵，镇守着蒲关。一封书去，此人必来救我。此间离蒲关四十五里，写了书呵，怎得人送去？

（洁云）若是白马将军肯来，何虑孙飞虎。俺这里有一个徒弟，唤作惠明，则是要吃酒厮打。若使央他去，定不肯去；须将言语激着他，他便去。

（末唤云）有书寄与杜将军，谁敢去？谁敢去？

（惠明上云）我敢去！（唱）

【正宫】【端正好】不念法华经，不礼梁皇忏，颩了僧伽帽，袒下我这偏衫。杀人心逗起英雄胆，两只手将乌龙尾钢椽攒（zuàn）。

【滚绣球】非是我贪，不是我敢，知他怎生唤做打参，不踏步直杀出虎窟龙潭。非是我搀，不是我揽，这些时吃菜馒头委实口淡，五千人也不索灸煎。腔子里热血权消渴，肺腑内生心且解馋，有甚腌！

【叨叨令】浮沙羹、宽片粉添些杂糁，酸黄齑（jī）、烂豆腐休调啖，万余斤黑面从教暗，我将这五千人做一顿馒头馅。是必误了也么哥！休误了也么哥！包残余肉把青盐蘸。

（洁云）张秀才着你寄书去蒲关，你敢去么？（惠唱）

【倘秀才】你那里问小僧敢去也那不敢，我这里启大师用咱不用咱。你道是飞虎声名播斗南；那厮能淫欲，会贪婪，诚何以堪！

（末云）你是出家人，却怎不看经礼忏，只厮打为何？（惠唱）

【滚绣球】我经文也不会谈，逃禅也懒去参；戒刀头近新来钢蘸，铁棒上无半星儿土渍尘缄。别的都僧不僧、俗不俗，女不女、男不男，则会斋得饱也则去那僧房中胡渰（yān），那里怕焚烧了兜率也似伽蓝。只为那善文能武人千里，凭着这济困扶危书一缄，有勇无惭。

（末云）他倘若不放你过去如何？

（惠云）他不放我呵，你放心！

【白鹤子】着几个小沙弥把幢幡宝盖擎，壮行者将杆棒镬叉担，你排阵脚将众僧安，我撞钉子把贼兵来探。

【二】远的破开步将铁棒颩（diū），近的顺手把戒刀钐；有小的提起来将脚尖蹴，有大的扳下来把髑髅勘。

【一】瞅一瞅古都都翻了海波，混一混厮琅琅震动山岩；脚踏得赤力力地轴摇，手扳得忽剌剌天关撼。

【耍孩儿】我从来驳驳劣劣，世不曾忑忑忐忐，打熬成不厌天生敢。我从来斩钉截铁常居一，不似恁惹草拈花没掂三。劣性子人皆惨，舍着命提刀仗剑，更怕甚勒马停骖。

【二】我从来欺硬怕软，吃苦不甘，你休只因亲事胡扑俺。若是杜将军不把干戈退，张解元干将风月担，我将不志诚的言词赚。倘或纰缪，倒大羞惭。

（惠云）将书来，你等回音者。

【收尾】您与我助威风擂几声鼓，仗佛力呐一声喊。绣旗下遥见英雄俺，我教那半万贼兵吓唬破胆。（下）

（末云）老夫人长老都放心，此书到日，必有佳音。咱眼观旌节旗，耳听好消息，你看一封书札逡巡至，半万雄兵咫尺来。（并下）

（杜将军引卒子上开）林下晒衣嫌日淡，池中濯足恨鱼腥；花根本艳公卿子，虎体鵷班将相孙。自家姓杜，名确，字君实，本贯西洛人也。自幼与君瑞同学儒业，后弃文就武。当年武举及第，官拜征西大将军，正授管军元帅，统领十万之众，镇守着蒲关。有人自河中来，听知君瑞兄弟在普救寺中，不来望我；着人去请，亦不肯来，不知主甚意。今闻丁文雅失政，不守国法，剽掠黎民；我为不知虚实，未敢造次兴师。孙子曰："凡用兵之法，将受命于君，合军聚众，圮地无舍，衢地交合，绝地无留；围地则谋，死地则战；途有所不由，军有所不击，城有所不攻，地有所不争，君命有所不受。故将通于九变之利者，知用兵矣。治兵不知九变之术，虽知五利，不能得人用矣。"吾之未疾进后征讨者，为不知地利浅深出没之故也。昨日探听去，不见回报。今日升帐，看有甚军情来，报我知道者！

（卒子引惠明和尚上，云）（惠明云）我离了普救寺，一日至蒲关，见杜将军走一遭。

（卒报科）（将军云）着他过来！

（惠打问讯了云）贫僧是普救寺来的，今有孙飞虎作乱，将半万贼兵，围往寺门，欲劫故臣崔相国女为妻。有游客张君瑞，奉书令小僧拜投于麾下，欲求将军以解倒悬之危。

（将军云）将过书来！（惠投书了）

（将军拆书念曰）珙顿首再拜大元帅将军契兄纛下：伏自洛中，拜违犀表，寒暄屡隔，积有岁月，仰德之私，铭刻如也。忆昔联床风雨，叹今彼各天涯；客况复生于肺腑，离愁无慰于羁怀。念贫处十年藜藿，走困他乡；羡威统百万貔貅，坐安边境。故知虎体食天禄，瞻天表，大德胜常；使贱子慕台颜，仰台翰，寸心为慰；辄禀：小弟辞家，欲诣帐下，以叙数载间阔之情；奈至河中府普救寺，忽值采薪之忧，不及径造。不期有贼将孙飞虎，领兵半万，欲劫故臣崔相国之女，实为迫切狼狈。小弟之命，亦在逡巡。万一朝廷知道，其罪何归？将军倘不弃旧交之情，兴一旅之师；上以报天子之恩，下以救苍生之急；使故相国虽在九泉，亦不泯将军之德。愿将军虎视去书，使小弟鹊观来旌。造次干渎，不胜惭愧！伏乞台照不宣！张珙再拜，二月十六日书。

（将军云）既然如此，和尚你行，我便来。

（惠明云）将军是必疾来者！

【仙吕】【赏花时】那厮掳掠黎民德行短，将军镇压边庭机变宽。他弥天罪有百千般。若将军不管，纵贼寇骋无端。

【幺篇】便是你坐视朝廷将帝主瞒。若是扫荡妖氛着百姓欢，干戈息，大功完。歌谣遍满，传名誉到金銮。

（将军云）虽无圣旨发兵，"将在军，君命有所不受"。大小三军，听吾将令：速点五千人马，人尽衔枚，马皆勒口。星夜起发，直至河中府普救寺救张生走一遭。

（引卒子上开）（将军引卒子骑竹马调阵，拿绑下）

（夫人、洁同末云）下书已两日，不见回音。

（末云）山门外呐喊摇旗，莫不是俺哥哥至了。

（末见将军了）（引夫人拜了）（将军云）杜确有失防御，致令老夫人受惊，切勿见罪是幸！

（末拜将军了）自别兄长台颜，一向有失听教；今得一见，台拨云睹日。

（夫人云）老身子母，如将军所赐之命，将何补报？（将军云）不敢，此乃职分之所当为。敢问贤弟，因甚不至戎帐？

（末云）小弟欲来，奈小疾偶作，不能动止，所以失敬，今见夫人受困，所言退得贼兵者，以小姐妻之，因此愚弟作书请吾兄。

（将军云）既然有此姻缘，可贺，可贺！

（夫人云）安排茶饭者！

（将军云）不索，尚有余党未尽，小官去捕了，却来望贤弟。左右那里，去斩孙飞虎去！（拿贼了）本欲斩首示众，具表奏闻，见丁文雅失守之罪；恐有未叛者，今将为首各杖一百，余者尽归旧营去者！（孙飞虎谢了下）

（将军云）张生建退贼之策，夫人面许结亲；若不违前言，淑女可配君子也。

（夫人云）恐小女有辱君子。

（末云）请将军筵席者！

（将军云）我不吃筵席了，我回营去，异日却来庆贺。

（末云）不敢久留兄长，有劳台候。（将军望蒲关起发）

（众念云）马离普救敲金镫，人望蒲关唱凯歌。

（下）（夫人云）先生大恩，不敢忘也。自今先生休在寺里下，只着仆人寺内养马，足下来家内书院里安歇。我已收拾了，便搬来者。到明日略备草酌，着红娘来请，你是必来一会，别有商议。

（末云）这事都在长老身上。

（问洁云）小子亲事未如何知？

（洁云）莺莺亲事，拟定妻君。只因兵火至，引起雨云心。（下）

（末云）小子收拾行李去花园里去也。（下）


## 【毛泽东评点】

1961年12月27日，毛泽东批示：《西厢记》第二本第一则印发列会各同志。这一折中有惠明的唱词"我只来欺硬怕软，吃苦辞甘"。

——中共中央文献研究室编：《毛泽东年谱》（1949—1976），第七卷，中央文献出版社2013年版，第65页。

王实甫

孙飞虎围着普救寺，张生要找人送信请他的朋友白马将军来解围，可是无人敢去，于是开群众会议，这是慧明挺身而出，把信送了去，搬了兵，解了围。毛泽东同志说，慧明见义勇为，勇敢大胆，是个坚定之人，希望中国多出点惠明。

—— 毛泽东 1958 年 3 月 22 日在成都会议上的讲话，陈晋主编：《毛泽东读书笔记解析》，广东人民出版社 1996 年版，第1347—1348 页。

1962 年 8 月 9 日，毛泽东在一次讲话中说："'无冲突论'是不对的。如戏，总有一点别扭才有戏，《西厢记》中老夫人代表封建势力，是对立面，有了老夫人才有戏，不然光有莺莺、红娘、张生三个人打成一片，没有对立面，还有什么戏呀？

—— 董学文等：《毛泽东的文艺美学活动》，高等教育出版社1995 年版，第 217 页。

## 【赏析】

普救寺的火头僧人惠明，平日不理会佛门的斋戒清规，练就一身好武艺，当军阀孙飞虎带领大军围住普救寺，要抢夺莺莺为妻。当此危难之时，老妇人声言有谁解得危难，就许莺莺为妻。张生挺身而出，自告奋勇，致书友人白马将军杜确，请其带兵解围。这时关键就在于把信送给白马将军。这个任务只有武艺高强能杀出包围之人才能胜任，而惠明当然是不二人选。从【正宫】【端正好】起共用了 11 支曲子，就是有名的"惠明下书"一段唱词。惠明下书只是全剧中的一个插曲，但却是整个故事情节发展不可或缺的环节；同时也借此塑造了一个性格鲜明、见义勇为的佛门侠士的形象。

开头【正宫】【端正好】数句唱词即画出了惠明不同一般俗僧的性格。他既不念经，也不做佛门的装束，更不守佛门的清规戒律，竟然"杀人心逗起英雄胆，两只手将乌龙尾钢椽揝"，人物神态已经浮现纸上。

【叨叨令】一曲进一步强化惠明的"杀人心"和"英雄胆"。他要留下浮杀羹、宽片粉、酸黄虀、烂豆腐这些平素寡淡的食物，而要将孙飞虎的"五千人做一顿馒头馅","包残余的肉把青盐蘸"。吃人肉馒头和蘸咸人肉，这些当然都是夸张之词，却有强烈的艺术效果。

【滚绣球】是回答张生问话的一曲唱词，惠明看不起那些"僧不僧、俗不俗，女不女、男不男"四不像僧人，而要"只为那善文能武人千里，凭着这济困扶危书一缄，有勇无惭"，进一步揭示惠明济危解困、见义勇为的内心世界。

通过这几个重要唱段，刻画出惠明武艺高强，胆略过人，见义勇为，挺身而出，仗刀抢棍，杀出重围，把信顺利地送给杜确将军，搬来救兵，解了围困，实际上是成就了张生和崔莺莺的姻缘。因而赢得毛泽东的赞扬："惠明见义勇为，勇敢大胆，是个坚定之人，希望中国多出点惠明。"语重心长，至今仍不失其教育意义。


# 《西厢记》第三本　张君瑞害相思　第二折

## 【原文】

（旦上，云）红娘服侍老夫人不得空便，偌旦晚敢待来也。起得早了些儿，困思上来，我再睡些儿咱。（睡科）

（红上，云）奉小姐言语去看张生，因服侍老夫人，未曾回小姐话去。不听得声音，敢又睡哩，我入去看一遭。

【中吕·粉蝶儿】风静帘闲，透纱窗麝兰香散，启朱扉摇响双环。绛台高，金荷小，银釭犹灿。比及将暖帐轻弹，先揭起这梅红罗软帘偷看。

【醉春风】则见他钗嚲玉斜横，鬓偏云乱挽。日高犹自不明眸，畅好是懒、懒。

（旦做起身长叹科）（红唱）半晌抬身，几回搔耳，一声长叹。

（红云）我待便将简帖儿与他，恐俺小姐有许多假处哩。我则将这简帖儿放在妆盒儿上，看他见了说什么。

（旦做照镜科，见帖看科）（红唱）

【普天乐】晚妆残，乌云身单，轻匀了粉脸，乱挽起云鬟。将简帖儿拈，把妆盒儿按，开拆封皮孜孜看，颠来倒去不害心烦。

（旦怒叫）红娘！（红做意云）呀，决撒了也！厌的早挖皱了黛眉。（旦云）小贱人，不来怎么！（红唱）忽的波低垂了粉颈，氲的呵改变了朱颜。（旦云）小贱人，这东西那里将来的？我是相国的小姐，谁敢将这简帖来戏弄我，我几曾惯看这等东西？告过夫人，打下你个小贱人下截来。（红云）小姐使将我去，他着我将来。我不识字，知他写着什么？

【快活三】分明是你过犯，没来由把我摧残；使别人颠倒恶心烦，你不惯，谁曾惯？

姐姐休闹，比及你对夫人说呵，我将这简帖儿去夫人行出首去来。

（旦做揪住科）我逗你耍来。（红云）放手，看打下下截来。（旦云）张生近日如何？（红云）我则不说。（旦云）好姐姐，你说与我听咱！（红唱）

【朝天子】张生近间、面颜，瘦得来实难看。不思量茶饭，怕待动弹；晓夜将佳期盼，废寝忘餐。黄昏清旦，望东墙淹泪眼。

（旦云）请个好太医看他证候咱。

（红云）他证候吃药不济。病患、要安，则除是出几点风流汗。

（旦云）红娘，不看你面时，我将与老夫人看，看他有何面目见夫人？虽然我家亏他，只是兄妹之情，焉有外事。红娘，早是你口稳哩；若别人知呵，什么模样。

（红云）你哄着谁哩，你把这个饿鬼弄得他七死八活，却要怎么？

【四边静】怕人家调犯，"早共晚夫人见些破绽，你我何安"。问什么他遭危难？撺断得上竿，掇了梯儿看。

（旦云）将描笔儿过来，我写将去回他，着他下次休是这般。

（旦做写科）（起身科，云）红娘，你将去说。小姐看望先生，相待兄妹之礼如此，非有他意。再一遭儿是这般呵，必告夫人知道。和你个小贱人都有话说。（旦掷书下）（红唱）

【脱布衫】小孩儿家口没遮拦，一迷的将言语摧残。把似你使性子，休思量秀才，做多少好人家风范。（红做拾书科）

【小梁州】他为你梦里成双觉后单，废寝忘餐。罗衣不奈五更寒，愁无限，寂寞泪阑干。

【幺篇】似这等辰勾空把佳期盼，我将这角门儿世不曾牢拴，则愿你做夫妻无危难。我向这筵席头上整扮，做一个缝了口的撮合山。

（红云）我若不去来，道我违拗他，那生又等我回报，我须索走一遭。（下）

（末上，云）那书倩红娘将去，未见回话。我这封书去，必定成事，这早晚敢待来也。

（红上）须索回张生话去。小姐，你性儿忒惯得娇了；有前日的心，那得今日的心来？

【石榴花】当日个晚妆楼上杏花残，犹自怯衣单，那一片听琴心清露月明间。昨日个向晚，不怕春寒，几乎险被“先生馔”，那其间岂不胡颜。为一个不酸不醋风魔汉，隔墙儿险化作了望夫山。

【斗鹌鹑】你用心儿拨雨撩云，我好意儿传书寄简，不肯搜自己狂为，则待要觅别人破绽。受艾焙权时忍这番，畅好是奸。“张生是兄妹之礼，焉敢如此！”对人前巧语花言；没人处便想张生，背地里愁眉泪眼。

（红见末科）

（末云）小娘子来了。擎天柱，大事如何了也？

（红云）不济事了，先生休傻。

（末云）小生简帖儿是一道会亲的符箓，则是小娘子不用心，故意如此。

（红云）我不用心？有天理，你那简帖儿好听！（唱）

【上小楼】这的是先生命悭，须不是红娘违慢。那简帖儿倒做了你的招状、他的勾头、我的公案。若不是觑面颜，厮顾盼，担饶轻慢，先生受罪，礼之当然，贱妾何辜？争些儿把你娘拖犯。

【幺篇】从今后相会少，见面难。月暗西厢，凤去秦楼，云敛巫山。你也赸，我也赸；请先生休讪，早寻个酒阑人散。

（红云）只此再不必申诉足下肺腑，怕夫人寻，我回去也。

（末云）小娘子此一遭去，再着谁与小生分剖；必索做一个道理，方可救得小生一命。（末跪下揪住红科）

（红云）张先生是读书人，岂不知此意，其事可知矣。

王实甫

37

【满庭芳】你休要呆里撒奸；你待要恩情美满，却教我骨肉摧残。老夫人手执着棍儿摩娑看，粗麻线怎透得针关。直待我挂着拐帮闲钻懒，缝合唇送暖偷寒。

待去呵，小姐性儿撮盐入火，消息儿踏着泛；待不去呵。

（末跪哭云）小生这一个性命，都在小娘子身上。

（红唱）禁不得你甜话儿热趲，好着我两下里做人难。我没来由分说；小姐回与你的书，你自看者。

（末接科，开读科）呀，有这场喜事，撮土焚香，三拜礼毕。早知小姐简至，理合远接，接待不及，勿令见罪！小娘子，和你也欢喜。

（红云）怎么？

（末云）小姐骂我都是假，书中之意，着我今夜花园里来，和他"哩也波哩也口罗哩。

（红云）你读书我听。

（末云）"待月西厢下，迎风户半开，隔墙花影动，疑是玉人来。"

（红云）怎见得他着你来？你解与我听咱。

（末云）"待月西厢下"，着我月上来；"迎风户半开"，他开门待我；"隔墙花影动，疑是玉人来"，着我跳过墙来。

（红笑云）他着你跳过墙来，你做下来，端的有此说么？

（末云）俺是个猜诗谜的社家，风流隋何，浪子陆贾，我那里有差的勾当。

（红云）你看我姐姐，在我行也使这般道儿。

【耍孩儿】几曾见寄书的颠倒瞒着鱼雁，小则小心肠儿转关。写着道西厢待月等得更阑，着你跳东墙"女"字边"干"。原来那诗句儿里包笼着三更枣，简帖儿里埋伏着九里山。他着紧处将人慢，您会云雨闹中取静，我寄音书忙里偷闲。

【四煞】纸光明玉板，字香喷麝兰，行儿边湮透非春汗？一缄情泪红犹湿，满纸春愁墨未干。从今后休疑难，放心波玉堂学士，稳情取金雀鸦鬟。

【三煞】他人行别样的亲，俺跟前取次看，更做道孟光接了梁鸿案。

别人行甜言美语三冬暖，我跟前恶语伤人六月寒。我为头儿看：看你个离魂倩女，怎发付摘果潘安。

（末云）小生读书人，怎跳得那花园过也？（红唱）

【二煞】隔墙花又低，迎风户半拴，偷香手段今番按。怕墙高怎把龙门跳，嫌花密难将仙桂攀。放心去，休辞惮；你若不去呵，望穿他盈盈秋水，蹙损他淡淡春山。

（末云）小生曾到那花园里，已经两遭，不见那好处；这一遭知他又怎么？（红云）如今不比往常。

【煞尾】你虽是去了两遭，我敢道不如这番。你那隔墙酬和都胡侃，摘果的是今番这一简。（红下）

（末云）万事自有分定，谁想小姐有此一场好处。小生是猜诗谜的社家，风流隋何，浪子陆贾，到那里扢扎帮便倒地。今日颓天百般的难得晚。天，你有万物于人，何故争此一日。疾下去波！读书继晷怕黄昏，不觉西沉强掩门，欲赴海棠花下约，太阳何苦又生根？（看天云）呀，才晌午也，再等一等。（又看科）今日万般的难得下去也呵。碧天万里无云，空劳倦客身心；恨杀鲁阳贪战，不教红日西沉！呀，却早倒西也，再等一等咱。无端三足乌，团团光烁烁；安得后羿弓，射此一轮落。谢天地！却早日下去也！呀，却早发擂也！呀，却早撞钟也！拽上书房门，到得那里，手挽着垂杨滴流扑跳过墙去。（下）

## 【毛泽东评点】

毛泽东曾手书过崔莺莺写给张生的情诗："待月西厢下，迎风户半开。隔墙花影动，疑是玉人来。"

——《毛泽东手书选集·古诗词》（下），北京出版社1996年版，第204页。

## 【赏析】

《西厢记》第三本第二折，即《闹简》一折。简，书信。写红娘探望张生病情回来带来了张生的一纸情书，红娘到小姐处，忽然改变了主意，没有立即出示信件，更不提"弹琴那人儿"，而是把简帖儿放在妆盒儿上，让小姐自己去发现。她用"背躬"向观众剖白自己的顾虑："恐俺小姐有许多假处。"她躲到旁边观察动静。不出所料，小姐果然作起假来：（旦怒斥）红娘！（红娘做意云）呀，决撒了也！"小姐"厌的早挖皱了黛眉。"（旦云）"小贱人，不来怎么（红唱）忽的波低垂了粉颈，氲的呵改变了朱颜。"我们从小姐看简书那"孜孜""颠来倒去"的劲和"厌的"发作"改变了朱颜"相对照，会发现莺莺这是以攻为守假意为之。汤显祖说："三句递伺其发怒次第也，皱眉，将欲决撒也；垂颈，又踌躇也；变朱颜，则决撒矣。"王实甫真是妙笔生辉，写心理变化可谓细腻深刻。接下来（旦云）"小贱人，这东西那里将来的？我是相国的小姐，谁敢将这简帖来戏弄我，我几曾惯看这种东西？告过夫人，打下你个小贱人下截来。"莺莺发怒，声称要告诉老夫人，将这传书递简人的腿打折了。这表面上的虚张声势，被红娘看破了，于是以假攻假，很快化被动为主动："小姐使将我去，他着我将来，我不识字，知他写着什么？"并据理力争，"分明是你过犯，没来由把我摧残；使别人颠倒恶心烦，你不惯，谁曾惯？"反守为攻，"姐姐休闹，比及你对夫人说呵，我将这简贴儿去夫人行出首去来"。（旦做揪住科）"我逗你要来"。小姐看势头不妙，只好改口，红娘却不让步"放手，看打下下截来"。这表面上看莺莺好像"输了"，她没斗过红娘，可实际胜利者仍是莺莺，因她试探成功了，红娘并没在老夫人那里说什么，认为红娘还是个不错的信使。红娘"我不识字"一句提醒了她，莺莺接着耍了个花招：写一首情诗要红娘传递，却说是一封绝情书。红娘埋怨小姐，担心张生，一路絮絮叨叨再来书房。当莺莺的小诗在张生嘴里变作"公开的情书"之后，红娘这一气非同小可："几曾见寄书的颠倒瞒着鱼雁"，热心的红娘决心撒手不管、冷眼旁观了："看你个离魂倩女，怎发付掷果潘安"，红娘等着看一场好戏。

　　接着这场好戏便是三本三折，即《赖简》一折，写莺莺发出约会信，约张生"待月西厢下"，等到月亮升起来的时候，花园相会。当然这是瞒着红娘做的，"我写将去回他，着他下次休是这般"。这一番作假，写出了这一名门闺秀处在热恋中的复杂心理活动。这一折可以说是莺莺作假最突出的地方，当张生按约定的时间地点"赫赫赤赤"来赴会时，莺莺却板起脸，满口封建说教地把张生训斥了一顿，"张生，你是何等人？我在这里烧香，你无故至此，若夫人闻知，有何理说"，并声张"有贼"，要"扯到老夫人那里去"。在红娘圆场下，这场"官司"才算了结，但莺莺还警告张生说："先生虽有活人之恩，恩则当报。既为兄妹，何生此心？万一夫人知之，先生何以自安？今后再勿如此，若更为之，与足下决无干休。"莺莺冷不防变卦，把张生整的狼狈不堪。这次作假连精明的红娘也瞒过了。忠厚诚实的张生居然任其斥责，哑口无言。红娘推波助澜，也来训导张生，但只须细辨，红娘的话多处包含启发张生的言外之音："你来这里有什么勾当？""黉夜来此何干？""谁着你黉夜入人家？"可惜张生启而不发，"怎想湖山边，不记'西厢下'"，在红娘面前夸下的海口一句也没兑现。红娘对这只"花木瓜"（中看不中用，同红娘对张生另一处奚落"银样镴枪头"同义）也无可奈何，不无遗憾地唱道："拍了迎风户半开，山障了隔墙花影动，绿惨了待月西厢下。"

张生挨训后，病情转重，莺莺当然知道张生的病源，她给张生开"药方"——"谨奉新诗可当媒"，"今宵端的云雨来"，表明了心计，并决定私奔张生。当她让红娘送这封信时，她又假意说是给张生治病的"药方"。

毛泽东手书过的莺莺写给张生的那首情诗，张生看后是这样解释的："待月西厢下"，着我月上来；"迎风户半开"，他开门待我；"隔墙花影动，疑是玉人来"，着我跳过墙来。玉人，容貌美丽的人。《晋书.卫玠传》："[玠]年五岁，风神秀异……总角乘羊车入市，见者皆以为玉人，观之者倾都。"南朝宋刘义庆《世说新语.容止》："（裴楷）粗服乱头皆好，时人以为玉人。"后多用以称美丽的女子，也是对亲人或所爱者的爱称。此指张生。简言之，就是莺莺叫张生深夜跳过花墙和她幽会，得遂云雨之欢。就是生米做成熟饭，造成既成事实，逼老夫人承认二人婚姻。《西厢记》全剧的主旨是"愿天下有情人终成眷属"，这是婚姻自主的表现，张生与莺莺私订终身，反抗封建婚姻所谓"父母之命，媒妁之言"，这次二人黉夜私自交欢，是关键一步。毛泽东书写这首情诗，是对二人自主婚姻的肯定。

王实甫

# 《西厢记》第四本　草桥店梦莺莺　第二折

## 【原文】

（夫人引俫上云）这几日窃见莺莺语言恍惚，神思加倍，腰肢体态，比向日不同，莫不做下来了么？（俫云）前日晚夕，奶奶睡了，我见姐姐和红娘烧香，半晌不回来，我家去睡了。

（夫人云）这桩事都在红娘身上，唤红娘来！（俫唤红科）

（红云）哥哥唤我怎么？

（俫云）奶奶知道你和姐姐去花园里去，如今要打你哩。

（红云）呀！小姐，你带累我也！小哥哥，你先去，我便来也。（红唤旦科）姐姐，事发了也，老夫人唤我哩，却怎了？

（旦云）好姐姐，遮盖咱！（红云）娘呵，你做的隐秀者，我道你做下来也。

（旦念）月圆便有阴云蔽，花发须教急雨催。（红唱）

【越调斗鹌鹑】则着你夜去明来，倒有个天长地久；不争你握雨携云，常使我提心在口。你则合带（戴）月披星，谁着你停眠整宿？老夫人心数多，情性伅（chǎo）；使不着我巧语花言，将没做有。

【紫花儿序】老夫人猜那穷酸做了新婚，小姐做了娇妻，这小贱人做了牵头。俺小姐这些时春山低翠，秋水凝眸，别样的都休，试把你裙带儿拴，纽门儿扣，比着你旧时肥瘦，出落得精神，别样的风流。

（旦云）红娘，你到那里小心回话者！（红云）我到夫人处，必问这小贱人：

【金蕉叶】我着你但去处行监坐守，谁着你迤逗的胡行乱走？若问着此一节呵如何诉休？你便索与他个知情的犯由。姐姐，你受责理当，我图甚么来？

【调笑令】你绣帏里效绸缪，倒凤颠鸾百事有。我在窗儿外几曾轻咳嗽，立苍苔将绣鞋儿冰透。今日个嫩皮肤倒将粗棍抽，姐姐呵，俺这通殷勤的着甚来由？姐姐在这里等着，我过去。说过呵，休欢喜，说不过，休

烦恼。（红见夫人科）

（夫人云）小贱人，为甚么不跪下！你知罪么？

（红跪云）红娘不知罪。

（夫人云）你故自口强哩。若实说呵，饶你；若不实说呵，我直打死你这个贱人！谁着你和小姐花园里去来？

（红云）不曾去，谁见来？

（夫人云）欢郎见你去来，尚故自推哩。（打科）

（红云）夫人休闪了手，且息怒停嗔，听红娘说。

【鬼三台】夜坐时停了针绣，共姐姐闲穷究，说张生哥哥病久。咱两个背着夫人，向书房问候。

（夫人云）问候呵，他说甚么？（红云）他说来，道老夫人事已休，将恩变为仇，着小生半途喜变做忧。他道红娘你且先行，教小姐权时落后。

（夫人云）他是个女孩儿家，着他落后怎么！（红唱）

【秃厮儿】我则道神针法灸，谁承望燕侣莺俦。他两个经今月余则是一处宿，何须你一一问缘由？

【圣药王】他每不识忧，不识愁，一双心意两下投。夫人得好休，便好休，这其间何必苦追求？常言道女大不中留。

（夫人云）这端事都是你个贱人。

（红云）非是张生小姐红娘之罪，乃夫人之过也。

（夫人云）这贱人倒指下我来，怎么是我之过？

（红云）信者人之根本，"人而无信，不知其可也。大车无輗，小车无軏，其何以行之哉"？当日军围普救，夫人所许退军者，以女妻之。张生非慕小姐颜色，岂肯区区建退军之策？兵退身安，夫人悔却前言，岂得不为失信乎？既然不肯成就其事，只合酬之以金帛，令张生舍此而去。却不当留请张生于书院，使怨女旷夫，各相早晚窥视，所以夫人有此一端。目下老夫人若不息其事，一来辱没相国家谱；二来张生日后名重天下，施恩于人，忍令反受其辱哉？使至官司，老夫人亦得治家不严之罪。官司若推其详，亦知老夫人背义而忘恩，岂得为贤哉？红娘不敢自专，乞望夫人台鉴：莫若恕其小过，成就大事，撋之以去其污，岂不为长便乎？

【麻郎儿】秀才是文章魁首，姐姐是仕女班头；一个通彻三教九流，一个晓尽描鸾刺绣。

【幺篇】世有、便休、罢手，大恩人怎做敌头？起白马将军故友，斩飞虎叛贼草寇。

【络丝娘】不争和张解元参辰卯酉，便是与崔相国出乖弄丑。到底干连着自己骨肉，夫人索穷究。

（夫人云）这小贱人也道得是。我不合养了这个不肖之女。待经官呵，玷辱家门。罢罢！俺家无犯法之男，再婚之女，与了这厮罢。红娘唤那贱人来！

（红见旦云）且喜姐姐，那棍子则是滴溜溜在我身上，吃我直说过了。我也怕不得许多，夫人如今唤你来，待成合亲事。

（旦云）羞人答答的，怎么见夫人？

（红云）娘跟前有甚么羞？

【小桃红】当日个月明才上柳梢头，却早人约黄昏后。羞得我脑背后将牙儿衬着衫儿袖。猛凝眸，看时节则见鞋底尖儿瘦。一个恣情的不休，一个哑声儿厮耨。呸！那其间可怎生不害半星儿羞？

（旦见夫人科）（夫人云）莺莺，我怎生抬举你来，今日做这等的勾当；则是我的孽障，待怨谁的是！我待经官来，辱没了你父亲，这等不是俺相国人家的勾当。罢罢罢！谁似俺养女的不长进！红娘，书房里唤将那禽兽来！

（红唤末科）（末云）小娘子唤小生做甚么？

（红云）你的事发了也，如今夫人唤你来，将小姐配与你哩。小姐先招了也，你过去。

（末云）小生惶恐，如何见老夫人？当初谁在老夫人行说来？

（红云）休佯小心，过去便了。

【幺篇】既然泄漏怎干休？是我相投首。俺家里陪酒陪茶倒撋就。你休愁，何须约定通媒媾？我弃了部署不收，你原来苗而不秀。呸！你是个银样镴枪头。

（末见夫人科）（夫人云）好秀才呵，岂不闻"非先王之德行不敢行"。我待送你去官司里去来，恐辱没俺家谱。我如今将莺莺与你为妻，只是俺三辈儿不招白衣女婿，你明日便上朝取应去。我与你养着媳妇，得官呵，来见我；驳落呵，休来见我。

（红云）张生早则喜也。

【东原乐】相思事，一笔勾，早则展放从前眉儿皱，美爱幽欢恰动头。既能够，张生，你觑兀的般可喜娘庞儿也要人消受。

（夫人云）明日收拾行装，安排果酒，请长老一同送张生到十里长亭去。（旦念）寄语西河堤畔柳，安排青眼送行人。（同夫人下）（红唱）

【收尾】来时节画堂箫鼓鸣春昼，列着一对儿鸾交凤友。那其间才受你说媒红，方吃你谢亲酒。（并下）

## 【毛泽东评点】

1958 年 5 月 8 日，毛泽东在中共中央八大二次会议上作第一次讲话，主要讲破除迷信的问题。

《西厢记》里的红娘是个有名的人物，大家都是知道的，她是个青年人，是个奴婢。但她很公正，很勇敢，敢于冲破老规矩，帮崔莺莺、张生那么大的忙，当时是不合乎宪法的，是违反婚姻法的。老妇人打她四十大板，来个拷红受审，但她不屈服，讲理，把老妇人责备了一顿。究竟是老妇人学问好，还是红娘的学问好呢？谁有创造，红娘是个发明家，还是老妇人是个发明家？

——王梦初：《"大跃进"亲历记》，人民出版社2008年版，第290页。

## 【赏析】

"拷红"这场戏分为三个层次。第一层演崔张私自结合被老夫人识破，要找红娘来拷问，红娘与莺莺商量对付的办法。包括【斗鹌鹑】【紫花儿序】【金蕉叶】【调笑令】四支曲子。这场戏一开始就表现出红娘、莺莺的不同态度，一个要遮掩，一个要直说，表现了两人顾虑重重与快人快语的不同性格。

【斗鹌鹑】曲既包含了红娘对莺莺善意的嘲弄，也表现了红娘对事态

王实甫

严重性的充分估计。红娘深知，老夫人心计多、情性厉害，使花言巧语搪塞是没有用。

【紫花儿序】曲，是红娘对老夫人心理的进一步估计。"出落的精神，别样的风流"，则从另一个侧面描画了沉浸在幸福爱情中的莺莺的美丽形象。

【金蕉叶】一曲，红娘模仿老夫人的嘴脸和声口，估计着老夫人将怎样拷问，自己怎样回答，为后面她对老夫人的拷打作预演，使观众忍俊不禁，有很好的舞台效果。

【调笑令】一曲，表现了莺莺、红娘在同一事件中截然不同的处境，反映了封建社会司空见惯的主奴之间的关系。正像俗话说的："老和尚偷馒头，小和尚打屁股"，红娘实际成了莺莺的替罪羊。

第二层是写红娘与老夫人的正面冲突，包括【鬼三台】【秃厮儿】【圣药王】【麻郎儿】【么篇】【络丝娘】六支曲子和其中的道白。红娘采取的是先让一步，而后列数事实，驳倒老夫人的策略。在老夫人气势汹汹，大兴问罪之师时，她以认罪的口气唱了【鬼三台】一曲。红娘模仿张生的声口，指责老夫人恩将仇报，这是她对老夫人列举的第一个事实。从这个事实看，两人的私自会合，都由老夫人赖婚引起，跟红娘无关。

红娘接着唱【秃厮儿】【圣药王】二曲，明白告诉老妇人，我陪小姐去看张生的病，是想叫他针灸服药，想不到他们私自成亲，难解难分，双宿双栖已一个多月。这是列举的第二个事实。

以上三支曲子写红娘巧妙地把老夫人责问她的话头一步步引到莺莺、张生方面来，摆脱了自己的被动处境，又进一步奚落了老夫人。莺莺张生私自结合已一个多月，一向自以为治家严谨、大权在握的老夫人还被蒙在鼓里，红娘把责任推到夫人身上，变守势为攻势。红娘说："非是张生、小姐、红娘之罪，乃夫人之过也。"那么，老夫人"过"在何处？红娘侃侃道来，指出老夫人的两条罪责：一是赖婚毁约的失信；二是"留张生于书院，使怨女旷夫，各相早晚窥视"的失策，叫老夫人推不得，赖不掉。然后她话锋一转，给老夫人提出一个息事宁人的策略：顺水推舟，成就张生莺莺的婚姻。这与"辱没相国家谱""治家不严""背义忘恩"三大罪责相比，反变成微不足道的"小事"了，老妇人是可以接受的。

紧接着【麻郎儿】【么篇】【络丝娘】三曲，一则说二人郎才女貌、天成佳偶；二则说张生施恩在先，不可恩将仇报；三则指出若不息事宁人，不要"出乖弄丑"。老夫人权衡得失，不得不承认"这小贱人也道得是"，只好同意了二人的结合。

后面第三大段的曲白是第三层，是高潮过后的两个余波：先是老夫人让红娘去叫莺莺来，准备把她许配给张生，莺莺羞愧得抬不起头来，说"羞人答答的，怎么见夫人"，红娘唱了【小桃红】一曲，催她去见夫人。接着老夫人又让红娘去叫张生来，红娘唱了【么篇】一曲，说自己"弃了部署不收"。她还嘲笑张生是中看不中用的"银样镴枪头"。通过红娘对莺张的善意嘲弄，引起观众会心的微笑，而红娘的舞台形象也就显得更加生动而丰满。把一个婢女的形象塑造得熠熠生辉。

最后【东原乐】【收尾】二曲，表达了红娘对一对即将分离的情侣的劝慰和祝福。在莺莺与张生的爱情中，红娘自己一无所求，她只是见义勇为、助人为乐而已。从结构上看，这二曲直贯《西厢记》全本的最后大团圆，而老夫人叫张生第二天就去上朝应考，虽是余波，却关联着全剧。

毛泽东在1961年的中央工作会议上把这一折作为学习文件印发给与会的同志，借剧中老妇人斥责红娘，结果反被红娘教训的故事，表达自己敢于负责、勇于担当的政策策略思想，成为他进行政治思想工作的好教材，说明了他的教育意义。


# 《西厢记》第四本　草桥店梦莺莺　第三折


**【原文】**

（夫人长老上，云）今日送张生赴京，就十里长亭，安排下筵席。我和长老先行，不见张生小姐来到。

（旦、末、红同上）（旦云）今日送张生上朝取应，早是离人伤感，况值那暮秋天气，好烦恼人也呵！悲欢聚散一杯酒，南北东西万里程。（唱）

【正宫端正好】碧云天，黄花地，西风紧，北雁南飞。晓来谁染霜林醉？总是离人泪。

【滚绣球】恨相见得迟，怨归去得疾。柳丝长玉骢难系，恨不得倩疏林挂住斜晖。马儿迍迍的行，车儿快快的随，却告了相思回避，破题儿又早别离。听得一声去也，松了金钏；遥望见十里长亭，减了玉肌。此恨谁知？

（红云）姐姐今日怎么不打扮？（旦云）你那知我的心里呵！

【叨叨令】见安排着车儿、马儿，不由人熬熬煎煎的气；有甚么心情花儿、靥儿，打扮的娇娇滴滴的媚；准备着被儿枕儿，则索昏昏沉沉的睡；从今后衫儿袖儿，都搵做重重叠叠的泪。兀的不闷杀人也么哥！兀的不闷杀人也么哥！久已后书儿信儿，索与我恓恓惶惶的寄。

（做到，见夫人了科）（夫人云）张生和长老坐，小姐这壁坐，红娘将酒来。张生，你向前来，是自家亲眷，不要回避。俺今日将莺莺与你，到京师休辱没了俺孩儿，挣揣一个状元回来者。（末云）小生托夫人余荫，凭着胸中之才，视官如拾芥耳。（洁云）夫人主见不差，张生不是落后的人。（把酒了，坐）（旦长吁科）

【脱布衫】下西风黄叶纷飞，染寒烟衰草萋迷。酒席上斜签坐的，蹙愁眉死临侵地。（生唱）

【小梁州】我见他阁泪汪汪不敢垂，恐怕人知；猛然见了把头低，长吁气，推整素罗衣。（旦唱）

【幺篇】虽然久后成佳配，奈时间怎不悲啼。意似痴，心如醉，昨宵今日，清减了小腰围。

（夫人云）小姐把盏者！（红递酒）（莺莺把盏科，张生吁科，莺莺低云）张生，我手里吃一盏者。

【上小楼】合欢未已，离愁相继。想着俺前暮私情，昨夜成亲，今日别离。我谂知这几日相思滋味，却原来此别离情更增十倍。

【幺篇】年少呵轻远别，情薄呵易弃掷。全不想腿儿相挨，脸儿相偎，手儿相携。你与俺崔相国做女婿，妻荣夫贵，但得一个并头莲，煞强如状元及第。

（红云）姐姐不曾吃早饭，饮一口儿汤水。

（旦云）红娘，甚么汤水咽得下！

【满庭芳】供食太急，须臾对面，顷刻别离。若不是酒席间子母每当回避，有心待与他举案齐眉。虽然是厮守得一时半刻，也合着俺夫妻每共桌而食。眼底空留意，寻思起就里，险化作望夫石。

（夫人云）红娘把盏者！（红把酒科）（旦唱）

【快活三】将来的酒共食，尝着似土和泥。假若便是土和泥，也有些土气息，泥滋味。

【朝天子】暖融融玉醅，白泠泠似水，多半是相思泪。眼面前茶饭怕不待要吃，恨塞满愁肠胃。蜗角虚名，蝇头微利，拆鸳鸯在两下里。一个这壁，一个那壁，一递一声长吁气。

（夫人云）辆起车儿，俺先回去，小姐随后和红娘来。（下）（末辞洁科）（洁云）此一行别无话说，贫僧准备买登科录看，做亲的茶饭，少不了贫僧的。先生在意，鞍马上保重者！从今经忏无心礼，专听春雷第一声。（下）（末唱）

【四边静】霎时间杯盘狼藉，车儿投东，马儿向西，两意徘徊，落日山横翠，知他今宵宿在那里？有梦也难寻觅。

（旦云）张生，此一行得官不得官，疾便回来。（末云）小生这一去，白夺一个状元。正是"青霄有路终须到，金榜无名誓不归"。（旦云）君行别无所赠，口占一绝，为君送行。"弃掷今何在，当时且自亲。还将旧来意，怜取眼前人。"（末云）小姐之意差矣，张珙更敢怜谁？谨赓一绝，以剖寸心："人生长远别，孰与最关亲。不遇知音者，谁怜长叹人？"（唱）

【耍孩儿】淋漓襟袖啼红泪，比司马青衫更湿。伯劳东去燕西飞，未登程先问归期。虽然眼底人千里，且尽生前酒一杯。未饮心先醉，眼中流血，心里成灰。

【五煞】到京师服水土，趁程途节饮食，顺时自保揣身体。荒村雨露宜眠早，野店风霜要起迟。鞍马秋风里，最难调护，最要扶持！

【四煞】这忧愁诉与谁？相思只自知，老天不管人憔悴。泪添九曲黄河溢，恨压三峰华岳低。到晚来闷把西楼倚，见了些夕阳古道，衰柳长堤。

【三煞】笑吟吟一处来，哭啼啼独自归。归家若到罗帏里，昨日个绣衾香暖留春住，今夜个翠被生寒有梦知。留恋你别无意，见据鞍上马，阁不住泪眼愁眉。我有句话儿嘱咐你。

（末云）小姐有甚么言语，敢不依从。（旦唱）

【二煞】你休忧文齐福不齐，我则怕你停妻再娶妻。你休要一春鱼雁无消息！我这里青鸾有信频须寄，你则休金榜无名誓不归，此一节君须记，若见了那异乡花草，再休似此处栖迟。

（末）再有谁似小姐的，小生又生此念？小姐放心。小生就此拜别。忍泪佯低面，含情半敛眉。（旦）不知魂已断，空有梦相随。（末下）（旦唱）

【一煞】青山隔送行，疏林不作美，淡烟暮霭相遮蔽。夕阳古道无人语，禾黍秋风听马嘶。我为甚么懒上车儿内，来时甚急，去后何迟？

（红云）夫人去好一会，姐姐，咱家去。（旦唱）

【收尾】四围山色中，一鞭残照里。遍人间烦恼填胸臆，量这些大小车儿如何载得起？

（旦、红下）（末云）仆童赶早行一程儿，早寻个宿处。泪随流水急，愁逐野云飞。（下）


## 【毛泽东评点】

1975 年，当时的北京大学中文系讲师芦荻为毛泽东读了一段时间的书。一次，她给毛泽东读江淹的《恨赋》，为了解释其中的"溢"字，毛泽东就将《西厢记》中的原文背了一大段。

——杨建业：《在毛泽东身边读书——访北京大学中文系讲师芦荻》，1978 年 12 月 29 日《光明日报》。


据查，江淹《恨赋》中只有一个"溢"字，那段原文是："至如秦帝按剑，诸侯西驰。削平天下，同文共规，华山为城，紫渊为池，雄图既溢，武力未毕……"

毛泽东背《西厢记》中的原文，当是有"溢"字的又非常精彩的一段，那就是第四本第三折《长亭送别》中【四煞】："这忧愁诉与谁？相思

只自知，老天不管人憔悴。泪添九曲黄河溢，恨压三峰华岳低。到头来闷
把西楼倚，见了些夕阳古道，衰柳长堤。"

毛泽东还手书过这支曲子中"泪添九曲黄河溢，恨压三峰华岳低"
二句。

——中央档案馆整理：《毛泽东手书选集·古诗词》（下），第205页，
北京出版社1996年版。

**【赏析】**

通常被称作"长亭送别"的第四本第三折，是王实甫《西厢记》中
最为脍炙人口的精彩片段之一。它在读者、观众面前展现的是一卷情景
交融的别离图。这一折别离图由三个紧密衔接的画面组成：一、赴长亭
途中；二、长亭别宴；三、长亭分别的十九支曲文，集中刻画了莺莺送
行时的心绪。

起首【端正好】【滚绣球】【叨叨令】三支曲子，系莺莺赴长亭途中所
唱。莺莺是怀着无可排遣的离愁别恨，前往长亭为张生送行的。莺莺一上
场唱的第一支曲子【端正好】，便通过她对暮秋郊野景色的感受，抒发了
这种痛苦压抑的心情。在这支曲子中，作者选取了几样带有季节特征的景
物：蓝天白云、萎积的黄花、南飞的大雁、如丹的枫叶，它们在凄紧的西
风中融成一体，构成了寥廓萧瑟、令人黯然神伤的境界。"晓来"两句，
使客观景色带上了浓重的主观色彩。"染""醉"二字下得极有分量。前者
不仅把外射的感受化为具有动态的心理过程，而且令离人的涟涟别泪，宛
然如见。后者既写出了枫林的色彩，更赋予了人在离愁的重压下不能自持
的情态。这支曲子主要是采用了寓情于景的手法。

那么，接下来【滚绣球】便从正面刻画了莺莺与张生难以离舍的复杂
内心世界。莺莺想到和张生经历了多少曲折痛苦才得以结合，不想刚摆脱
了相思之苦，却又马上生生地被迫分离，心中充满怨恨又万般无奈。因
此，她多么希望那长长的柳丝能够系住张生的马儿，多么希望那疏朗的树
林能够挂住西沉的夕阳！然而，柳丝难系，斜晖无情。既然这些都是不可
能实现的痴幻的意愿，那么，唯一的希望就只能是让张生乘骑的马儿走得

再慢一点，自己乘坐的车子跟得更紧一点——使得两情依依的亲人能够靠得更近一点，相随的时间更长一点。然而，钱行之处的长亭已经映入眼帘，别离的时刻已经临近，人愁得顿时消瘦下来了，这种悲伤的心情有谁能理解？以上两支曲子都是莺莺的内心独白。

接下来由红娘问莺莺"今日怎么不打扮"而引出的第三支曲子【叨叨令】，则是尽情倾诉、直抒胸臆的。莺莺先从眼前车马行色牵动愁肠说起，说明了沉重的别情压在心里，是无心打扮的原因。继而设想今后孤凄的生活情景：在了无情致的昏睡中和涕泪长流的悲愁中苦熬光阴。想到这里，不由得心痛欲碎，发出了"兀的不闷杀人也么哥"的无可奈何的悲叹。然而，别离已无法挽回，唯一可告慰的将只能是别后的鱼雁传书。于是，莺莺只得强抑悲痛，频频叮咛张生"久已后书儿、信儿，索与我凄凄惶惶的寄"。这支曲子用了一连串排比式的叠字句，每组之中，前句有两个带"儿"字的词，后句是双音词的重叠。确如前人所云："语中每叠二字，正是呜咽凄断说不出处。"它成功地突显出剧中人物回环往复的浓烈感情和掩抑泣诉的声气口吻。

车马到达十里长亭后，别宴开始了。"恨塞满愁肠胃"【朝天子】"甚么汤水咽得下！"【快活三】他的整个心都萦牵着"酒席上斜签坐的，蹙愁眉死临侵地"【脱布衫】即将远行的亲人："我见他阁泪汪汪不敢垂，恐怕人知；猛然见了把头低，长吁气，推整素罗衣。"【小梁州】真是肝肠寸断，令人心碎！然而，当着长亭别宴主持者老夫人的面，他们不能互诉心曲，只能是"一个这壁，一个那壁，一递一声长吁气"。这部分共安排了九支曲子，集中刻画了郁积在莺莺心头的依恋、悲伤、怨愤的情思，同时也通过莺莺的眼和口，展示了同样经受着离愁煎熬的张生的情态。

钱别已毕，老夫人先行回程。作者通过配以宾白的七支曲子，再次展现了莺莺不胜悲戚、痛不欲生的感情潮汐和对张生的反复叮咛，无限体贴；另一方面，则先是曲折吐露继而和盘托出了与离愁别恨纠结在一起的深深忧虑，从而进一步袒露了莺莺的内心世界，把剧情推上高潮。此时此刻，莺莺该有多少肺腑之言要倾诉！然而，她那首作为临别赠言的"口占"绝句，所表达的并不是她的真实心愿："弃掷今何在，当时且自亲。还将旧来意，怜取眼前人"。这是反语，是试探，也是"我则怕你停妻再娶妻"
【二煞】的痛苦心情的曲折反映。"此一行得官不得官，疾早便回来"，
才是她强烈的心声。莺莺的这种内心隐忧，早在她委身张生之日，就有过
剖白（见第四本第一折）。这是污浊的现实投下的阴影。别离终于来临，
张生带着莺莺的千叮咛、万嘱咐，上马走了。莺莺目送着张生渐行渐远的
身影，愁绪万端，不忍避归。【一煞】【收尾】两支曲子，便刻画了莺莺的
这种怅望情景和依依心情。"夕阳"一句，看似平易，含情极深。日夕薄
暮，本是当归之时，而今却挥袂远别，人何以堪！一个"古"字，不但平
添了许多苍凉况味，而且把别离的凄苦之情推及古今，它包含着人物内心
的许多"潜台词"，也启示着读者观众的丰富联想。"无人语"三字既道出
了环境的寂静，更刻绘了莺莺"笑吟吟一处来，哭啼啼独自归"的孤独感
和无处可诉的痛苦心理。"四围"两句，虽是淡淡景语，其实包含着无限
情思。它使"长亭送别"留下了境界深远、意味无穷的余韵。

　　毛泽东对这一折非常熟悉，以至于从江淹《恨赋》中的"溢"字想到
这一折中"泪添九曲黄河溢"的"溢"字，可见他对此折的熟悉和喜爱。

王实甫

# 康进之

康进之，棣州（今山东惠民）人。生平事迹不详。后世人评价他是"豪放激越"的"本色派"作家，元代钟嗣成《录鬼簿》将其列为"前辈已死名公才人"，可知其为元代前期杂剧作家。史载康进之作《黑旋风老收心》《李逵负荆》两种杂剧，如今只留下《李逵负荆》一剧。在当时十分流行，如贾仲明为其作【凌波仙】吊词云："编《老收心》李黑厮，《负荆》是小斧头儿。行于世，写上纸，费骚人和曲填词。"

## 《李逵负荆》　第四折

### 【原文】

（宋江同吴学究、鲁智深领卒子上，云）某乃宋江是也。学究兄弟颇奈李山儿无礼，我和他打下赌赛，到那里，果然认的不是。我与鲁家兄弟先回来了，只等山儿来时，便当斩首。小喽啰，踏着山岗望者，这早晚山儿敢待来也。（正末做负荆上，云）黑旋风，你好是没来由也，为着别人，输了自己。我今日无计所奈，砍了这一束荆杖，负在背上，回山寨见俺公明哥哥去也呵。（唱）

【双调】【新水令】这一场烦恼可也奔人来，没来由共哥哥赌赛。袒下我这红内袄，跌绽我这旧皮鞋。心下量猜，（带云）到山寨上，哥哥不打，则要头。（唱）怎发付脖项上这一块？

【驻马听】有心待不顾形骸，（带云）这碧湛湛石崖不得底的深涧我待跳下去，休说一个，便是十个黑旋风也不见了。（唱）两三番自投碧湛崖。敬临山寨，行一步如上吓魂台。我死后，墓顶上谁定远乡牌？灵位边谁咒生天界？怎擘划，但得个完全尸首，便是十分采。

【搅筝琶】我来到辕门外，见小校雁行排。（带云）往常时我来呵，（唱）他这般退后趋前，（带云）怎么今日的。（唱）他将我佯呆不睬。（做偷瞧科，云）哦！原来是俺宋公明哥哥和众兄弟都升堂了也。（唱）他对着那有期会的众英才，一个个稳坐抬颏。我说的明白，道莽撞的廉颇请罪来，死也应该。

（见科）（宋江云）山儿，你来了也？你背着甚么哩？（正末云）哥哥，您兄弟山涧直下砍了一束荆杖，告哥哥打几下。您兄弟一时间没见识，做这等的事来。（唱）

【沉醉东风】呼保义哥哥见责，我李山儿情愿餐柴。第一来看着咱兄弟情，第二来少欠他脓血债。休道您兄弟不伏烧埋，由你便直打到梨花月上来。若不打，这顽皮不改。

（宋江云）我元与你赌头，不曾赌打。小喽啰，将李山儿踹下聚义堂，斩首报来。（正末云）学究哥哥，你劝一劝儿！智深哥，你也劝一劝儿！智深哥，你也劝一劝儿！（学究同鲁智深劝科）（宋江云）这是军状。我不打他，则要他那颗头。（正末云）哥，你道甚么哩？（宋江云）我不打你，则要你那颗头。（正末云）哥哥，你真个不肯打？打一下是一下疼，那杀的只是一刀，倒不疼哩。（宋江云）我不打你。（正末云）不打！谢了哥哥也。（做走科）（宋江云）你走那里去？（正末云）哥哥道是不打我。（宋江云）我和你打赌赛。我则要你那六阳会首。（正末云）罢、罢、罢，他杀不如自杀。借哥哥剑来，待我自刎而亡。（宋江云）也罢，小喽啰将剑来递与他。（正末做接剑科，云）这剑可不原是我的？想当日跟着哥哥打围猎射，在那官道旁边，众人都看见一条大蟒蛇拦路。我走到跟前，并无蟒蛇，可是一口太阿宝剑。我得到这剑，献与俺哥悬带。数日前我曾听得支楞楞的剑响，想杀别人，不想道杀害自己也。（唱）

【步步娇】则听得宝剑声鸣，使我心惊骇，端的个风团快。似这般好器械，一作来铜钱，恰便似砍麻秸。（带云）想您兄弟十载相依，那般恩义都也不消说了。（唱）还说甚旧情怀，早砍取我半壁天灵盖。（王林冲上，叫科，云）刀下留人。告太仆，那个贼汉送将我那女孩儿来了。

我将他两个灌醉在家里，一径的来报知。太仆与老汉做主咱。（宋江云）山儿，我如今放你去，若拿得这两个棍徒，将功折罪；若拿不得，二罪俱罚。您敢去么？（正末做笑科，云）这是揉着我山儿的痒处。管教他瓮中捉鳖，手到拿来。（学究云）虽然如此，他有两副鞍马，你一个如何拿的他住？万一被他走了，可不输了我梁山泊上的气概。鲁家兄弟，你帮山儿同走一遭。（鲁智深云）那山儿开口便骂我秃厮会做媒，两次三番要那王林认我，是甚主意？他如今有本事自去拿那两个，我鲁智深决不帮他。（学究云）你只看聚义两个字，不要因这小怨，坏了大体面。（宋江云）这也说的是。智深兄弟，你就同他去拿那两个顶名冒姓的贼汉来，（鲁智深云）既是哥哥吩咐，您兄弟敢不同去？（同下）（宋刚、鲁智恩上，云）好酒，俺们昨夜都醉了也。今早日高三丈，还不见太山出来，敢是也醉倒了。（正末同鲁智深、王林上，云）贼汉！你太山不在这里？（做见就打科，宋刚云）兀那大汉，你也通个名姓，怎么动手便打？（正末云）你要问俺名姓？若说出来，直唬的你尿流屁滚。我就是梁山泊上黑爹爹李逵，这个哥哥是真正花和尚鲁智深。（做打科，唱）

【乔牌儿】你顶着鬼名儿会使乖，到今日当天败。谁许这满堂娇压你那莺花寨？也不是我黑爹爹忒性歹。

（宋刚云）这是真命强盗，我们打他不过，走，走，走！（做走科）（正末云）这厮走那里去（做追上，再打科）（唱）

【殿前欢】我打你这吃敲材，直著你皮残骨断肉都开。那怕你会飞腾就透出青霄外，早则是手到拿来。你、你、你，好一个鲁智深不吃斋，好一个呼保义能贪色。如今去亲身对证休嗔怪，须不是我倚强凌弱，还是你自揽祸招灾。

（做拿住二贼科）（正末云）这贼早拿住了也。（王林同旦儿做拜科）（鲁智深云）兀那老头儿不要拜，明日你同女儿到山寨来，拜谢宋头领便了。（同正末押二贼下）（王林云）他们拿这两个贼汉去了也，今日才出的俺那一口臭气。我儿，等待明日牵羊担酒，亲上梁山去，拜谢宋江头领走一遭。（旦儿做打战科，王林云）我儿不要苦，这样贼汉有什么好处？等我慢慢的拣一个好的嫁他便了。（同下）（宋江同吴学究领卒子上，云）

学究兄弟，怎生李山儿同鲁智深到杏花庄去了许久，还不见来？俺山上该差人接应他么？（学究云）这两个贼子到的那里？不必差人接应，只早晚敢待来也。（卒子做报科，云）喏！报的哥哥得知，两位头领得胜回来了也。（正末同鲁智深押二贼上，云）那两个贼汉擒拿在此，请哥哥发落。（宋江云）好宋江！好鲁智深！你怎么假名冒姓，坏我家的名目？小喽啰，将他绑在那花标树上，取这两副心肝，与咱配酒。枭他首级，悬挂通衢警众。（卒子云）理会的。（拿二贼下）（正末唱）

【离亭宴煞】蓼儿洼里开筵待，花标树下肥羊宰，酒尽呵拚当再买。涎邓邓眼睛剜，滴屑屑手脚卸，磣可可心肝摘。饿虎口中将脆骨夺，骊龙颔下把明珠握，生担他一场利害。（带云）智深哥哥，（唱）我也则要洗清你这强打挣的执柯人，（带云）公明哥哥，（唱）出脱你这干风情的画眉客。

（宋江云）今日就聚义堂上，设下赏功筵席，与李山儿、鲁智深庆喜者。（诗云）宋公明行道替天，众英雄聚义林泉。李山儿拔刀相助，老王林父子团圆。

## 【毛泽东评点】

1965 年 5 月，毛泽东写的《水调歌头·重上井冈山》中"可上九天揽月，可下五洋捉鳖，谈笑凯歌还"中"捉鳖"，即出自元康进之《李逵负荆》第四折李逵的两句道白："管教他瓮中捉鳖，手到拿来。"

——《毛泽东诗词集》，中央文献出版社 1996 年版，第 149 页。

## 【赏析】

《李逵负荆》，正名作《梁山泊李逵负荆》，又作《梁山泊黑旋风负荆》，共四折。是现存元代杂剧水浒戏中思想性和艺术成就最高的作品。其内容情节与《水浒传》第七十三回下半回的故事大致相同。全剧写宋刚和鲁智恩这两个歹徒，冒充梁山英雄宋江、鲁智深，拐走梁山附近杏花庄酒店主人王林女儿满堂娇。正逢清明时节梁山泊放假，李逵下山踏青，到酒店饮酒，听了王林的哭诉，怒火满腔，回到山上斥责和嘲弄宋江，大闹忠义堂，欲砍杏黄旗。后经下山到酒店找王林质对，才知是两个歹徒假冒宋江、鲁智深作恶。

第四折写李逵明白了真相后，悔恨莫及，并知错改错，向宋江负荆请罪。恰好两个歹徒送满堂娇回门，王林上山报信，宋江派李逵下山捉拿歹徒，为民除害，搭救了王林父女。全剧在庆功声中结束。全折分三层来写，【新水令】和【驻马听】两支曲子，写李逵回山路上的心理活动。李逵"赌头"输了，无可奈何，"砍了这一束荆杖"，赤着上身，背在身上，肉袒负荆请罪，怕只怕"哥哥不打，则要头"，便"袒下我这红衲袄，跌绽我这旧皮鞋"，他是诚恳的。【驻马听】一曲描写李逵内心的斗争，他想跳崖，一死了事。他甚至"两三番自投碧湛崖"，并不是要坚持错误，而是知罪悔过的一种特殊心理。

【搅笙琶】【沉醉东风】和【步步娇】三支曲子是第二层写李逵在聚义厅上请罪。【搅笙琶】写李逵来到聚义厅门外的情景。他一眼就发现"雁行排"的小校"佯呆不睬"；再向内堂"偷瞧"，见宋江和众弟兄"都升堂了"，"一个个稳坐抬颏"，知道问题严重了。【沉醉东风】写李逵诚恳地表示"情愿餐柴"，还说"若不打，这顽皮不改"。却故意不提与宋江立下的"赌头"军令状，这种狡猾，恰恰表现了他的天真。【步步娇】写李逵想让宋江打几下了事，宋江为借这次机会教育李逵，假意声称"我原与你赌头，不曾赌打"，并下令将李逵按军法从事，斩首报来。李逵还想要赖，说什么"打一下是一疼；那杀的只是一刀，倒不疼哩。"当宋江说"我不打你"时，李逵赶忙说："不打？谢了哥哥。"扭身就走。当宋江说一定要所赌的"六阳会首"（头颅）时，他又提出"借哥哥剑来，待我自刎而亡"。原来这把剑是李逵送给宋江的，如今却用他自杀而死。作者借李逵赞美宝剑，表现了他对生活的留恋，以及与宋江"十载相依"的"旧情怀"。

【乔牌儿】【殿前欢】及【离亭燕煞】三支曲子是第三层，写李逵捉拿假宋江和鲁智深，立功自赎。当接受这个任务时，李逵说："管教他瓮中捉鳖，手到拿来。"表现了他不把敌人放在眼里的英雄气概。

《李逵负荆》是一部让人读之倍感轻松愉快的喜剧。作者把重点放在深入揭示李逵的内心世界上，既表现他的粗豪、轻信，又突出他忠于梁山事业、热爱人民的优秀品质。他对宋江的误会越深，他的嫉恶如仇、维护梁山声誉的好品质就越显现，让人们感到好笑，更使人觉得可爱可敬。作者这样写李逵，完全是沿着生活本身的逻辑进行的，既富有幽默情趣，又令人感到真实可信。

这是一场由误会造成的戏剧故事。误会、巧合是建筑在人物性格的真实性基础上的。李逵和宋江之间一场误会性的戏剧冲突，既出意料之外，又在情理之中。在梁山泊清明节放三天假的闲日子里，竟有两个歹徒冒充宋江、鲁智深，拐走王林的女儿，这是巧合，但却符合赵宋王朝昏暗腐败、动荡不定的时代特点，以及宋江聚众起义、除暴安良、有"威"可冒的历史因缘，因此并不给人以虚假编造之感。而此事又恰巧为刚直、性烈、易怒的李逵先从王林口中知道，于是便展开了大闹忠义堂、下山对质、负荆请罪、捉拿歹徒、搭救王林父女一系列的戏剧冲突。既使剧本富有浓重的喜剧色彩，又突出了人物性格，深化了主题思想。

明代戏曲家孟称舜评康进之为"曲语句工当行，手笔绝高绝者"。后来元剧研究者都以康进之为"词林之英杰"，而赞誉《李逵负荆》是元代水浒戏中最优秀的作品。

毛泽东在 1965 年写的《水调歌头·重上井冈山》中"可上九天揽月，可下五洋捉鳖，谈笑凯歌还"中"捉鳖"，即出自元康进之《李逵负荆》第四折李逵的两句道白中的"瓮中捉鳖，手到拿来"。

# 郑德辉

郑光祖，字德辉，平阳襄陵（今山西临汾附近）人。《录鬼簿》说他曾"以儒补杭州路吏，为人方直，不妄与人交。名香天下，声彻闺阁，伶伦辈称郑老先生者，皆知为德辉也"。曾任杭州路吏。病卒，葬于西湖灵芝寺。他是元代后期著名的杂剧作家，"元曲四大家"之一。他写过杂剧18种，现存《倩女离魂》《王粲登楼》等5种。《全元散曲》录存其小令6首，套数2套。

## 《王粲登楼》　第一折

【原文】

（丑扮店小二上）（诗云）酒店门前三尺布，人来人往图主顾。好酒做了一百缸，倒有九十九缸似滴醋。自家店小二是也。有那南来北往，经商客旅，做买做卖的人，都在我这店中安下。一个月前，有个王粲，在我店肆中居住，房宿饭钱，都少了我的。我便罢了，大主人家埋怨我。我如今叫他出来，算算账，讨还我这房宿饭钱。王先生出来！

（正末云）小生王粲，自离了母亲，来到京师，有叔父蔡邕丞相，个月期程，不蒙放参。小生在这店肆中安下，少了他许多房宿饭钱；小二哥呼唤，多分为此。小二哥做甚么，大呼小怪的？

（小二云）王先生，你少下我许多房宿饭钱，不还我便罢了，大主人家埋怨我。你几时还我这钱？

（正末云）兀那店小二，我见了蔡邕叔父呵，稀罕还你这几贯钱！

（小二云）你今日也说你叔父，明日也说你叔父呵，你这钱几时还我？

（正末云）你休小觑我。（唱）

【仙吕】【点绛唇】早是我家业凋残，少年可惯？我被人轻慢，似翻覆波澜，贫贱非吾患。

（小二云）王先生，你既是读书人，何不寻几个相识朋辈？

（正末唱）

【混江龙】我与人秋毫无犯。（小二云）则为你气高志大，见是如此。（正末唱）则为气昂昂误得我这鬓斑斑。久居在箪瓢陋巷，风雪柴关。穷不穷甑有蛛丝尘网乱。（小二云）看了你这嘴脸，火也没一些炽的。（正末唱）窘不窘炉无烟火酒瓶干。划的在天涯流落，海角飘零，中年已过，百事无成，揾不出伤官破祖穷愁限。多只在间阎之下、眉睫之间。

（小二云）王先生，我看你身上有些儿单寒么？（正末唱）

【油葫芦】小二哥，人休笑书生胆气寒，赤紧的看承的我如等闲。则俺这敝裘常怯晓霜残，端的可便有人把我做儿曹看。堪恨那无端一郡苍生眼。（小二云）看你这模样，也没些志气胆量。（正末唱）我量宽如东大海，志高如西华山。则为我五行差，没乱的难迭办，几能够青琐点朝班？

【天下乐】因此上时复挑灯把剑弹，有那等酸也波寒，可着我怎挂眼，只待要论黄数黑在笔砚间。（小二云）你既是读书之人，何不训几个蒙童，讨些钱钞还我，可不好？（正末唱）你着我教蒙童数子顽。（带云）据王粲的心呵，（唱）我则待辅皇朝万姓安。哎！你可便枉将人做一例看。

（小二云）巧言不如直道，买马须索杂料。闲话休说，好歹要房宿饭钱还我。

（正末云）小生没甚么还你，小二哥，我将这口剑当与你，待我见了叔父，便来取讨（小二云）也罢！我收了这剑，有钱时便赎你。（诗云）饶君总使浑身口，手里无钱说也空。（下）

（外扮蔡邕引祗从上，诗云）龙楼凤阁九重城，新筑沙堤宰相行。我贵我荣君莫羡，十年前是一书生。老夫姓蔡名邕，字伯喈，陈留郡人氏。自中甲第以来，累蒙擢用，谢圣人可怜，官拜左丞相之职。有一故人，乃是太常博士王默，曾指腹为亲。若生二女，同攀绣床；若生二子，同舍攻书；若生子女，结为夫妇。不想老夫所生一女，小字桂花，王默所生一子，唤名王粲。因为居官，彼此天涯，不得相聚。后来连王默也亡过了，一向耽搁，这亲事不曾成得。闻知王粲学成满腹文章，只是矜骄傲慢，不肯曲脊于人。老夫数次将书调取来京，个月期程，不容放参，可是为何？则是涵养他那锐气。今日早朝下来，已与曹子建学士说知向上之事，这早晚敢待来也。左右门首觑者，学士来时，报复我知道。

（冲末扮曹子建引祗从上）（诗云）满腹文章七步才，绮罗衫袖拂香埃。今生坐享来生福，都是诗书换得来。小官姓曹名植，字子建，祖居谯郡沛县人也，谢圣人可怜，官拜翰林院学士之职。今日早期，蔡邕老丞相说令婿王粲，虽有出众文才，只是胸襟太傲，须要涵养他那锐气，好就功名。如今老丞相暗将白金两锭，春衣一套，骏马一匹，荐书一封，投托荆王刘表，封皮上写着某家的名字，赍发他起身，等待后来荣显之时，着小官做个大大的证见。说话中间，可早来到丞相府了。左右报复去，道有子建学士，在于门首。

（报见科）（蔡相云）学士来了也。学士，今早朝中所言王粲之事，可是这等做的么？（曹学士云）老丞相高见，正该如此。但小官虚做人情，不无惶愧。（正末上，云）这是丞相府门首，左右报复去，道有高平王粲，特来拜见。（做报科，云）有高平王粲，特来拜见。（蔡相云）你看他乘甚么鞍马。（祗候云）脂油点灯。（蔡相云）这怎么说？（祗候云）布拈。（正末云）说话的是我叔父，我是侄儿，那里有叔叔接侄儿不成？我自过去。

（见科，云）叔父请坐。多年不见，受您孩儿两拜。（蔡相云）住者，左右，将过那锦心拜褥来。（正末云）叔父要他何用？（蔡相云）拜下去，只怕污了你那锦绣衣服。（正末云）有甚么好衣服！（蔡相云）王粲，母亲安康么？（正末云）母亲托赖无恙。（蔡相云）有你这等峥嵘发达的孩儿，我那贤嫂有甚不安康处！翰林院学士在此，把体面相见。

（正末做见曹学士科）（曹学士云）久闻贤士大名，如轰雷贯耳，今得拨云雾见青天，实乃曹植万幸。（正末云）学士恕小生一面。（蔡相云）说此人矜骄傲慢，果然，学士在此，下不得一拜。学士勿罪。可不道锦堂客至三杯酒，茅舍人来一盏茶。我偌大个相府，王粲远远而来，岂无一盅酒管待？令人，将酒过来。（递酒科）（蔡相云）这杯酒当与王粲拂尘，王粲近前接酒。（正末云）将来。（蔡相云）住者，这酒未到你哩！老夫年迈了，也有失礼体，放着翰林学士在此，那里有王粲先接酒之理！学士满饮此杯。（曹学士接酒云）贤士先饮此杯。（正末云）学士请。（曹学士云）贤士勿罪。（饮科）（蔡相云）这杯酒可到王粲。王粲接酒！（正末云）将来。（蔡相云）住者，未到你哩！学士一只脚儿两只脚儿来饮个双杯。（曹饮科）（蔡相云）这杯酒可到王粲。王粲接酒！（正末云）将来。（蔡相云）住者，未到你哩！学士饮个三杯和万事。（曹饮科）（正末云）叔父，王粲不曾自来，你将书呈三番两次调发小生到此，萧条旅馆，个月期程，不蒙放参。今日见了小生，对着学士，将一杯酒似与不与，轻慢小生，是何相待！（蔡相云）王粲，你发酒风哩！（正末云）我吃你甚酒来？（蔡相云）王粲，你在我跟前，你来我去，你听着：（词云）你看我精神颜色捧瑶觞，你那里有和气春风满画堂。你这等人不明白冻饿在颜回巷，你看为官的列金钗十二行。你尽今生飘飘荡荡，便来世也则急急忙忙。你那里有江湖心量，一片齑盐肚肠。令人，抬过了酒，非干我与而不与，其实你饮不的我这玉液琼浆！（正末云）叔父，我王粲异日为官，必不在你之下！（诗云）男儿自有冲天志，不信书生一世贫！（唱）

【那吒令】我怎肯空隐在严子陵钓滩，我怎肯甘老在班定远玉关。（带云）大丈夫仗鸿鹄之志，据英杰之才。（唱）我则待大走上韩元帅将坛。我虽贫呵乐有余，便贱呵非无惮，可难道脱不的二字饥寒？

【鹊踏枝】赤紧的世途难，主人悭，那里也握发周公，下榻陈蕃。这世里冻饿死闲居的范丹，哎，天呵，兀的不忧愁杀高卧袁安。（云）叔父，不止小生受窘，先辈古人也多有受窘的。（蔡相云）王粲，与你比喻：你那积雪成阜，怎熬俺有力之松；磨墨成池，怎染俺无瑕之玉。明珠遭杂，岂列雕盘，素丝蒙垢，难成美锦。小见人万种机谋，总落的俺高人一笑。先辈那几个古人受窘，你试说一遍听咱。（正末唱）

【寄生草】伊尹曾埋没在耕锄内，传说也劬劳在版筑间，有宁戚空嗟白石烂，有太公垂钓磻溪岸，有灵辄谁济桑间饭。哀哉堪恨您小人儒，呜呼不识俺男儿汉。

（蔡相云）王粲，你来做甚？（正末唱）

【六幺序】我投奔你为东道。（蔡相云）我可也做不的东道。（正末唱）倚仗你似泰山。（蔡相云）我可也做不的那泰山。（正末唱）划的似惊弓鸟叶冷枝寒。好教我镜里羞看，剑匣空弹！前程事非易非难，想蛰龙奋起非为晚。赤紧的待春雷震动天关，有一日梦飞熊得志扶炎汉。才结果桑枢瓮牖，平步上玉砌雕栏。

【幺篇】要见天颜，列在鹓班，书吓南蛮，威镇诸藩，整顿江山，外镇边关，内剪奸顽。有一日金带罗襕，乌靴象简，那其间难道不着眼相看。如今个旅邸身闲，尘土衣单，耽着饥寒，偏没循环。只落得不平气都付与临风叹，恨塞满天地之间。想漫漫长夜何时旦，几能勾斩蛟北海，射虎南山！

（云）这等人只好不辞而回罢。（出科，祗候报云）报老爷得知，王粲不辞而去了。

（蔡相云）学士，王粲不辞而归，都在学士身上。

（曹学士出要住科，云）贤士，适间勿罪。

（正末云）学士，这不是小生自来投托，是丞相数次将书调发小生来到京师。旅馆安身，个月期程，不蒙放参。今日对着学士，将一杯酒似与不与，轻慢小生，是何礼也！

（曹学士云）贤士，此一去何往？

（正末云）自古道："士屈于不知己，而伸于知己。"今世无知者，小生在此何益？不如回家去罢。（唱）

【金盏儿】虽然道屈不知己不愁烦，不知伸于知己恰是甚时间。只落得一天怨气心中攒，空教我趋前退后两三番。又不是绝粮陈蔡地，又不是饿死首阳山。只不如挂冠归去好，也免得叉手告人难。

（曹学士云）贤士差矣，却不道学成文武艺，货与帝王家。又道是十年窗下无人问，一举成名天下知。凭着贤士腹有才，身有剑，口能吟，眼识字，取富贵如反掌相似，何不进取功名，可怎生便回家去也？

（正末云）争奈小生家寒，无有盘费。

（曹学士云）却不道宝剑赠烈士，红粉赠佳人。小官有白金两锭，青衣一套，骏马一匹，荐书一封，送贤士去投托荆王刘表。刘表见了小官的书呈，必然重用。贤士若得官呵，则休忘了曹植者。

（正末云）多谢学士。小生骤面相会，倒赍发我金帛鞍马荐书。异日若得峥嵘，此恩必当重报。（唱）

【赚煞】我持翰墨谒荆王，展羽翼腾霄汉。梦先到襄阳岘山，楚天阔争如蜀道难。我得了这白金骏马雕鞍，则愿的在途间人马平安，稳情取峥嵘见您的眼。

（曹学士云）贤士，常言道人恶礼不恶，还辞一辞老丞相。

（正末云）看学士分上，我辞他一辞，叔父，承管待了也。

（蔡相云）王粲，你去了罢，又回来做甚么？

（正末云）我吃你甚么来？（唱）我略别你个放鱼的子产。

（蔡相云）放鱼的子产，嗓磕老夫不识贤哩！

（正末唱）你休笑我屠龙的王粲。（云）虽是今日之贫，安知无他日之贵。有一日官高极品，位列三公，食前方丈，禄享千钟，武夫前拥，锦衣后随，学士恕罪了。

（曹学士云）贤士，稳登前路。

（正末唱）你看我锦衣含笑入长安。（下）

（蔡相云）王粲去了也。学士，此人莫不有些怪老夫么？（曹学士云）时下便有些怪，到后来谢也谢不及哩！（蔡相诗云）从来贤智莫先人，小子如何妄自尊。

（曹学士诗云）今日虽然遭折挫，异时当得报深恩。（并下）


## 【毛泽东评点】

毛泽东在读顾名编《曲选》时圈阅了这出杂剧，并在"则俺这敝裘常怯晓霜寒""何不训几个童蒙""讨些钱钞还我可不好？"三句旁各点了两个墨点。

——中央档案馆整理：《毛泽东评点诗词曲精选》，中国档案出版社 1998 年版，第 602—605 页。

郑德辉

此折中王粲对蔡邕说："叔父，王粲不曾自来，你将书呈三番两次调发小生到此，萧条旅馆，个月期程，不蒙放参。今日见了小生，对着学士，将一杯酒似与不与，轻慢小生，是何相待！"番，遍数。"三番两次"，指连续多次。亦作"三番五次"。

1945 年 4 月 21 日，毛泽东在《中国共产党第七次全国代表大会的工作方针》一文中谈到《关于若干历史问题的决议》时说："搞了一个历史决议案，三番五次，多少对眼睛看，单是中央委员会几十对眼睛看还不行，七看八看看不出许多问题来，而经过大家一看，一研究，就搞出许多问题来了。"其中"三番五次"一语，就是对此剧第一折中"三番两次"的改造，用来说明我党的民主集中制原则，十分恰当。

一次，毛主席让芦荻读王粲的《登楼赋》。主席说，这篇赋好，作者抒发了他拥护统一和愿为统一事业作贡献的思想，但也含有故土之思。在分析这后一方面思想感情的时候，主席说，人对自己的童年、自己的故乡、过去的朋侣，感情总是很深的，很难忘记的，到老年更容易回忆、怀念这些。

——杨建业：《在毛主席身边读书——访北京大学中文系讲师芦荻》，1978 年 12 月 29 日《光明日报》。

## 【赏析】

《王粲登楼》，有明刊本，其中以《元曲选》本较流行。王粲、蔡邕实有其人，但剧中二人的翁婿关系纯属虚构。

全剧四折加一个楔子。末本。出场人物：正末——王粲；外——蔡邕、刘表；冲末——曹植；老旦——王母；净——蒯越、蔡瑁；副末——许达。

剧情是这样的：楔子：家道贫寒的书生王粲，"学成满腹文章"，一心仕进，但为人"矜骄傲慢"。王粲的岳父东汉丞相蔡邕，派人召他进京。第一折：王辞母赴京。蔡邕为了"涵养他那锐气"，故意冷落王粲，甚至在宴席上当着曹植学士的面羞辱他，使其一怒而去。蔡相假托曹植将他推荐给刘表。第二折：刘表见封皮上具曹植名而内里是蔡相的信后，知蔡用心，意欲拜为大元帅。适逢外出巡访的蒯越、蔡瑁前来，王粲傲然不理。

刘表又问他兵法，说话间竟安然睡去。刘表方知王粲恃才骄矜，遂不予重用。第三折：王粲流落饶阳三年，虽将万言策请曹植转奏圣上，但无回音。重阳节，王粲友许达邀请王粲登楼，王粲感慨万千。忽报使命至，宣王粲为天下兵马大元帅。第四折：王粲回京，蔡相与曹植前来贺喜。王粲感谢曹植而语刺蔡相。曹植说明内情，王粲方大悟而拜认岳父。

这里节选的第一折，写王粲困居在长安旅店，身无分文，欠了店家不少"房宿饭钱"，店小二又来催讨，二人的对白，交代了这种情形，【仙侣】【点绛唇】等几支曲子，既抒发了他"早已家业凋零"，"久居在箪瓢陋巷，风雪柴关"的悲戚，又抒发了他"我量宽如东大海，志高如西华山""我则待辅皇朝万姓安"的豪情壮志，为后来剧情的发展作了很好的铺垫。剧中写蔡邕使学士曹植暗助资财使王粲投靠荆州太守刘表，不被所用。一日，流落荆州的王粲，应友人许达的邀请，到溪山风月楼游赏。王粲登楼，遥望中原，怀念家乡，遂感叹而赋诗。王粲悲伤至极，正欲自杀之际，朝中来使宣他回长安。王粲回京，得知万言策系曹植献于皇帝，才得以除授兵马大元帅，因而对曹植不胜感谢。曹植说明这一切皆是蔡邕暗助，王粲方拜见岳父，阖家团圆。其第三折是全剧的高潮，抒发了王粲有家难归壮志难酬的悲愤之情，塑造了一个羁留异乡、怀才不遇的知识分子形象，为很多后世知识分子所共鸣，影响深远。

# 李开先

李开先（1502—1568）字伯华，号中麓子、中麓山人及中麓放客，山东章丘人，明代文学家、戏曲作家。嘉靖八年（1529）进士，历官户部主事、吏部考功主事、员外郎、郎中，后升提督四夷馆太常寺少卿。二十年，目睹朝政腐败，抨击夏言内阁，被罢官。他壮年归田，"龙泉时自拂，尚有气如虹"，希望朝廷重新起用，但又不肯趋附权贵，所以只能闲居终老。嘉靖初年，李开先与王慎中、唐顺之、赵时春等并称八才子。李开先的文学主张和唐宋派接近。他推崇与正统诗文异趣的戏曲小说，主张戏曲语言"俗雅俱备"，"明白而不难知"。著有传奇《宝剑记》和院本《园林午梦》等，还有《词谑》，是一部散曲和杂剧评论兼辑录戏曲史料的著作。另有《闲居集》等诗文集。

## 《宝剑记》第三十七出　夜奔

### 【原文】

（白）哈！（生上唱）［点绛唇］数尽更筹，听残银漏，逃秦寇，哎好，好叫俺有国难投，那搭儿相求救？

（白）欲送登高千里目，愁云低锁衡阳路；鱼书不至雁无凭，几番欲作悲秋赋！回首西山日又斜，天涯孤客真度。丈夫有泪不轻弹，只因未到伤心处。念我一时愤怒，杀死奸细；幸得深夜，无人知觉，密投柴大官人庄上隐藏。昨闻故人公孙胜，使人报知：今遣指挥徐宁领兵沧州地界捉拿。亏承柴大官人怜我孤穷，写书荐达，径往梁山逃命。日里不敢前行，今夜路经济州地界，恰才天明月朗，霎时雾暗云迷；径往梁山逃命，况山路崎岖，高低不辨，教我怎生行暮，那前边黑洞洞的，想是村店，只得紧行几步。呀！原来是一座禅林。夜深无人，我向伽蓝殿前，暂憩片时。（生作睡介）（争扮神上，白）生前能护国，没世号伽蓝；眼观十万里，日赴九千坛。吾乃本庙护法之神，今有上界武曲星受难，官兵追急，恐伤他性命，——兀那林冲，休推睡梦。今有官兵过了黄河，咫尺赶上，急急起来逃命去罢。吾神去也！凡人心不昧，处处有灵神；但愿人行早，神天不负人。（生醒白）唬死我也！刚才合眼，忽见神像指着道："林冲急急起来，官兵到了！"想是伽蓝神圣指引迷途。我林冲若得一步之地，重修宝殿，再塑金身，撒的脚步去也！（唱）【双调】【新水令】按龙泉血泪洒征袍，恨天涯一身流落，专心投水浒，回首望天朝，急走忙逃，顾不得忠和孝。（唱）【驻马听】良夜迢迢，良夜迢迢，投宿休将他门户敲。遥瞻残月，暗渡重关，急步荒郊，俺的身轻不惮路迢迢，心忙又恐怕人惊觉！吓得俺魄散魂销，魄散魂销，红尘中误俺五陵年少，（白）想俺林冲在那八十万军中，做禁军教头，征那吐蕃的时节呵！

【水仙子】一朝谏诤触权豪，百战勋名做茅草，半生勤苦无功效。名不将青史标，为家国总是徒劳！再不得倒金樽杯盘欢笑，再不得歌金缕笙琵络索，再不得谒金门环佩逍遥。（唱）【折桂令】实指望封侯也那万里班超，到如今生逼做叛国红巾，做背主黄巢，恰便似脱鞲苍鹰，离笼狡兔，摘网腾蛟。救国难谁诛正卯，掌刑罚难得皋陶，似这鬓发萧骚，行李萧条，此去博得个斗转天回，高俅！须教他海沸山摇，（唱）【雁儿落】望家乡去路遥，望家乡去路遥，想母妻将谁靠？俺这里吉凶未可知，他，他那里生死应难料！

【得胜令】呀！唬得俺汗津津身上似汤浇，急煎煎心内似火烧，幼妻室今何在？老萱堂恐丧了！幼劳，父母的恩难报！悲嚎，叹英雄气怎消，叹英雄气怎消！（唱）【沽美酒】太平令怀揣着雪刃刀，怀揣着雪刃刀，行一步哭嚎陶，急走羊肠去路遥，天，天哪！且喜得明星下照。一霎时云迷雾罩，疏剌剌风吹叶落；震山林声声虎啸，又听得哀哀猿叫；俺呵！吓得俺魂飞胆消，似龙驹奔逃！百忙里走不出山前古道。（唱）【收江南】呀！又听得乌鸦阵阵起松梢，数声残角断渔樵，忙投村店伴寂寥，想亲闱梦杳，想亲闱梦杳，顾不得风吹雨打度良宵，（唱）【煞尾】一宵儿奔走荒郊，残性命挣出一条，得梁山借得兵来，高俅哇，贼子！定把你奸臣扫！看前边已是梁山，待俺趱上前去！

## 【毛泽东评点】

我们党现在准备开展一次整风运动。整风是用批评和自我批评解决党内矛盾的一种方法，也是解决党同人民之间的矛盾的一种方法。这次整风，就是整顿三风，整顿官僚主义、宗派主义和主观主义。要经过整风，把我们党艰苦奋斗的传统好好发扬起来。因为革命胜利了，有一部分同志，革命意志有些衰退，革命热情有些不足，全心全意为人民服务的精神少了，过去跟敌人打仗时的那种拼命精神少了，而闹地位，闹名誉，讲究吃，讲究穿，比薪水高低，争名夺利，这些东西多起来了。听说去年评级的时候，就有些人闹得不像样子，痛哭流涕。人不是长着两只眼睛吗？两只眼睛里面有水，叫眼泪。评级评得跟他不对头的时候，就双泪长流。在打蒋介石的时候、抗美援朝的时候、土地改革的时候、镇压反革命的时候，他一滴眼泪也不出，搞社会主义他一滴眼泪也不出，一触动到他个人的利益，就双泪长流。听说还有三天不吃饭的事情。我说，三天不吃饭，没有什么要紧，一个星期不吃饭就有点危险了。总而言之，争名誉，争地位，比较薪水，比较吃穿，比较享受，这么一种思想出来了。为个人的利益而绝食，而流泪，也算是一种人民内部的矛盾。有一出戏，叫《林冲夜奔》，词里说："丈夫有泪不轻弹，只因未到伤心处。"我们现在有些同志，他们也是男儿（也许还有女儿），他们是男儿有泪不轻弹，只因未到评级时。这个风也要整一下吧。有泪不轻弹是对的，伤心处是什么？就是工人阶级、广大劳动人民危急存亡的时候，那个时候可以弹几滴眼泪。至于你那个什么级，就是评得不对，你也要吞下去，眼泪不要往外头流，要往里头流。世界上是有许多不公道的事情，那个级可能评得不对，那也无须闹，无关大局，只要有饭吃就行。革命党嘛，以饿不死人为原则。人没有饿死，就要做革命工作，就要奋斗。一万年以后，也要奋斗。共产党就是要奋斗，就是要全心全意为人民服务，不要半心半意或者三分之二的心意为人民服务。革命意志衰退的人，要经过整风重新振作起来。

——《坚持艰苦奋斗，密切联系群众》，《毛泽东文集》，第七卷，人民出版社 1999 年版，第 284—285 页。

**【赏析】**

《宝剑记》是李开先戏曲的代表作。据苏洲（号雪蓑渔者）序："坦窝始之，兰谷继之，山泉翁正之，中麓子成之"可知，他的友人也参与了创作。全剧共 52 出，演《水浒》中的林冲故事，情节较之小说有很大更动。李开先在《词谑》中曾提及《水浒传》，他看过此书，创作传奇时以此为依据。他在《宝剑记》中对情节加以改动，写林冲一再上本参奏高俅和童贯结党营私、祸国殃民，被高俅和童贯设计陷害，误入白虎堂，并把高俅之子图谋林冲妻子张真娘一事移到林冲发配之后，是为了突出朝廷上的忠奸斗争。这和作者本人深受奸相迫害而罢职闲居有关。他胸中积郁了不平之气，写此剧正是指斥当时的黑暗政治。剧中以主人公林冲的形象最为突出，作者着重描写了他爱国忧民的思想和行动。

第 37 出描写林冲夜奔一场很精彩，写出了林冲被逼上梁山的复杂心理，抒发了丈夫有泪不轻弹，只因未到伤心处的悲愤情怀。剧中写张真娘的坚贞、高俅的凶狠，也很出色。其他次要人物如鲁智深、陆谦、富安，形象模糊，性格欠突出，远不如小说。把《水浒》中的故事改编成为长篇传奇，而且写得有特色，李开先有首创之功。

《夜奔》写林冲为奸党所逼夜奔梁山的情景。全出宾白较少，主要是唱。《夜奔》一开始，林冲唱【点绛唇】"数尽更筹，听残银漏"，点明"夜奔"，"逃秦寇"，古称秦始皇为暴秦，此借以指凶恶的奸党。逃奸党的迫害，指出夜奔原因。接下二句"有国难投"，无人"相救"，说明情况的危急。

下面一大段宾白，先说了几句定场诗，说他极目远望家乡，但见愁云迪索挡住视线，低头看水，鱼书不至；仰头望天，燕子不来，几次三番想做悲秋赋以遣怀。回望西山，太阳就要落下，更觉得自己这个天涯孤客，夜奔逃命这种日子真是难熬啊！但"丈夫有泪不轻弹"，男子汉大丈夫动

李开先

不动就哭天抹泪，是没有出息的；如果到了"伤心处"，止不住也滴下几滴不易轻弹的眼泪，也不失英雄本色。

以下特用【双调】【新水令】一整套九支曲子来刻画林冲夜奔的内心矛盾和英雄的胸襟。这些曲子各有不同的时空环境便于不同的心理活动的揭示：【新水令】写出他"专心投水浒"与"回首望天朝"的内心冲突。因此开头两句"按龙泉血泪洒征袍，恨天涯一身流落"，气势磅礴，激情奔涌：尤泉宝剑本当用来杀敌除奸，而今随身逼上梁山；着征袍本当转战沙场，为国尽忠，而今却只身流落天涯，此情此景，不禁血泪洒落，悲愤不已。【驻马听】一曲，展现了其"遥瞻残月，暗渡重关"的急切惊恐之状。"残月""重关""荒郊"，又构成一个凄清、深沉的时空环境，愈增添孤寂悲凉之感。【水仙子】一曲，表现出因权豪的陷害，使其功名废弃，造成心理的矛盾；一连三句"再不得"开头的排比万句，表现其怨恨之情一层深似一层地郁结胸膛。【折桂令】一曲，写出他虽是身陷险境的逃犯，但仍不失为心怀壮志的英雄。因为他是"脱鞲苍鹰，离笼狡兔，摘网腾蛟"，所以苍鹰只要一入天空，就能搏击奋飞；狡兔只要一入原野，就能自由奔跃；腾蛟只要一入大海，就能掀波激浪。这正是其英雄本色的写照，也正因此，他坚信有朝一日"斗转天回"，便要"教他海沸山摇"，以此揭示出他由于愤极而爆发出来的一股复仇的密火。【雁儿落】一曲，写出他越走离家乡越远，越远思念妻母之情越深。因为，自己吉凶未卜，妻母生死难料，此次生离也许将成死别。想到这里，从悲伤又激起了愤怒，更掀起了此仇不报非好汉的决心。【沽美酒】一曲，写出林冲经过一番思想冲突后，又回到现实中来，看到目前的景况更加恶劣：羊肠小道，云迷雾罩；风吼叶落，虎啸猿啼，既恐怖又凄切，这一下又引起他的惊魂不定，加紧脚步，急忙向前奔跑。但由于惊慌，虽费尽全力急跑，但半天还未跑出险境，以此来揭示在惊慌中的紧张心情。【收江南】一曲，时空场景又一变：一夜的奔走，此时几近黎明。乌鸦开始离巢，渔樵开始劳作，此地，已近村庄。乌鸦、残角、孤村，构成一幅荒凉的意境，更衬托出英雄念国思亲，身无所托的孤寂和寂寥。最后【收煞】一曲写林冲经过一夜的奔走，来到梁山脚下，他决心报仇除奸，上梁山落草。

《夜奔》中的林冲压抑的痛苦、不屈的怨气、愤怒的控诉、悲壮的反抗，像一股汹涌的怒潮冲决而出，构成了整出戏慷慨悲壮的基调，塑造出林冲的英雄形象。明刊本《宝剑记》雪蓑渔者在序言中说："《宝剑记》数万言耶，尝拉数友，款予搬演此戏，坐客无不泣下沾巾。"可见其感染力之强。特别是《夜奔》一出，至今京剧、昆曲等剧种仍长演不衰。

　　毛泽东在 20 世纪 50 年代，就以《夜奔》中林冲的两句台词"丈夫有泪不轻弹，只因未到伤心处"，批评有些同志，因为革命成功了，该享受了，干部评级时，闹名誉，闹地位，以至于三天不吃饭，两眼流泪。这些都是革命意志衰退的表现，是应该克服的。一个革命者，应该继续艰苦奋斗，永葆革命青春，颇发人深思。

李开先

# 梁辰鱼

梁辰鱼（1521—1594），字伯龙，号少白，别署仇池外史，江苏昆山人，明代著名戏曲作家。他祖籍河南，其先人梁元德，元朝知昆山州事，遂移家昆山。曾祖纨，曾任泉州同知。祖父鸣鹤，为高唐州判。父介，字石仲，官平阳训导，因其叔鸣鹍无嗣，遂过继为后。梁介为人豪爽，延广纳新，家鲜留储（俞允文《祭内兄梁贞仲文》）。至梁辰鱼时，家境已每况愈下，故他多慷慨忧生之感。梁辰鱼身长八尺，虎颧虬髯，性格豪放，落拓不羁，好任侠，喜读史谈兵。工诗及行草，尤善度曲，精于音律。晚明文人喜爱逮游，既可登山临水，探奇揽胜，又能广结师友，干谒名公巨卿，以此邀名逐利。这已成为当时的一种士风，梁也不能例外。嘉靖三十二年（1553），他开始了壮游生活，南游会稽，探禹穴，历永嘉、括苍诸名山。三十四年（1555），又溯江西去荆楚，上九嶷，泛洞庭、彭蠡，登黄鹤楼，观庐山瀑布，寻周郎赤壁遗迹。曾作《红线女》等杂剧，但以《浣纱记》传奇最著名。此外还写过《远游稿》《江东白苎》等。梁辰鱼是利用昆腔来写作戏曲的创始者和权威，因其作品的脍炙人口，无形中给予昆腔传布很大的助力。从元末到魏良辅时期，昆腔还只停留在清唱阶段，到了梁辰鱼，昆腔才焕发舞台的生命力，这是梁辰鱼在中国戏剧史上的重大贡献。

## 《双红记》 清门

【原文】

（净扮昆仑公云）郎君，娘子。

【双调】【新水令】俺只向玉灵殿去遨游，把身穿九霄云窦，闲过琼岛屿，醉向岳阳楼。（外）请二位再住几日如何？（净旦全）不敢淹留。（外）请满饮一杯。（净旦全）请。更尽一杯酒——（外）昆仑公之事，老夫俱已明白。请问红线姐，把始末根由，乞道其详。（旦）令公

【驻马听】听说因由，我是董奉门前栽杏叟。（外）原来是位医仙，为何谪降女身？（旦）只因误了投药饵，害了母子三人性命。只为伤他骨肉，罚做了薛家下小丫头。今随去呵！宴穷甘软厌珍馐，身盈兰麝沾罗袖。恩爱久，风光到此须回首。（外）昆仑公你年过半百，须发皆白，那穷谷深，茅庵草舍，怎受得这般苦楚？（净）令公！

【乔儿醉】咱是个方外友，长不离了海中岫，正要到蟠桃会上亲传授，吃几杯长寿酒。（众）请。（外）红线姐，我看你身躯娇怯，性格温柔，怎可归山求仙访道？（旦）（令公下）

【搅笙琶】恁道俺身子儿瘦，俺待要骑鹤上瀛洲。只为那尘世沉沦，因此上慕仙家永久。休认我天台洞口去寻刘，臭皮囊毕竟难留。衰朽，俺待学忘机江上鸥，讨什么得这闲愁。

（老生）昆仑红线入山访道，此乃人间奇事，请令公赋诗一首，以叙别意。（外）还是要节度公首唱，千牛君次之，老夫随后。（老生）还是令公请。（外）占了，红线姐，你采菱古苑木兰舟，送客销魂百尺楼。还是洛妃乘雾去，碧天无际水空流。（众）好诗也。（旦）令公，你说俺洛妃乘雾，碧天水流，说得俺不羞也。

【雁儿落】非是辞俺家嬉浪游，只为那住世多卑陋。恁道是魂归百尺楼，俺倒要踏破三山罂。（外）节度公赠昆仑一首。（老生）是。昆仑公，你独上云梯入翠微，濛濛云气亘烟霏。送君去向中峰住，迤逦青山恨不归。（众）好好。（净）节度公，你说俺云亘烟霏向中峰住，说得俺好快乐也。

【得胜令】恁只见渡口水空流，俺待去花下问渔舟。喜得那路接仙源近，谁知道山藏鬼谷幽。

（外）千牛君赠昆仑君一首。（小生）是。昆仑公，你片心水照三秋赤，一剑霜飞六月寒。别我不知何处去，黄昏风雨不如盘。（众）好诗。（净）郎君，你说俺心如赤水，剑是霜寒，说得俺不差也。（外）崔夫人

赠红线一首。（贴）是，红线姐，你幕府孤忠化外听，翠娥红粉散云屏。舞衣脱去余香在，今日花前学诵经。（众）好诗也。（旦）崔夫人，你说俺舞衣脱去，花前诵经，说得俺不差也。俺待要戴一个锦兜，说什么风鬟金钗溜。（净）穿一领羊裘，肯老向舆犊鼻裈。

【沽美酒】（旦）愿恩官，坐潞州。（净）愿恩主，早封侯，像富贵功名不到头。（旦）好丢时，即便丢，那时节要丢时，怕丢不得手。（净旦仝）令公在上，我二人有言相告。（净）

【川拨唱】怎休戴南冠，学楚囚。分明是鳌神龙，烹走狗。（旦）凭着你灭项兴刘，钓渭兴周，借箸前筹，拜将封侯。（净）这都是擎天妙手，（旦）只落得灞桥边，叹衰柳。（太平令）（净）识时务闲中罢手，讨便宜忙里抽头，也需要关前顾后，那些个天长地久？（旦）怎呵，到如今得休好休，挂风帆得收好收。（净旦仝）呀，急需防江心船漏。令公，我二人拜辞朝廷，就此去也。

【梅花酒】整衣冠，拜冕旒，双凤阙，五云楼，调玉羹，固金瓯。（旦）愿汾阳镇九州，（净）愿节度分帝王忧，谢源君恩德厚，（旦）心去也难留。

【收江南】呀，只这野草闲花满地愁，（净）看潮汐催人易白头。（旦）青山历历水悠悠。（净）俺从今浪游，（旦）从今浪游。（净旦仝）乌飞兔走，天地一飞舟。

（外）二位此去，伐毛换髓，变性逃形，不知何年，再得相见。（净旦）要会不难，十年后，向洛阳市上，问卖药饵叟，就是俺两人也。（外）领命。（净旦）多承列位厚饯，我二人为酬，聊舞剑以博一笑。（众）请。（仝唱）

【清江引】腾腾剑气冲斗牛，华表归来后。人民半已非，城郭依然旧。（净旦）令公要相逢向洛阳街问卖药叟。（急下）（众）呀，言语之间，二位忽然不见，真乃奇事也。

【前腔】疾忙拜辞天路走，剑气冲斗牛。何年一鹤归，故国还依旧。那时节，向古辽城，重聚首。（同下）

**【毛泽东评点】**

毛泽东读 1931 年光华书局出版的顾名编《曲选》时圈阅了这支曲子。他在"你采菱古苑木兰舟，送客销魂百尺楼。还是洛妃乘雾去，碧天无际水空流" 和"你片心水照三秋赤，一剑霜飞六月寒。别我不知何处去，黄昏风雨不如盘"四句前两句旁各点了两个墨点，后二句旁各点了一个墨点；在"崔夫人赠诗一首"和" 舞衣脱去余香在，今日花前学诵经"二句旁各画了一个大墨圈。

——中国档案馆整理：《毛泽东评点诗词曲精选》，中国档案出版社 1998 年版，第 622—627 页。

**【赏析】**

梁辰鱼的杂剧《红线女》，有《盛明杂剧》本。根据唐人袁郊传奇小说《红线传》改编，写唐时魏博节度使田承嗣图谋吞并潞州，潞州节度使薛嵩的婢女红线女，能剑术，奉使夜入魏博节度使田承嗣卧室，盗取金盒以示警告，免了两镇一场大灾难，功成后红线女隐退。另一杂剧《红绡》，据唐人传奇小说《昆仑奴传》改编，今佚。明末更生氏曾以《红线女》与另一演红拂故事的杂剧《红绡》合并改编为《双红记》。

《清门》一折，写红线和昆仑奴功成以后，辞别薛嵩，归隐山林，去过清贫寒素的平民生活。薛嵩设宴为之饯行。这一场可分三层。从开场，包括【双调】【新水令】【驻马听】【乔儿醉】和【搅笙琶】等四支曲子及其中的宾白为第一层，主要写昆仑奴和红线二人要辞别薛嵩夫妇入山访道。昆仑奴要云游四海，红线要归山求仙访道，还顺便交代了红线原是一位医仙，因"误投了药饵，害了母子三人性命"，罚她变成女身，做了薛嵩家的小丫头。作者用了【驻马听】【乔儿醉】和【搅笙琶】三支曲子来抒写此意。

从老生上场到"鸟飞兔走，天地一虚舟"，包括【雁儿落】【得胜令】【沽美酒】【川拨唱】【梅花酒】和【收江南】等六支曲子及其间宾白为第二层，是这一折的主体部分，主要内容是写薛嵩夫妇等四人为昆仑奴、红线女各赋诗一首送行，其中赠昆仑奴的"你采菱古苑木兰舟，送客销魂百尺楼。还是洛妃乘雾去，碧天无际水空流"和"你片心水照三秋赤，一剑霜飞六月寒。别我不知何处去，黄昏风雨不如盘"二首，以及赠红线女的"你幕府孤忠化外听，翠哦红粉散云屏。舞衣脱去余香在，今日花前学诵经"一首，辞采华美，毛泽东都加以圈点，表示欣赏。

从（外）"二位此去，伐毛换髓，变姓逃形"至曲末，包括【清江引】和【前腔】两支曲子及其宾白为第三层，薛嵩等问其二人何时再得相见，昆仑奴和红线女同答："十年后，向洛阳市上，问卖药饵叟，就是俺两人也。"表明他们要过世俗的生活，说罢，"二位忽然不见"，被叹为"真奇事也"，以此作结，给此剧带上一种神秘的色彩。

# 汤显祖

汤显祖（1550—1616）字义仍，号若士，临川（今江西临川）人，明代文学家、戏曲家。14 岁进学，21 岁中举，34 岁考中进士。历任南京太常寺博士、詹事府主簿、礼部祠祭司主事等职。万历十九年（1591）因上章抨击朝政，被贬广东徐闻典史。两年后量移浙江遂昌县知县。在任五年，勤政爱民，深受百姓爱戴。万历二十六年（1598）春弃官归里。

汤显祖留下了丰富的作品。《红泉逸草》《问棘邮草》《玉茗堂集》以及《紫箫记》和《临川四梦》（《紫钗记》《牡丹亭》又称《还魂记》《邯郸记》《南柯记》）都有明清刻本传世。《牡丹亭》是他的代表作。他的重视人物刻画、重文采的思想和创作，形成了一个以他为首的戏剧流派——临川派，对当时和后世产生了重大影响。

汤显祖在中国和世界戏剧史上有重要地位。

毛泽东对汤显祖评价很高。1959 年，庐山会议期间，江西省省长方志纯到毛泽东住处，一坐下来，毛泽东就跟他谈起了读书问题，毛泽东说："读书是很有兴味的嘞。各种各样的书都要读一点。除了马列的书外，还要读些历史书。古人说，'治天下者以史为鉴，治郡国者以志为鉴'，这是很有道理的。一个领导者，知道一点历史有好处，可以学习历史经验嘛。"

毛泽东接着说："江西是个出人才的地方，唐宋八大家，江西就占了三家：临川的王安石、吉水的欧阳修、南丰的曾巩，都是北宋有名的文人。汤显祖也是你们江西临川人，人称东方的莎士比亚。你们省赣剧团演的那个《还魂记》，是汤显祖写的。除了《还魂记》，还有《紫钗记》《南柯记》《邯郸记》，统称'临川四梦'，写得都很好。"（方志纯：《领袖情——和毛泽东同志在一起的片断回忆》，《缅怀毛泽东》下，中央文献出版社1993 年版。）

# 《牡丹亭》 第十出 惊梦

**【原文】**

【商调引子】【绕（地）池游】（旦上）梦回莺啭，乱煞年光遍。人立小庭深院。（贴）炷尽沉烟，抛残绣线，恁今春关情似去年？［乌夜啼］（旦）晓来望断梅关，宿妆残。（贴）小姐你侧着宜春髻子恰凭阑。（旦）翦不断，理还乱，闷无端。（贴）已吩咐催花莺燕借春看。（旦）春香，可曾叫人扫除花径？（贴）吩咐了。（旦）取镜台衣服来。（贴取镜台衣服上）云髻罢梳还对镜，罗衣欲换更添香。镜台衣服在此。（旦）放下，（贴）是。（旦）好天气也。

【步步娇】（旦）袅晴丝吹来闲庭院，摇漾春如线。停半晌、整花钿。没揣菱花，偷人半面，迤逗的彩云偏。（行介）步香闺怎便把全身现！（贴）今日穿插的好。

【醉扶归】（旦）你道翠生生出落的裙衫儿茜，艳晶晶花簪八宝填，可知我常一生儿爱好是天然。恰三春好处无人见。不提防沉鱼落雁鸟惊喧，则怕的羞花闭月花愁颤。（贴）早茶时了，请行。（行介）你看：画廊金粉半零星，池馆苍苔一片青。踏草怕泥新绣袜，惜花疼煞小金铃。（旦）不到园林，怎知春色如许！

【皂罗袍】原来姹紫嫣红开遍，似这般都付与断井颓垣。良辰美景奈何天，赏心乐事谁家院！恁般景致，我老爷和奶奶再不提起。（合）朝飞暮卷，云霞翠轩；雨丝风片，烟波画船——锦屏人忒看的这韶光贱！（贴）是花都放了，那牡丹还早。

【好姐姐】（旦）遍青山啼红了杜鹃，荼蘼外烟丝醉软。春香啊，牡丹虽好，他春归怎占的先！（贴）成对儿莺燕啊。（合）闲凝眄，生生燕语明如翦，呖呖莺歌溜的圆。（旦）去罢。（贴）这园子委是观之不足也。（旦）提他怎的！（行介）

【隔尾】观之不足由他缱，便赏遍了十二亭台是枉然。倒不如兴尽回家闲过遣。（作到介）（贴）开我西阁门，展我东阁床。瓶插映山紫，炉添沉水香。小姐，你歇息片时，俺瞧老夫人去也。（下）（旦叹介）默地游春转，小试宜春面。春啊，得和你两留连，春去如何遣？咳，恁般天气，好困人也。春香那里？（作左右瞧介）（又低首沉吟介）天呵，春色恼人，信有之乎！常观诗词乐府，古之女子，因春感情，遇秋成恨，诚不谬矣。吾今年已二八，未逢折桂之夫；忽慕春情，怎得蟾宫之客？昔日韩夫人得遇于郎，张生偶逢崔氏，曾有《题红记》、《崔徽传》二书。此佳人才子，前以密约偷期，后皆得成秦晋。（长叹介）吾生于宦族，长在名门。年已及笄，不得早成佳配，诚为虚度青春，光阴如过隙耳。（泪介）可惜妾身颜色如花，岂料命如一叶乎！

【山坡羊】没乱里春情难遣，蓦地里怀人幽怨。则为俺生小婵娟，拣名门一例、一例里神仙眷。甚良缘，把青春抛的远！俺的睡情谁见？则索因循腼腆。想幽梦谁边，和春光暗流传？迁延，这衷怀那处言！淹煎，泼残生，除问天！身子困乏了，且自隐几而眠。（睡介）（梦生介）（生持柳枝上）莺逢日暖歌声滑，人遇风情笑口开。一径落花随水入，今朝阮肇到天台。小生顺路儿跟着杜小姐回来，怎生不见？（回看介）呀，小姐，小姐！（旦作惊起介）（相见介）（生）小生那一处不寻访小姐来，却在这里！（旦作斜视不语介）（生）恰好花园内，折取垂柳半枝。姐姐，你既淹通书史，可作诗以赏此柳枝乎？（旦作惊喜，欲言又止介）（背想）这生素昧平生，何因到此？（生笑介）小姐，咱爱杀你哩！

【山桃红】则为你如花美眷，似水流年，是答儿闲寻遍。在幽闺自怜。小姐，和你那答儿讲话去。（旦作含笑不行）（生作牵衣介）（旦低问）那边去？（生）转过这芍药栏前，紧靠着湖山石边。（旦低问）秀才，去怎的？（生低答）和你把领扣松，衣带宽，袖梢儿揾着牙儿苫也，则待你忍耐温存一晌眠。（旦作羞）（生前抱）（旦推介）（合）是那处曾相见，相看俨然，早难道这好处相逢无一言？（生强抱旦下）（末扮花神束发冠，红衣插花上）催花御史惜花天，检点春工又一年。蘸客伤心红雨下，勾人悬梦采云边。吾乃掌管南安府后花园花神是也。因杜知府小姐丽娘，与柳梦梅秀才，后日有姻缘之分。杜小姐游春感伤，致使柳秀才入梦。咱花神专掌惜玉怜香，竟来保护他，要他云雨十分欢幸也。

【鲍老催】（末）单则是混阳蒸变，看他似虫儿般蠢动把风情扇。一般儿娇凝翠绽魂儿颠。这是景上缘，想内成，因中见。呀，淫邪玷污了花台殿。咱待拈片落花儿惊醒他。（向鬼门丢花介）他梦酣春透了怎留连？拈花闪碎的红如片。秀才才到的半梦儿；梦毕之时，好送杜小姐仍归香阁。吾神去也。（下）

【山桃红】（生、旦携手上）（生）这一霎天留人便，草借花眠。小姐可好？（旦低头介）（生）则把云鬟点，红松翠偏。小姐休忘了啊，见了你紧相偎，慢厮连，恨不得肉儿般团成片也，逗的个日下胭脂雨上鲜。（旦）秀才，你可去啊？（合）是那处曾相见，相看俨然，早难道这好处相逢无一言？（生）姐姐，你身子乏了，将息，将息。（送旦依前作睡介）（轻拍旦介）姐姐，俺去了。（作回顾介）姐姐，你可十分将息，我再来瞧你那。

行来春色三分雨，睡去巫山一片云。（下）（旦作惊醒，低叫介）秀才，秀才，你去了也？（又作痴睡介）（老旦上）夫婿坐黄堂，娇娃立绣窗。怪他裙衩上，花鸟绣双双。孩儿，孩儿，你为甚瞌睡在此？（旦作醒，叫秀才介）咳也。（老旦）孩儿怎的来？（旦作惊起介）奶奶到此！（老旦）我儿，何不做些针指，或观玩书史，舒展情怀？因何昼寝于此？（旦）孩儿适在花园中闲玩，忽值春暄恼人，故此回房。无可消遣，不觉困倦少息。有失迎接，望母亲恕儿之罪。（老旦）孩儿，这后花园中冷静，少去闲行。（旦）领母亲严命。（老旦）孩儿，学堂看书去。（旦）先生不在，且自消停。（老旦叹介）女孩儿长成，自有许多情态，且自由他。正是：宛转随儿女，辛勤做老娘。

（下）（旦长叹介）（看老旦下介）哎也，天那，今日杜丽娘有些侥幸也。偶到后花园中，百花开遍，睹景伤情。没兴而回，昼眠香阁。忽见一生，年可弱冠，丰姿俊妍。于园中折得柳丝一枝，笑对奴家说：姐姐既淹通书史，何不将柳枝题赏一篇？那时待要应他一声，心中自忖，素昧平生，不知名姓，何得轻与交言。正如此想间，只见那生向前说了几句伤心话儿，将奴搂抱去牡丹亭畔，芍药阑边，共成云雨之欢。两情和合，真个是千般爱惜，万种温存。欢毕之时，又送我睡眠，几声将息。正待自送那生出门，忽值母亲来到，唤醒将来。我一身冷汗，乃是南柯一梦。忙身参礼母亲，又被母亲絮了许多闲话。奴家口虽无言答应，心内思想梦中之事，何曾放怀。行坐不宁，自觉如有所失。

娘呵，你教我学堂看书去，知他看那一种书消闷也。（作掩泪介）

【绵搭絮】雨香云片，才到梦儿边。无奈高堂，唤醒纱窗睡不便。泼新鲜冷汗粘煎，闪的俺心悠步軃，意软鬟偏。不争多费尽神情，坐起谁怜？则待去眠。（贴上）晚妆销粉印，春润费香篝。小姐，薰了被窝睡罢。

【尾声】（旦）困春心游赏倦，也不索香薰绣被眠。天呵，有心情那梦儿还去不远。

春望逍遥出画堂，张说　间梅遮柳不胜芳。罗隐

可知刘阮逢人处？许浑　回首东风一断肠。韦庄


## 【毛泽东评点】

1953年3月，梅兰芳参加第三次赴朝慰问团演出结束后回京，在怀仁堂的一次招待晚会上演出昆曲《游园惊梦》。毛泽东为了看好这场戏，提前三天派秘书钟灵到梅家去借阅汤显祖的原著《牡丹亭》。钟灵说明来意后，梅兰芳说："《牡丹亭》传奇故事经过几百年艺人和昆曲爱好者的修改剪裁和汤显祖的原著已有很大的不同。我用的流行的《遏云阁曲谱》，没有单本。"钟灵说："请您把《遏云阁曲谱》交我带回，等您唱过了送回。"过了几天，在怀仁堂的宴会上，毛泽东对梅兰芳说："你扮演的杜丽娘深刻有诗意。"只有认真阅读了有关资料和认真观赏演出的顾曲行家，才能对梅兰芳塑造的"这一个"艺术形象作出如此精当的评价。

1959年7月，中共中央政治局扩大会议和八届八中全会在江西庐山召开，会议初期确实是名副其实的"神仙会"。白天开会，晚上休息、跳舞或听戏。毛泽东亲自点了几出传奇戏，其中一出就是《游园惊梦》。毛泽东对江西赣剧团演出的《游园惊梦》称赞不已，给了"美、秀、娇、甜"四个字的评语。后来，他和江西省委书记处书记方志纯谈及《游园惊梦》，满意地说：你们省赣剧团演出那个《还魂记》，我看了，演得很好嘛！它是明朝汤显祖写的。汤显祖是你们江西临川人，人称东方的莎士比亚。除

了《还魂记》，还有《紫钗记》《南柯记》《邯郸记》，统称"临川四梦"，写得都很好。

毛泽东在读 1932 年光华书局出版的顾名编《曲选》所载此曲时，在"（贴）小姐你侧着宜春髻子恰凭阑。（旦）茧不断，理还乱，闷无端。（贴）已吩咐催花莺燕借春看"数句和"不到园林，怎知春色如许？"，以及"荼蘼外烟丝醉软"等句旁都点了墨点；对〔皂罗袍〕一曲唱词都画了旁圈。

——顾名编：《曲选》，光华书局 1932 年版，第 713——714 页。

## 【赏析】

《牡丹亭》是我国古代戏曲史上最优秀的作品之一。与王实甫的《西厢记》齐名。从戏剧形式上看《牡丹亭》属于传奇。传奇与杂剧的不同在于：元杂剧分折（相当于"幕"），通常是一本四折加一楔子；传奇分出（相当于"场"）而不分折，"出"无定数，短的十出、八出，长的也有一百出以上的。元杂剧都用北曲，曲调规定较严，每一折用同一宫调的若干曲牌，组成一套曲子。每套曲子的曲词只用一个韵脚，一韵到底，不能换韵。元杂剧中的每一折套曲，一般只用一个人主唱，也就是一个角色演唱。而传奇则多用南曲，比较自由。一出戏中可以变换宫调，也可以换韵，各类角色都可以唱，唱的形式也是多样的，有分唱、合唱、接唱等。唱腔主要是昆山腔（昆腔），到清代一般称为昆曲。

《牡丹亭》所搬演的是贵族小姐杜丽娘与书生柳梦梅生离死别的爱情悲喜剧。南宋时南安太守杜宝的独生女杜丽娘，在丫环春香的诱导下，青春与个性开始觉醒，对自己的生活环境开始不满，在梦中与一少年在牡丹亭畔相会，醒后相思成疾，悒郁而死。岭南书生柳梦梅，赴临安应试途经南安郡，拾得丽娘画像，悦其貌美，终日把玩，赞慕不已，丽娘的幽魂显现了，认出了柳乃旧日梦中所会的那位书生，向他表白了爱慕之情，并让其掘坟而获得再生。丽娘复活以后，两人同往淮安求丽娘父母许婚。杜宝见而大怒，诬梦梅私掘女坟，上书奏明皇帝，梦梅此时已被钦定为状元，也上书自辩，丽娘并登朝申诉，得皇帝恩准、夫妻团圆。

《牡丹亭》全剧共五十五出（场），"游园"是第十出（惊梦）中的前半部分。从结构上看，《惊梦》这出戏它可分为"游园"和"惊梦"两部分；就内容而言，主要写女主人公杜丽娘的青春觉醒，梦里钟情，是她反抗和追求的叛逆之路的开始，文采飞扬，历来为人们所传诵。

《游园》由六支曲子组成。前三支曲子主要写杜丽娘游园前的心理活动，后三支曲子主要写丽娘游园中的所见所感。

【绕池游】这曲子写杜丽娘对深闺内院寂寞生活的厌倦和春光撩人，青春向往的心态。一梦醒来，莺鸟鸣唱，春光是那样撩人，而丽娘却被禁锢在狭窄，冷寂的"小庭深院"中，百无聊赖听凭沉香燃尽，针线活也没心思去做。为什么今年我对春天的关心和向往比去年更为殷切。[乌夜啼]以一首词作为人物上场的诗，是念白的一部分，不是唱词。

【步步娇】是写杜丽娘游园前对镜梳妆时的内心活动。这支曲子是在杜丽娘赞叹"好天气也"的念白之后起唱的，所以从春光、春意落笔。"袅晴丝吹来闲庭院，摇漾春如线"是写大地回春以后，各种冬眠的昆虫都苏醒了，纷纷吐丝活动，这些虫丝是很细的，只有在风和日丽的时候才能见到。"袅晴丝"就是指这种摇曳、飘忽的春游丝，也吹进了这冷落的庭院。接下去写对镜梳妆，这里着意表现女主人公天真娇羞的神态。作者采用了拟人化的手法。明明是人照镜子却偏说镜子把自己的半边面容偷照了进去。"没揣菱花，偷人半面，迤逗得彩云偏。"惹得我急忙躲闪弄歪了美丽的发髻。"步香闺怎便把全身现"这一句，既写杜丽娘的羞涩、腼腆，也反映出封建礼教对闺阁女子的严重束缚。

【醉扶归】主要写写杜丽娘梳妆完毕，春香夸她打扮得好而引出丽娘顾影自怜的那种神态，珍惜青春却又无人赏识的那种孤单情怀。"一生儿爱好是天然"是这支曲子中的"曲眼"，是关键句，意思是说天生的本性就是爱美。"好"，美也。这是杜丽娘自然升腾的青春憧憬的直言告白，也是对"存天理，灭人欲"的程朱理学的否定与挑战。"沉鱼落雁"，形容女子有惊人之美。"羞花闭月"，也是说人美得使花羞、使月闭。这里都用了拟人化手法。

【皂罗袍】唱出了女主人公在春色感召下所产生的心灵震颤。开头两句"原来姹紫嫣红开遍，似这般都付与断井颓垣"，写园中景色，以及由此引起的感情波澜。"姹"，美丽。"嫣"，娇艳。这是说美丽娇艳的鲜花开遍的迷人春色。"断井颓垣"是说，井也干涸、回填，废了的院墙也坍塌了，残缺不全，一片破败的景象。作者用"姹紫嫣红"的迷人春色与"断井颓垣"的荒废景象形成了鲜明的对照。杜丽娘从"姹紫嫣红"看到了自己青春的生命，而这"断井颓垣"又使她百感交集。接下来两句"良辰美景奈何天，赏心乐事谁家院！"由触景生情转为直抒胸臆。杜丽娘联想到自己的身世、遭遇以后，从胸中涌出这无限哀怨。"奈何天"，使人无可奈何的天气。"谁家"，什么的意思。这两句是化用谢灵运《拟魏太子邺中集诗序》的"天下良辰、美景、赏心、乐事，四者难并"句意。"奈何天""谁家院"六个字里凝聚着杜丽娘对命运的感伤，是痛苦的心声。杜丽娘面对良辰美景，而无赏心乐事，只有寂寞苦闷、无限哀怨。再接下来，以合唱的形式，展现了一幅绚丽而略带迷惘色彩的画面。这里有实景，也有虚景："朝飞暮卷，云霞翠轩；雨丝风片，烟波画船"，这是形容轩阁高旷，也是杜丽娘想象中更开阔的春景：雕梁画栋，飞阁流丹；云燕霞蔚，碧瓦亭台，和煦的春风带着蒙蒙细雨，烟波浩渺的春水中浮动着画船。杜丽娘从狭小的园内扩展到寥廓的境界，这是由近观到远眺，这正是女主人公心所向往的广阔天地。这画面中，融进了追求，也融进了惆怅。最后一句"锦屏人忒看的这韶光贱"，写出了杜丽娘不满怨恨情绪的矛头所向——耽误自己青春的父母。

【好姐姐】通过杜丽娘对具体景物的感受，进一步抒发了哀怨之情。"遍青山啼红了杜鹃"，杜鹃花开该是多么美呀，"荼蘼外烟丝醉软"荼蘼架飘动着游丝，迷离恍惚，柔弱难支。"生生燕语明如翦，呖呖莺歌溜的圆"，这声声清脆的莺歌燕语，像针尖似的刺着她的心，她不忍再观赏了。

所以，【隔尾】杜丽娘唱道："观之不足由他缱，便赏遍了十二亭台是枉然。倒不如兴尽回家闲过遣。"就是说，这样令人观之不足的美景，杜丽娘不忍再看下去，要回房去了。以上六支曲子是"游园"，【山坡羊】以下六支曲子便是"惊梦"。

【山坡羊】写杜丽娘春困回房后，随靠几案入睡了。睡梦中与意中人柳梦梅相会。

【山桃红】一曲写柳梦梅倾诉爱杜丽娘的情怀。因为杜丽娘"如花美眷，似水流年，是答儿闲寻遍。在幽闺自怜"，换句话说杜丽娘是个百里挑一的、人见人爱的美貌女子，又深居闺房，所以，柳梦梅一见就牵着衣服，来到芍药栏边，湖山石畔，强行宽衣解带，云雨交欢，杜丽娘只是半推半就。这是催花使者出现，"咱花神专掌惜玉怜香，竟来保护他，要他云雨十分欢幸也"。

【鲍老催】一曲则是花神所唱，花神"看他似虫儿般蠢动把风情扇。一般儿娇凝翠绽魂儿颠"，"淫邪玷污了花台殿"，也不为怪，只是拈花片把他们惊醒。

【山桃红】是柳梦梅云雨交欢之后，心满意足，为杜丽娘整理衣衫云鬓，想着刚才的交媾，二人"恨不得肉儿般团成片也，逗的个日下胭脂雨上鲜"，就是说杜丽娘处女膜也破了。杜丽娘也十分惬意。这时，杜丽娘又睡去。柳梦梅轻轻地拍了一下杜丽娘，便去了。杜丽娘惊醒，喊着"秀才，秀才"，其母老夫人来了，问她何事惊慌，她巧妙地加以搪塞，才知是南柯一梦。其母走后，她"心内思想梦中之事"，竟然"行坐不宁，自觉如有所失"。于是就含着泪唱了一曲［绵搭絮］，是说刚才的梦中幽会，使她十分惬意，不幸被老母唤醒，所以就毫无情绪，想睡觉了。

【尾声】一曲写杜丽娘还想着梦中幽会之事，结束全折。

总之，《游园》一出写杜丽娘，游园以前，她感到"翦不断，理还乱，闷无端"；游园时，她的心情由"闷"而"寻"，因为感受到大好春光而追求爱情；惊梦时，由"寻"而"欢"，终于找到情人，并且大胆地与之交媾，享受云雨之乐，表现了杜丽娘、柳梦梅对爱情地执着追求，冲破了封建礼教和封建家长对青年一代婚姻爱情的束缚。之后，杜丽娘追思成病而死，三年之后，柳梦梅上京赶考感梦得画，杜丽娘死而复生，二人结为夫妻，成为一个大团圆结局。汤显祖在《题词》写道："如杜丽娘者，乃可为有情之人耳。情不知所起，一往情深，生者可以死，死可以生。"汤氏所说的"情"，指人们的真正感情。在《牡丹亭》里表现为青年男女对自由爱情生活的追求，显示了要求个性解放的思想倾向和浓郁的浪漫主义的精神。因而受到毛泽东的高度赞扬，对其中的宾白和唱词也多有圈点。

# 《南柯梦记》卷下　第四十二出　寻寤

## 【原文】

（八一紫衣上）事不三思，终有后悔。我大槐安国王生下公主，当初只在本国中招选驸马便了，却去人间请了个淳于棼来尚主；出守南柯大郡，富贵二十余年；公主薨逝，拜相还朝；专权乱政，谪见于天，国主忧疑，着我二人仍以牛车一乘，送他回去。（笑介）淳于棼、淳于棼，好不颓气人也！正是：王门一闭深如海，从此萧郎是路人。（生朝衣上）忽悟家何在，潸然泪满衣。旧恩抛未得，肠断故乡归。我淳于棼，暂尔思家，恩还昼锦。思妻恋阙，能不依依。（泣介）（见紫衣介）（生）请了。便是二十年前迎取我的紫衣官么？（紫懒应介）（生）想车马都在宫门之外了？（紫）着。（行介）

【绣带儿】才提醒，趁着这绿暗红稀出凤城。出了朝门，心中猛然自惊。我左右之人都在那里？前面一辆秃牛单车，岂是我乘坐的？咳！怎亲随一个都无？又怎生有这陋劣车乘？难明。想起来，我去后可能再到这朝门下，向宫廷回首无限情。公主妻呵，忍不住宫袍泪迸。看来今日我乘坐的车儿，便只是这等了。待我再迟走几步。呀！便是这座金字城楼了。怎军民人等见我都不站起？咳！还乡定出了这一座大城，宛是我昔年东来之径。少不得更衣上车而行了。（更衣介）[长相思]着朝衣，解朝衣，故衣犹在御香微，回头宫殿低。意迟迟，步迟迟，肠断恩私双泪垂，（叹介）回朝知几时？（紫）上车快走。（紫随意行走做不畏生打歌介）一个呆子呆又呆，大窟弄里去不去，小窟弄里来不来，你道呆不子也呆？（鞭牛走介）畜生！不走？（生）便缓行些么？

【前腔】消停，看山川依然旧景，争些儿旧日人情。（紫衣急鞭牛走介）（生恼介）看这使者，甚无威势，真可为快快如也。（紫鞭牛走介）（生）紫衣官，我且问你，广陵郡何时可到？（紫不应笑歌走介）（生恼介）咳，我好问他，他则不应。难道我再没有回朝之日了？便不然，谢恩本也写上得几句哩。（紫衣笑介）（生）他那里死气淘声，怎知我心急摇旌？销凝。也则索小心再问他。紫衣官，广陵郡几时可到？（紫）霎时到了。（鞭牛走介）（生望介）呀，像是广陵城了。渺茫中遥望见江外影，这穴道也是我前来路迳。（又走介）呀，便是我家门巷了。（泣介）还俏幸依然户庭，泪伤心，怎这般呵夕阳人静？

（紫）到门了，下车。（生下车入门阶）（紫）升阶。（生升阶介，望见榻作惊介）不要近前，我怕也。（紫高叫介）淳于棼！（叫三次，生不应，紫推生就榻，生仍左前睡介）槐国人何在？淳郎快醒来，我们去也。（急下）（生惊介，醒做声介）使者，使者。（丑持酒上）甚么使者？则我山鹞。淳于兄醒了。我二人正洗上脚来。（生）日色到哪里？（丑）日西哩。（生）窗甚么子？（溜）余酒尚温。（生）呀！斜日未隐于西垣，余樽尚湛于东牖，我梦中倏忽，如度一世矣。（沙、溜）做甚么梦？（生作想介）取杯热茶来。（丑取茶上介）（生）再用茶，待我醒一醒。（丑又取茶上介）（生饮介）呀！溜兄，沙兄，好不富贵的所在也！我的公主妻呵。（丑）甚么公主妻？你不做了驸马？（生）是做了驸马。（溜）哪一朝里驸马？（生）这话长，扶我起来讲。（溜）你们都不曾见那使者穿紫的？（沙）我三人并不曾见。（生）奇怪！听我讲来：

【宜春令】堂东庑，睡正清，有几个紫衣人轩车叩迎。你说从哪里去？槐根窟里，有个大槐安国主女聘婷。那公主小名，我还记的，唤做瑶芳，招我为驸马；曾侍猎于国西灵龟山。（丑）后来怎的？（生）这国之南，有个南柯郡，槐安国主把我做了二十年南柯太守。（溜、沙）享用哩。后来呢？（生）公主养了二男一女，不料为檀萝小贼惊恐？一病而亡，归葬于国东蟠龙冈上。（丑哭介）哎也！可怜，可怜，我的院主。（生）猎龟山他为防备守檀萝，葬龙冈我凄惶煞了莺镜。（沙）后来呢？（生）自公主亡化，虽则回朝拜相，人情不同了。势难行，我情愿乞还乡境。

那国王、国母见我思归，无奈许我暂回。适才送我的使者二人，他都是紫衣一品。（丑）哎呀，不曾待的他茶哩。（生）二兄，你道这是怎的？（溜）不知呢。（沙）我也不知。（生）怎生槐穴里去？（沙、溜）敢是老槐成精了？

【前腔】花狐媚，木客精，山鹞儿，备锹锄看槐根影形。（丑取锹上介）东人，东人，你常在这大槐树下醉了睡，着手了。（生）也说得是。且同你瞧去。（行瞧介）（溜）这槐树下不是个大窟拢？（掘介）有蚁，有蚁。寻原洞穴，怎只见树皮中有蚁穿成路还？（溜）向高头锹了去。（众惊介）呀！你看穴之两旁，广可一丈，这穴中也一丈有余，洞然明朗，原来树根之上堆着土壤，但是一层城郭，便起一层楼台，奇哉！奇哉！（丑惊介）哎也！有蚁儿数斛，隐聚其中，怕人，怕人，（生）不要惊他。嵌空中楼郭层城，怎中央有绛台深迥？（沙）这台子土色是红些。（觑介）单这两个大蚁儿并着在此，你看他素翼红冠，长可三寸，有数十大蚁左右辅从，余蚁不敢相近。（生叹介）想是槐安国王宫殿了。（溜）这两个蚁鲜蝉（yǎng）便是令岳丈、岳母哩。（生泣介）好关情，也受尽了两人恭敬。

（溜）再南上掘去。呀，你看南枝之上，可宽四丈有余，也像土城一般，上面也有小楼子，群蚁穴处其中。呀，见了淳于兄来，都一个个有举头相向的，又有点头俯伏的，得非所云南柯郡平？（沙）是贵治了。

【前腔】南枝堰，好路平，小重楼多则是南柯郡城？（生）像是了。（叹介）我在此二十年太守，好不费心，谁道则是些蝼蚁百姓？便是他们记下有七千二百条德政碑、生祠记，通不见了，只这长亭路一道沙堤还在。有何德政？也亏他二十载赤子们相支应。（丑）西头掘将去。（沙）呀，西去二丈，一穴外高中空，看是何物？（觑介原来是败龟板，其大如斗，积雨之后！蔓草丛生。既在槐西，得非所猎灵龟山平？（生）是了，是了。可惜田秀才一篇《龟山大猎赋》，好文章埋没龟亭，空壳落做他形胜。（沙）掘向东去丈余，又有一穴，古根盘曲，似龙形，莫不是你葬金枝蟠龙冈影？

（生细看哭介）了。你看中有蚁家尺余，是吾妻也。我的公主呵！

【前腔】人如见，泪似倾，叫芳卿恨不同棺共茔。为国王临并，受凄凉叫不的你芳名应。二兄，我当初葬公主时，为些小儿女，与右相段君争辩风水，他说："此中怕有风蚁。"我硬说："纵然蚁聚何妨？"如今看来，蚁子倒是有的了。争风水有甚蟠龙？公主曾说来，他说为我把蝼蚁前驱真正。（内风起介）（丑）好大风雨来了，这一科蚁子都坏了他罢。（生慌介）莫伤情，再为他绕门儿把宫槐遮定。（盖介）

（丑）盖好了，躲雨去。（众）不自逃龙雨，因谁为蚁封？（下）（内叫介）雨住了。（丑上笑介）好笑，好笑，孩儿天，快雨快晴。（瞧介）哎呀，相公快来。（生、沙、溜急上）你看这些蚁穴，都不知那里去了？（众惊介）真个灵圣哩。（生）也是前定了。他国中先有星变，流言国有大恐，都邑迁徙，此其验乎？

【太师引】一星星，有的多灵圣，也是他不合招邀我客星。（沙）可知道沧海桑田，也则为漏泄了春光武陵？（生）步影寻踪，皆如所梦。还有檀萝堑江一事可疑。（丑想介）有了，有了。宅东长堑古溪之上，有紫檀一株，藤萝缠拥，不见天日。我长在那里歇昼，见有大群赤蚁往来，想是此物。（生）着了。此所谓全萝道赤剥军也。但些小精灵能厮挺，险气煞周郎残命。（溜）那个周郎？（生）是周弁为将，他和田子华都在南柯哩。（丑）有这等事！（生）连老老爷都讨得他平安书来，约丁丑年和我相见。（溜）今年太岁丁丑了。（生）这是怎的？可疑，可疑。胡厮脛，和亡人住程，怕不是我身厢有甚么缠魂不定？

（沙）亡人的事，要问个明眼禅师。（丑）有，有。刚才有一个和尚在门首躲雨。（生）快请来。（丑出请介）

【前腔】（扮小僧上）行脚僧，谁见请？（见介）原来是淳于君有何事情？（生）师兄从何而来？（僧）我从六合县来。（生）正要相问，六合县有个文士田子华、武举周弁二人可会他？（僧）是有此二人，平生至交，同日无病而死。（生惊介）这等，一发诧异了。（僧）这中庭槐树掘倒因何？（生）小生正待请教。这槐穴中有蚁数斛，小生昼卧东廊，只见此中有紫衣人相请小生，去为国王眷属。一混二十余年，醒来一梦，中间他周、田二人在内。今闻师兄言说，知是他死后游魂，这也罢了。却又得先府君一书，约今丁丑年相见，小子十分犹疑。敢有甚嫌三怕九？怕今年遇丑逢丁。（僧）这等，恰好契玄本师择日广做水陆道场.你何不写下一疏，向无遮会上问此情缘？老师父呵，破空虚照映一切影，把公案及期参证。（生揖介）承师命，似盂兰听经，又感动我竹枝残兴。

（僧）这功德不比盂兰小会，要清斋闭关七七四十九日，一日一夜念佛三万六千声；到期燃指为香，写成一疏，七日七夜哀祷佛前：才有些儿影响。（生）领教。刚未审禅师能将大槐安国土眷属，髻度生天？（僧）使得。

【尾声】（生）尽吾生有尽供无尽，但普度的无情似有情，我待把割不断的无明向契玄禅师位下请。

空色色非空，还谁天眼通？

移将竹林寺，度却大槐宫。

## 【毛泽东评点】

### 满江红

### 和郭沫若同志

小小寰球，有几个苍蝇碰壁。嗡嗡叫，几声凄厉，几声抽泣。蚂蚁缘槐夸大国，蚍蜉撼树谈何易。正西风落叶下长安，飞鸣镝。

多少事，从来急；天地转，光阴迫。一万年太久，只争朝夕。四海翻腾云水怒，五洲震荡风雷激。要扫除一切害人虫，全无敌。

——《毛泽东诗词集》，中央文献出版社 1996 年版，第 135 页。

"大槐安国"是汤显祖《南柯记》里的故事。

——《毛泽东诗词集》，中央文献出版社 1996 年版，第 262 页。

## 【赏析】

汤显祖的"玉茗堂四梦"均取材于唐人传奇或《太平广记》所引录的笔记小说。《南柯梦记》的题材来源是唐人李公佐的传奇小说《南柯太守传》（见于《太平广记》卷四七五引《异闻录》，题《淳于梦》）。《南柯记》共 44 出，是明代著名戏曲家汤显祖的代表作之一。剧中的男主人公淳于梦曾以武艺任淮南军裨将，因使酒失主帅之心，弃官归里。他宅院里有一株古槐。一天，他在禅智桥边酒楼里喝醉，被僮仆扶归，卧于堂前东廊下。忽觉有人呼唤，原来是槐安国的使者，迎他去做驸马。数月后他任职于槐安国的南柯郡。任南柯太守的二十年中，他施德政，行教化，克己为民，兴利除弊，使得原先风气颓败、政事废弛的南柯郡，变成"雨顺风调"之地，呈现"民安国泰"的景象。因政绩卓著，淳于棼罢郡还朝，进居左丞相之职。公主死后，他身处的政治环境日趋险恶。右丞相妒他"威权太盛"，向国王进谗言。他自恃驸马的身份和治南柯郡的盛名，不再谨慎自律，以至放纵无度，终致被遣归家。淳于棼忽然醒来，环视四周，庭院、卧榻、持酒的僮仆、濯足的客人……一切如故；日正西沉，东窗下余酒尚温。美妻娇子，荣华富贵，赫赫政绩；世态炎凉，明争暗斗，恃宠骄纵……二十多年的欣喜悲哀，都留在南柯一梦中。他立即掘开古槐树根，见有大穴以及通往南枝的小穴，其中有形似城郭宫殿、土城楼台者，群蚁处其中，井然有序。方醒悟所谓槐安国、南柯郡者，即在此中。最终，淳于棼幡然醒悟——万象皆空。遂度脱众蚁升天，立地成佛。

　　"南柯一梦"故事的主旨不难理解，它生动地阐释了"人生如梦"这一中国文学历史上古老的主题。在古代文人笔下，以梦境喻人生，其意旨是否定向来被崇尚、追逐的修身养性、克己治国的人生目标的意义。这常常表现为两层含义，一是对达到这一目标之可行度的怀疑，二是对追求这一目标的价值的否定。唐代李公佐写《南柯太守传》，就是"假实证幻"（见鲁迅《中国小说史略》第九篇），表达了对追逐高官厚禄的蝇营狗苟之徒的蔑视和嘲讽。汤显祖采用这一故事创作《南柯记》，基本意旨没有改变。他在《南柯梦记题词》中说："嗟夫，人之视蚁，细碎营营，去不知所为，行不知所往，意之皆为居食事耳。见其怒而酣斗，岂不映然而笑曰：'何为者耶？'天上有人焉，其视下而笑也，亦若是而已矣。"应该说，共同的"人生如梦"的主题背后，是每个文学家及其个人化的人生感受和对现实的认识。《南柯记》以蚁国喻人世，剧中主人公最终断然唾弃尘世，是汤显祖弃绝仕途的决绝态度的写照。汤显祖早年与当时的大多数文人士子一样，饱学诗书，对科举入仕充满热情，对政治清明有热忱的期望和宏大的抱负。所以，他几次三番赴考，直到万历十一年（1583）得中进士。万历十九年（1591），其时他已在南京任职近十年，对官场的种种弊病耳闻目睹，如鲠在喉，不吐不快。被贬徐闻，后升任遂昌县令，这期间他还没有改变积极的人生态度。任遂昌县令（1593－1598）的五年，他实施以人为本的治理方针，创办学校，兴教劝学，扶持农耕，除夕纵囚，抑制

汤显祖

豪强，等等，赢得了遂昌人民的尊敬信任和长久爱戴。但是，他一己的自律奉公，忠于职责，影响、改变不了官场上钻营逢迎、倾轧构陷、营私舞弊、贪污腐败的风气。最终，他选择了放弃仕途竞逐，弃官回乡。所以，《南柯记》对人生如梦的慨叹，是痛切的人生经历带给他的，是以他一生的政治实践为沉重代价。表达的是看透世事后的愤懑、失望和无奈。长达44 出戏的《南柯记》，其中对于作为现实的影像的蝼蚁王国——槐安国及南柯郡，以及淳于棼在其中升迁沉沦的描写，表现出虚无的色彩。

我们选的《南柯梦记》卷下第二十出《寻寤》一出，写淳于棼被罢官还家时，与送行的两绛衣使者的对话，搬演了他梦中得官，招为驸马，出任南柯太守 20 年，备尝荣华富贵，及其被遣回原籍的全过程，简明扼要地叙述了全剧剧情。

毛泽东在他的《满江红·和郭沫若同志》一词中，用"蚂蚁缘槐夸大国"来化用汤显祖《南柯记》的故事，批评苏联修正主义者自夸为大国，攻击坚持马列主义的中国共产党，正像蚍蜉撼树一样谈何容易，充满了胜利的信心。


# 《紫钗记》 折柳


## 【原文】

（众随净上白）马来，（众同干念）

【金钱花】渭城今雨，清尘，清尘。轮台古月，黄云，黄云。催花羯鼓去从军，枕上别情人，刀头上做功臣。

（净白）俺乃玉门关外刘节镇老爷麾下领兵小将是也。只为吐蕃征战河西，军中少一记室，命新科状元李老爷为参谋，着俺领兵迎接。众将！（众）有。（净）速往灞桥伺候。（众）吓。（干念）枕头上别情人，刀头上做功臣。（众下）

（贴旦同上白）车来。（旦引唱）（金珑璁）春纤余几许？绣征衫亲付与。男儿河桥外香车，驻看紫骝开道路。

（贴白）郡主，前面已是灞陵桥。（旦）咳：那里是灞陵桥？分明是一座销魂桥也。（贴）郡主且免愁烦，老爷尚未到来，请郡主歇息片时。（旦）有理。（同下）

（众喝导引小生，丑随上，小生白）旌旗日暖散春寒，洒湿沙场泪不干。花底断肠人一刻，明朝相忆路漫漫。下官李益，名魁春榜，官拜翰林，奉旨往西镇参军，只为军情紧急，火速起行也。（众唱导小生唱）

【点绛唇】遑车容出塞荣华，这其间喝不到的灞陵桥。跨接着阳关路，后拥前呼。

（贴上白）老爷，请驻马，夫人在此送别。（丑）老爷夫人拉扺（dū）送别哉！（小生）咳，（唱）百忙里陡的个雕鞍住。（白）暂住头踏，（丑）吓，嗬，暂住头踏。（不应下）（丑上白）李郎。（小生）夫人，出门何意向边州。（旦）匹马今朝不少留。（小生）极目关山何日尽。（旦）断肠丝竹为君愁。李郎，前面已是灞陵桥，妾待折柳尊前，一写阳关之思。（小生）谢夫人。（浣纱）看酒。（贴）有酒。

（旦唱）[寄生草]怕奏阳关曲，生寒渭水都。是江干桃叶凌波渡，汀洲草碧粘云渍，这河桥柳色迎风诉。这柳呵，纤腰倩作缩人丝，可笑他自家飞絮飞难住。（小生白）想昨夜呵！

（唱）【幺篇】倒凤心无阻，交鸾尽不如。衾窝宛转春无数，花心历乱魂难驻。阳台半霎云何虑？起来鸾袖欲分飞，问芳卿为淮断送春归去。

（旦白）李郎，妾有珠珠干点，沾君袖也。（小生）咳。（旦）这泪呵！（接唱）（么篇）慢黯玄清白，残痕界玉姿。冰壶迸裂蔷薇露，阑干碎滴梨花雨，殊磬湿溅红绡露？怕层波溜益粉香渠。这袖呵！轻臕染就湘文筋。

（小生白）下官此去，不久就蹄，请止悲泣罢！（旦）李郎，可有甚言语嘱咐妾身？（小生）夫人吓，

（唱）【么篇】和闷将闲度，留春伴影居。你通心纽扣蕤蕤束，莲心腰彩柔柔护。惊心的衬褯微微絮。分明残萝有些儿，睡醒时，好生收拾疼人处？（虚下）

【毛泽东评点】

毛泽东在读顾名编《曲选》载此出时进行了圈点，在"旌旗日暖散春寒，洒湿沙场泪不干。花底断肠人一刻，明朝相忆路漫漫"和"极目关山何日尽""断肠丝竹为君愁"二句旁各点了两个小墨点；"是江干桃叶凌波渡"至"可笑他自家飞絮浑难住"各句旁各点了两个大墨点。

——《曲选》，光华书局 1933 年版，第 716—717 页。

【赏析】

《紫钗记》，共 53 曲，男女主角李益和霍小玉明显出自蒋防的传奇小说《霍小玉传》，但情节有很大改动。其情节是这样的：

陇西才子李益，游学长安，年过弱冠，尚未娶亲，便托鲍四娘为他寻佳配。四娘应诺，想到霍王府小娘霍小玉，年方二八，才貌俱佳，况四娘又是小玉的歌舞教师，便想将小玉介绍与李。她知小玉要在元宵节去观灯，便约请李益去约看。

元宵这晚，李益与崔允明、韦夏卿二友同去街上观赏。小玉和母亲郑六娘，丫环浣纱也来观灯，忽见前面有几个秀才，忙避开，不小心头上佩戴的紫玉燕钗挂在梅树梢上，被李益捡到。小玉发觉钗子丢失，忙来寻找，两人相见。小玉已从鲍四娘处听到过李益的诗才名，今一相见，更觉李益可爱，求还玉钗，李益推说让个媒人送还。

第二天，鲍四娘受四娘李益之托前去说亲。四娘手持紫玉钗，说李益托她来求盟定。小玉心中暗喜，推说需母亲定夺。郑六娘听了鲍四娘的话，又女儿不反对，也就应允了。良辰吉日，李益从崔韦二友处借了骏马、仆役前去与小玉拜了花烛。婚后二人情深意浓。

一天，书童秋鸿报说天子幸洛阳，开场选士。主仆二人立即准备行装，李益、小玉忍悲分别，山盟海誓，双双惜别。殿试发榜，李益高中状元，权贵卢太尉，专权当朝，欲从士子中选婿招赘。令士子们去太尉府进见。因李益不去卢府，太尉记恨，表荐李益去玉门关外随军参军，不得还朝。而李益不知，高中后便回长安与小玉相聚。这时使臣来报，令李益即刻去边关刘节镇处任参军，李益只得与小玉在灞桥折柳盟誓而别。

李益一路风尘到了玉门关外。节镇刘公济是李益朋友，知参军是李益，非常高兴。玉门关外有小河西、大河西二国，最近因受吐蕃扶制，正准备归顺吐蕃。李益下书二国，责二国归顺，否则就兴兵诛讨。又分兵截断吐蕃西路，使得二国来降。小玉自别了李益，日思夜想。李益也日夜想念小玉，画了幅《征人闻笛望乡》画并托人带给小玉。

卢太尉见李益因功受赏，又生一计，奏请皇上升李益为秘书郎，改任孟门参军，不准归长安，即去赴任。这时卢太尉正奉命镇孟门，李到孟门后，卢又要招李为婿。李推说已有妻子而未从。卢即派人送信给小玉，说李已招赘在卢府。不久，卢与李奉命还朝，卢把李软禁在卢府。小玉接到假信，十分伤心，怨恨李益薄情，但又不十分相信。为了寻访李益踪迹消息，家资耗尽，最后变卖了信物紫玉燕钗，恰被卢府买去。卢太尉得知此钗乃李、霍定情物，就命堂候官之妻扮作鲍四娘姐姐鲍三娘，向李益献钗。李益见钗大惊，鲍三娘却说小玉已另嫁他人，方变卖此钗。卢太尉趁机要李益以此钗聘娶他女儿，李益仍婉言回绝。

侠士黄衫客听说了李益负情、小玉病重事，慷然相助，要崔、韦趁牡丹花盛开之际，假称无相禅师相请，到崇敬寺饮酒。黄衫客持李益到霍府，使之与小玉相见，监督李益的卢府士兵无可奈何。李益、小玉相见后，始知一切都是卢太尉指使人所为。李益又给拿出玉钗，于是两人嫌疑冰释。李益把紫玉钗给小玉戴上。黄衫客又把卢太尉专权、李益和小玉受屈一事参奏主上，最后主上降旨：加封李益为集贤殿学士和鸾台侍郎，霍小玉为太原郡夫人、郑六娘为荥阳郡太夫人。

这里所选的《折柳》一出在舞台上经常演出，是叙述李益奉旨随征，霍小玉在灞桥饯行，着重地描写了夫妻间依依惜别的情愫，终于在三军催迫之下，无可奈何地登上征途，各自分别，十分动人。毛泽东读后，对李益分别时的一首诗以及互诉衷曲的两句对白都加了圈点，特别对霍小玉唱的［寄生草］一曲的优美唱词大加圈点，表示欣赏。

汤
显
祖

# 阮大铖

　　阮大铖（1587—1646），字集之，号圆海、石巢、百子山樵，桐城（今安徽枞阳藕山）人。明末政治人物、著名戏曲作家。以进士居官后，先依东林党，后依魏忠贤阉党，崇祯朝终以附逆罪罢官为民。明亡后，在福王朱由崧的南明朝廷中官至兵部尚书、右副都御史，与马士英狼狈为奸，对东林、复社文人大加迫害，南京城陷后乞降于清，后病死于随清军攻打仙霞关的石道上。所作传奇今存《春灯谜》《燕子笺》《双金榜》和《牟尼合》，合称"石巢四种"。

## 《燕子笺》　九折　骇像

【原文】

　　（旦代贴上）（一剪梅）

　　（旦）春来何事最朋情，

　　　　　花护金铃，绣刺金针。

　　　　　小樱睡起倚云屏；

　　　　　眉点檀心，香蒸擅林。

　　（贴）春光九十遇将零，

　　　　　半为花嗔，半为花疼。

　　　　　梁简赞燕藉星星，

　　　　　道是燕情，却是多情。

　　（旦）露湿晴花一苑香，小窗袅袅拂垂杨。

　　（贴）才看紫燕衔鹰粟，又听黄鹏叫海棠。

（旦）梅香！前日老相公与我供养的那幅观音像，许久怎不见院子送进来？想是未曾裱得。你可催他一声。浴佛日子将近，我要挂在小阁中朝夕供养。

（贴）晓得！老院公那里？

（末扮院子上）手持水月杨枝像，送与春香乏冠人。

（贴）院公！小姐教我问你，日前老相公吩咐你裱的观音像，可曾停当不曾！目下就要供养哩！

（末）裱得停当在此，正要交与小姐。烦你送进去罢！（贴接画送与旦介）

（旦接画介）收下了。叫院子去罢！

（末）理会得。（下）

（贴）梅香，这轴画不比寻常，乃是菩萨示现，须要虔净，你可焚起香来，待我先展看过，然后，供奉才是。

（贴）焚香开画介。（旦）骇唱：

（不是路）瞥见丹青，那里是宝月珠璎坐紫竹林？端详审，一艘帧。玉题金跋又把吴绫帧。点缀湘江幅幅裙，乔装诈扮多风韵，好似平康卖笑人。好奇怪！原来不是观音相，是那一家女娘的春容，胡乱拿来了。

（贴指画）小姐，你看那女娘同扑蝶的人，好不画的标致，

（唱）又有俊君郎，红衫翠袖肩相并。

（旦）羞人答答一个女娘家，怎么同那书生一搭儿耍戏？

（唱）那有这般行径？这般行径？

（前腔）（贴）水墨精神，也不像杨枝水月人。（背指飞云介）女儿身与毫端纸上相厮认（回身介）小姐，这画上的女娘呵！要与你差别些没半星。（旦再看介）只怕是那个谁手画的，偶然相像，未必有心。

（贴唱）分明甚？安黄点翠般般称，那里有没稿的庞儿信笔成。

（旦）呀！上面还落的有款，待我着来。（读）茂陵霍都梁写，赠云娘粧次。我秋波稔，图书一抹珊瑚晕。上有霍生名姓，又为云娘图赠。

（贴）也奇！也奇！怎生也叫作云娘？小姐！你看：（指画唱）

（红衲袄）你看他点眉峰螺黛匀，你看他露春纤约斜领，你看他满腮

窝红晕生，你看他立青苔莲步稳。要包弹一样儿没半星，逞风流倒有十分的可憎，可喜那寻花蛱蝶深深也——又一对黄鹂儿穿柳鸣。

（前腔）（旦）莫不是赚阳台行雨云，莫不是谎天台刘阮情，莫不是暂离了倩女魂，莫不是摹效了东家逞。怎生生的打合上卓女琴？教我暗煎煎难将这哑谜儿忖。自不曾在马上墙头也——露了红粉些儿一线春。梅香！本待要将这画，发与院子换才是。只是画得有些奇怪，待我再仔细玩玩。

（贴）不悄换得。小姐留了，当做自己春容正好。

（旦）只是多了一个人儿，恐爹妈看见，不当稳便。

（贴笑介）若与老相公、老夫人看，真个多了那个人儿。若是小姐自己看，只怕正好不多哩！

（旦）休胡说！（唱）东风暗与传春信，好撩拨心情难忍，且细问小阁窗纱勘笑嗔。

春风图画若为容，蒂笑含嚬不语中。

最是芳心那得是，梦魂应入百花丛。（同下）


## 【毛泽东评点】

毛泽东读顾名编《曲选》时圈阅了这出戏，并在"你看他点眉峰螺黛匀，你看他露春纤约斜领，你看他满腮窝红晕生，你看他立青苔莲步稳"四句旁各点了两个墨点。

—— 中央档案馆整理：《毛泽东评点诗词曲精选》，中国档案出版社 1998 年版，第 723—728 页。


## 【赏析】

《燕子笺》的剧情是这样的：大唐元宗年间，有个才子霍都梁，"貌赛潘安，满腹文章"，只是"双亲早逝，室家未偕，异地漂流，萍水游荡"。闻听长安开考，遂与猫头鼠眼的同窗鲜于佶一同前去取应。二人"宿水餐风，晓行夜歇；垂杨古道，接岸长桥"，到得京城，才知由于安禄山造反，考期延后。遂"轻风细雨梅花润，走马先过碧玉家"，到一个老相好青楼华行云处流连。行云是"门户班头，平康领袖"，有天然姿容。但是

"桃花薄命，流落青楼，心慕霍郎，私心暗约，欲托终身"，但是"交浅不敢言深"。一日"小雨初晴，瓶花香绽，明窗净几，甚是可人"，霍郎望着"流莺啼树，粉蝶过墙"，风景宛然如画，伴着这朵解语花儿，巧施丹青，把自己和行云共同入画，名曰《春容》，写赠行云，并让裱画匠缪继伶装裱。

本科主持科考是朝中礼部尚书郦安道，他有一女飞云，"性格贤淑，容貌俏丽，诗词歌赋，件件皆精"。一日收到一幅吴道子《水墨观音》画，也让缪继伶装裱。但是缪裱匠却是个酒鬼，把两家裱过的画送错了。飞云小姐看《春容》画中的女人"螺点眉峰，斜露笋指，满腮红晕"，犹如桃花一般立在苍苔上，"莲步轻移，逗着风流"，觉得怎么看怎么像自己一样，那个书生也让她"最是芳心那得似，梦魂应入百花丛"，遂取过一帧小小花笺写词一首："风吹雨过百花残，香闺春梦寒。起来无力倚栏杆，丹青放眼看。扬翠袖，伴红衫，莺娇蝶也憨。几时相会在巫山？丽儿画一般。"但是诗笺刚刚写好，就被梁上燕子衔去。

霍生错得到裱装过的吴道子真迹《水墨观音》，十分纳闷。因试期尚远，就去曲江堤上散步。看"春天景色，柳丝如金，桃颜似火，东风阵阵，满地落红"，忽然天上飞来一个燕子，掉下一片诗笺，正是书写自己画中情景，想象其中定有奇缘。科考后霍都梁感觉很好，但是被鲜于佶作弊，把他们卷子调换，设计把霍都梁逼走，冒名得到了状元。安禄山占领长安，飞云、行云都失散，后霍都梁计退贼寇，封为节度。二人也先后与霍都梁结缘，并揭露了假状元作弊情事，一封为诰命节度夫人，一封诰为状元夫人，"同等不分高下"，两全其美。

《燕子笺》一剧，通过书生霍都梁与青楼女子华行云，官府千金飞云的爱情故事，表达了要求爱情自由，追求个性解放，重视人的价值和尊严的思想，至今仍有价值。特别是燕子衔诗传情，虽有点匪夷所思、突兀生硬，但是设计纤巧、想象大胆，颇具诗情画意。因为，在明代的戏剧中，人物穿墙走壁、往仙返俗、狐鬼人形都亦无碍，所以一只有点灵性燕子更就不足为奇。另外，该剧曲词工丽流动，演出效果热闹生动，向为人们所称赏。

毛泽东圈阅这出戏，并对其中四句唱词加了墨点，表示欣赏。

# 吴　炳

吴炳（？—约 1647），字可先，号石渠，晚年又自称"粲花主人"，今江苏宜兴宜城镇人，明代末年著名的戏曲作家。

吴炳于万历四十七年（1619）中进士后，任湖北武昌府蒲圻县知县。他严谨执法，不徇私情，深得民心。后任江西提学副使，不久又调任工部都水司主事。这时，正值修建被烧的三殿，吴炳对工匠很体贴，关心他们的生活疾苦，深受工匠爱戴。在任福州知府时，福建沿海一带的刘香老为寇，扰乱沿海居民，十分猖獗。抚军熊文昆兵败舟焚，想没收外国商人的金银财物，作为赔偿这笔费用，嘱吴炳伪造外国商人的罪状，打入监狱。吴炳说道："杀人媚人，吾不忍也。"福建有个叫陈晃的人，因为向权贵行贿而得禄位的事败露，企图逃脱罪责，便托库使曾士高用千金贿赂吴炳，也被他严词拒绝。后来吴炳因看不惯官场中的营私舞弊，便托病告归乡里。

吴炳回乡以后，居住宜城南门外五云庄的"粲花别墅"，潜心诗文与戏剧创作。

崇祯年间，吴炳由大司马陆完学推荐，担任江西提学副使。在崇祯皇帝自缢之后，他便流寓广东。清顺治三年（1646）十月，永明王在广东肇庆即帝位，次年称"永历"元年。一月，吴炳被授为兵部右侍郎，从至桂林。二月被拜为礼部尚书兼东阁大学士（宰相），仍兼兵部右侍郎的职务。四月，随同永明王至湖南武冈地区。八月二十四日，听说清兵将到，便急忙和永明王一起奔向湖南靖州。当时情势十分危急，永明王命吴炳护送王太子到湖南城步，同往的只有吏部主事侯伟时。到达时，城池已经被清兵占领，稍战即为清兵所俘，因于衡州湘山寺。吴炳被俘后坚贞不屈，清顺治五年正月十八日，连续绝食 7 天而亡，年仅 54 岁。他在临终前写了一首绝命诗，诗中有"荒山谁与收枯骨，明月长留照短缨"之句。清乾隆四十一年（1776）赐谥"忠节"。葬宜城南门外山门村石亭埠，后人将他和族侄吴贞毓一道供奉在宜城西庙巷"二忠节祠"内。

　　吴炳为官清廉、忠贞，不仅喜好吟诗作赋，又爱好书法，尤其擅长编剧作曲，造诣精深，是一位杰出的戏剧家。我国著名作家、文学史家郑振铎在《插图本中国文学史》中称吴炳、孟称舜、范文若"同为临川派的最伟大的剧作家"。吴炳著有《说易》《雅俗稽言》《绝命诗》等，同时，还精心编撰剧本多种，尤以《绿牡丹》《画中人》《西园记》《情邮记》《疗妒羹》5个剧本最为著名，后人把这5个戏剧合称《粲花五种》（又名《石渠五种曲》《粲花斋五种曲》）。其中《绿牡丹》名列《中国十大古典喜剧集》，为越剧保留剧目，久演不衰；《西园记》为昆剧传统剧目之一，并相继与《画中人》搬上银幕。

# 《情邮寄》　三十八折　四和

**【原文】**

　　**【商调引子】【二郎神慢】**（旦）阑珊泪，午刺眼飞花盈砌。听彻夜风涛速岸卷，萧萧雨驿门空闲。杜宇声中春去矣！因甚事栖迟客邸？望白云迢迢俏息，瘦骨朝，消寒被。自从爹爹中途被劫，赴讯淮阳。只写的一封书。把母亲与奴家，寄在驿中居住。喜的赵家伯伯，相待甚好。只是爹爹去后；尚无音耗，好生放心不下。这亭子原是驿馆后屋，赵家伯伯因我们在此丞署浅窄，暂把亭前筑断，属之署中，不免闲步一回。（行介）

　　**【过曲梧桐满山坡】【金梧桐】**你看林青树叶肥，径紫花痕腻。（回顾介）只影随，身常则似人相尾，懒蔷薇露湿了鬓丝，睡荼蘼刺把那长裙系。亭左披，新垣跨小池。则怕皇花好梦春风递，惊听流莺隔短扉。

　　**【山坡羊】**依稀，柳青青似旧垂；悲摧，路荒荒独自归。（看诗介）呀，这首诗儿，我只和得四句，谁人又续上四句（念，介）

　　**【金梧落五更】**他情词更怆悽，点化多风致。这个笔迹，似那里曾见来。眼底心头，忽忽如相识。待我仔细认一认。端详这就里。

【五更转】为甚的荆布能安，珍珠难慰？待我仔细认一认。哦，是了是了。是紫箫所题。痛杀杀，诉出他，愁和气，再三回读声随涕。（泪介）见此诗如见紫箫矣。我与你许久暌违，邮亭乍对。

去年紫箫夫妇远来，爹爹不肯认亲。仓卒之间，未曾问得他丈夫姓名。后来梦见紫箫，执笔补和，奴家阻之。他说："刘郎的诗，你和的，偏我和不得。"今至驿馆，字画宛然。紫箫，你敢真盼上刘郎也。

【莺啼春色中】【莺啼序】娇多女伴常带痴。不细问因伊，但逢人韵格相宜，默地里暗许心期。便是这刘郎的诗呵！酸酸大何堪啜眛？还不许我一人憔悴。咳，若果然是紫箫，我也不怪你。

【绛都春序】怜才同意，惟愿我两人呵？萍踪再合。似诗成头尾。（又看介）原来他又和一首。怎么说梦回荒塞？我想紫箫是水路去的。未必上驿。且他行在先，何以属和反后？天下手笔，多有相像。恐怕也未必是他写的。待我另和一首，消遣则个。（题介）憔悴支离剩此身，穷途有泪向何人？深情一见魂应死，败笔重扪句未尘。破梦更添今夜雨，伤心不异去年春。金钗点尽无梳洗，惟有青山似我贫。（自念自哭介）

【猫儿坠桐花】【猫儿坠】送春风雨，偏向驿亭飞。母子茕茕坐悽悽，家乡有路也难归。

【梧桐花】看往迹闲题总是泪，愁心进却情腔碎。

母亲独自在房，切去慰伴。正是——不如意事常八九，可与人言无二三。（下）……

## 【毛泽东评点】

毛泽东读顾名编《曲选》时圈阅了这出传奇，并在"憔悴支离剩此身，穷途有泪向何人？深情一见魂应死"三句各旁点了两个墨点。

——《毛泽东读诗词曲精选》，中国档案出版社1998年版，第308—311页。

## 【赏析】

吴炳是临川派杰出的剧作家。日本戏剧理论家青木正儿称他是"汤显祖后第一人"，李渔说他的《粲花斋五种曲》"皆文人最妙之笔也"。

《情邮寄》是吴炳的著名传奇剧本。有明刊本，《古今戏曲丛刊》据以影印。该剧写书生刘乾初路过黄河驿站，题诗壁上。有通判王仁之女慧娘，随父上任，途经驿站，深爱此诗，援笔和之，诗成半首，其母促行而止。不久，又有女子贾紫箫路过，将慧娘之诗补足。慧娘见紫箫和诗后又和一首，连同刘乾出的题诗，共唱和四次，故为四和。本折所写即慧娘第二次和诗。后来刘乾初再过此驿，看见诗句，到处寻访和诗的两位女子，终与她们相见，结为婚姻。

　　慧娘第二次和诗的前三句"憔悴支离剩此身，穷途有泪向何人？深情一见魂应死"，抒情真挚，生活气息浓郁，颇为感人。毛泽东读时在每句旁各点了两个墨点，表示欣赏。

　　近代戏曲评论家吴梅认为《情邮传奇》不仅"为石渠之冠"，而且"亦为明代各传奇之冠"。这个评价并不过分。但毋庸讳言，吴炳的作品描写的是才子佳人，格局小，格调不高，因而在文学史上没有他的地位。

　　《情邮寄》是吴炳留给我们的唯一的理论遗产。透过《情邮说》，我们可以了解吴炳的艺术主张，发现《情邮寄》与汤显祖"情至"观念的继承关系。

吴
炳

# 尤侗

尤侗（1618—1704），明末清初著名诗人、戏曲家，曾被顺治誉为"真才子"，康熙誉为"老名士"，字展成，一字同人，早年自号"三中子"，又号悔庵，晚号良斋、西堂老人、鹤栖老人、梅花道人等，苏州府长洲（今江苏苏州）人。于康熙十八年（1679）举博学鸿儒，授翰林院检讨，参与修《明史》，分撰列传300余篇、《艺文志》5卷，康熙二十二年（1683）告老归家。康熙四十二年康熙南巡，得晋官号为侍讲，享年87岁。侗天才富赡，诗多新警之思，杂以谐谑，每一篇出，传诵遍人口，著述颇丰，有《拟明史乐府》100首、《外国竹枝词》100首及《土谣》10首，歌咏明代史事，描述清初交往各国和边疆各少数民族的生活习俗，同时吸收了乐府民歌的表现手法，清新风趣，别具一格。尤侗亦能词曲，著有《百末词》6卷，自称是"《花间》《草堂》之末"；又有《钧天乐》《读离骚》《吊琵琶》《桃花源》《黑白卫》《清平调》等杂曲传奇6种，汇入《西堂曲腋》，在当时流传颇广。尤侗著作浩繁，大都收入《西堂全集》61卷和《余集》共135卷中；"著书之多，同时毛奇龄外，甚罕其匹"。另有《鹤栖堂集》诗、文各3卷，是晚年作品。由于《西堂杂俎》乾隆时因"有乖体例，语多悖逆"，被列为禁书，所以其集《四库全书》不收。

## 《钧天乐》 诉庙

【原文】

（净旦同上）（净唱）【点绛唇】屈陷英豪，雄心未了！（旦）神灵杳，（仝）情义难抛，旧恨乌江道。

（净）气盖乾坤力拔山，美人劝酒舞云鬟。长陵坏土今何在？独跨乌骓出汉关。孤家乃西楚霸王项羽是也。勇无人敌？气尽天亡。俺因心中不忿，上诉天庭：敕我永镇江东，遗庙在淮南之地，一方血食，千载神游，骓马常伏阶除，虞姬仍侍帷帐，虽死之日，犹生之年矣。早间出庙游玩，望见怨气冲天。有一秀才策蹇而前，急急奔俺庙中而来！吓，美人。（旦）大王。（净）我与你坐以待之，看他来时有何言语？（旦）大王之言有理。

（小生上）咳【醉花阴】可叹俺万里孤身长流落，恨悠悠天荒地老。重策蹇返江皋。战西风木叶萧条。（鸦叫介）呀，又听得趁斜阳乌鸦叫。嘎哨，过野店，渡溪桥。咦，早只见一座青山藏古庙。此间有所枯庙，上有匾额，待我看来。"西楚霸王庙"嗄！原来项羽之庙，也罢！待我进去瞻拜一番。有何不可。（进介）吓，阿呀，大王呀，（长尖）大王你是千古英雄，神灵如在，听沈白一言拜告。

【喜迁莺】俺只见雕梁画桷，俺只见雕梁画桷。闪灵旗香火飘飘飖；英也么豪？可许俺寒儒相吊。只怕他土木形骸虚画描。嗳呀，图醉饱，常只是暗呜叱咤，不听俺叹息号啕，不听俺叹息得这嚎陶。吓，大王，你若无知，也不该享此白食。你若有知，可见我沈白才高志大，运蹇时乖，四海（不）知，一身将老。你也该怜念我了嗬为一字（niā）！

【出队子】谁似俺高才年少，抱经纶，困草茅，只堪痛饮读离骚，直欲悲歌舞佩刀。大王呵，您辜负那诗书冤不小。呀！怎么问了一回，没有一言回答，我想昔日李药师入华山庙庙，大言道：若三问不答，那时节斩大王之头。今日沈白之才，亦不减李靖。大王之灵验，岂让华山，你为何顽钝至此。嘎！

【刮地风】嗳呀，可笑你假痴呆没解嘲，待打碎他白马青袍。且住，我想神是泥塑木雕的怎能会讲得话？阿呀，倒是我差了。难道是石人土偶能说笑，反变了木客山魈（xiāo）。说且世人梦梦，然然呼之不灵。何况他是个傀儡，只是我沈白呵！活世界无门恳告；死傀儡何法推敲。想大王必竟是灵的，可知你心暗焦，气正嚣。也相怜同调。只教俺泪轻抛，首漫搔，放着这闷葫芦独自魂消。咳，不药说我沈白沦落不遇。就是大王当

尤
侗

初，与八千子弟波江而来。人秦朝，破赵壁，掳齐王，走汉军的时节，这等气概，何等威风？那知到了垓下身亡，乌江自刎，反让沛公享四百年的基业，岂不可恨，岂不可叹！

【四门子】你入秦关烧破了咸阳道，你入秦关烧破了咸阳道。救邯郸受六国朝。彭城鏖战兵非弱，谁料得走乌江，没下梢。楚军尽逃汉军又挑，悔不向鸿门把玉块了。吓，大王，你是盖世英雄，如今安在？嘎！骓兮正骁，虞兮尚娇，呀，怎重见江东父老。

吓，大王，大王，咳，想大王之英雄，不能取天下；沈白之文章，不能成进士。古今不平，孰甚于此。（神哭介）呀，你看大王哭起来了。阿呀，虞姬娘娘也掉下泪来了。吓，阿呀，大王，娘娘，呀！

（哭介）【长尖住】【水仙子】呀呀呀猛叫号，呀呀呀猛叫号。看看看，看雨目重瞳血浪浇嘶嘶嘶，嘶断了骏马金镳，啼啼啼，啼湿了美人舞草。听听听，听楚歌声气未俏，恨恨恨，恨不酬（chóu）苦功，剩剩剩，剩三尺空祠背汉朝，叹叹叹，叹英雄失路愚夫笑。嘎唷，哭了一回，神思困倦。也罢，不免就再神案前睡片时，再作道理。笑笑笑，笑场头落魄似吾曹。（伏睡介）

（净）美人，（旦）大王。（净）吾听沈白之言，为之气塞。追思往事，孤家不免痛哭起来。（旦）咳，正所谓同病相怜，使妾闻之，亦然下泪。（净）俺如今唤醒他来，嘱咐一番，（旦）有理。（净）吓，沈生，沈白，蒙君感吊，使我心伤。只是你曲高和寡，学广知稀。人世科名，岂由得你？待我奏闻上帝，召试登庸，自有显耀。汝可作速归家，休得留滞于此，吾神去也。正是！英雄有泪嗟何及？天地无情吊岂知？（同旦下）

（小生）呀，好大奇怪？我方才睡去，分明神灵嘱咐道，叫我作速归家，以待上帝召用，虽则难以深信，不免拜辞而去。咳，丈夫漂荡今如在，一曲长歌出楚关！大王在上，弟子沈白拜辞去也。

【煞尾】你看扑簌簌余泪神衣落，暂相逢聊解牢骚。大王吓，还借你一阵雄风送俺到江上棹。（下）

【毛泽东评点】

毛泽东读顾名编《曲选》时圈阅过这出传奇，并在“英雄有泪嗟何及？天地无情吊岂知”二句旁各点了两个墨点。

——《毛泽东评点诗词曲精选》，中央档案出版社1998年版，第744页。

【赏析】

尤侗的《钧天乐》，传奇剧本，上、下本，32曲，自记写于清顺治十四年（1657）。

其剧情是这样的：沈白字子虚、杨云字墨卿，文才出众，学富五车，上京应试，落第而归，不学无术的贾斯文、程不识、魏无知，却因贿赂托情，名列前茅。忽逢兵乱，扬云夫妇双亡。沈白上书揭发科场作弊，受到打击。他偶过项王庙，在神像前痛哭，发泄抑郁气愤。回家后祭送穷神，焚烧诗稿，郁郁而亡。灵魂升天，文昌帝君召试，沈白中天榜状元，杨云中榜眼。帝君赐宴蕊珠宫，命乐部奏《钧天广乐》予以庆贺。沈、杨二人巡按地府、四海及九州，功名姻缘皆得圆满。

剧作对科举弊端有所讽刺。顺治十四年（1657）“丁酉南闱科场案”就是一次最大的科举风潮。此剧写于这年秋天。有人以为剧中沈白故事即作者的自我写照。第四出“场规”考官说：“要关节小心，今年第一是贾老师的世兄，吩咐要中状元，这是应该的；其二有程徽州家，送我珠子五十颗；其三有个姓魏的，送我金子五百两，这又是奶奶收入。”行贿中举有钱有势高中，贫穷书生落第。考试结果，“生性顽劣，游荡无常”的魏无知廷试第一甲第二名，有才的沈白下第，“功名不就，家室成虚”。

世间不平，作者理想寄托在“天试”。沈白获天试第一甲第一名，“宫花锦袍，走马游街”，王母为沈白、魏寒簧特奏天庭，庆贺团圆。人间腐朽，天界清明，相比之下，是非分晓。魏寒簧“天姿国色”，本欲与沈白为偶，因沈白坎坷，不能成婚，“一病而亡”，“婚帖刚来，讣音随至”，“断肠哀怨，触目凄凉”。后因地府不收她，渡海来瑶台。几经波折，最后与沈白“奏婚”。可见，她对爱情执着。开场有沈白懊恼文字，收场有李贺快活文字，首尾对比呼应，意味不凡。词曲酣畅，格调明快。但个别情节不免敷衍，有失简洁。

自从隋唐建立、健全了科举考试制度以后，封建文人信守不渝的"学而优则仕"的古训，就具体化为学而优则科举了。科举是个龙门，跳过它，就前途无量，富贵荣华；跳不过，就终生潦倒，穷愁落魄。这就造成了封建文人对科举制度既憧憬、热望，艳羡，又怨恨、诅咒的矛盾心态。切身的利害关系，使他们之中只有极少数人能够冷静地反思这一制度自身的利弊，而绝大多数人却"只缘身在此山中"，而"不识庐山真面目"，沉溺于这种矛盾心态而难以自解。清代顺治年间尤侗创作的《钧天乐》传奇，就是封建文人，尤其是明清两代文人对待科举的矛盾心态的形象写照。所以这是一部讽刺现实的力作。

毛泽东读顾名编的《曲选》时圈阅了这出传奇，并在表现真情实感的"英雄有泪嗟何及？天地无情吊岂知"两句旁加了两个墨点，表示欣赏。

# 邱　园

丘园（1616—？），字屿雪，常熟人，清初戏曲作家、画家、诗人。隐居坞邱山，自号坞邱山人。从事戏曲写作和绘画。所作传奇有九种，现存《御袍恩》《党人碑》《幻缘箱》等三种和《虎囊弹》（一说朱佐朝）中《山门》一出。

## 《虎囊弹》　山门

**【原文】**

【点绛唇】树木槎枒，峰峦如画，堪潇洒！是没有酒喝，咻；闷着杀洒家，烦天来大。

（归位）削发披缁改旧装，杀人心性未全降。生平那晓经和忏，吃饭穿衣是所长。洒家鲁智深，自从拜了智真长老，剃度为僧，将近这么一载。俺想往常间，那大碗的酒、大块的肉，每日不离于口。如今受了什么五戒？弄得身子瘳瘦，口内淡出鸟来，如何挨得过这日子。我想就做了西天活佛，也没有什么好处？咳，不免离了这可厌的山门，往山下走一回，有何不可。呀，你看云遮峰岭，日转山溪，那五台山好景致也。

【混江龙】怎怎看那朱垣碧瓦，梵王宫殿绝喧哗，郁苍苍虬松罨画。（鸟声）

（笑介）唅听，听吱喳喳古树栖鸦，怎看那伏的伏、起的起，斗新青群峰相迓。那高的高、凹的凹，丛暗绿万木交加。遥望着石楼山，雁门山，横冲霄汉；那清尘宫，避暑宫，隐约云霞。这的是莲花拥定法王冢，说什么袈裟披处千年话！咳，好叫俺悲今吊古，止不住愤恨嗟呀。

（丑内）卖酒吓？（净）咦咦咦，哈哈哈，阿呀妙吓！酒家正在口渴，那山底下有一个卖酒的来了。看他挑到那里去卖，（丑上）【山歌】九里山前作战子个场，牧童拾得旧刀枪。你看顺风吓吹动子乌江里个水吓！好似虞姬别霸子个王。卖酒吓！卖酒吓！（净）卖酒的，你好么？（丑）我好个，师父好。（净）好，好。哈哈哈，你歇歇再走。（丑）挑上山来，吃力得紧，是要歇歇罢。（净）卖酒的，这两桶可是好酒。（丑）直头好个。（净）挑往那里去卖？（丑）挑到山浪去卖。敢是卖与那些和尚们吃的。（丑）卖拨个里做工人吃个。（净）就卖些与和尚吃了何妨？（丑）动也动弗得。（净）为何？（丑）师父仍弗晓得，我里领子老和尚个本钱，任了任个房子。若是卖酒拨和尚们吃子，俚晓得了，立刻追本钱，赶出屋，这要叫师父罢顶香来罚跪。（净）我家老和尚这等厉害？（丑）厉害得紧。（净）吓，哈哈哈，（丑）啥个兑子酒能个欺喜。罢出家人，是戒酒除晕个哟。（净）吓，哈哈哈，卖酒的！（丑）那哼！（净）

【油葫芦】俺笑著那戒酒除荤闲嗑牙，做尽了真话靶。他只道草根木菜味偏佳，全不想那济颠僧他的酒肉，可也全不怕。弥勒佛米汁贪非诈。

（丑）济颠僧，如来佛，才是金身罗汉，叼个酒肉和尚罗里学得来！罗里攀得来。（净）咱偏要学他。（净）咱偏要学他。（丑），学末哉！学末哉！（净）卖酒的你过来。（丑）来做啥？（净）。咱囊头有截衬钱，（丑界）让我摸摸看，吭，现买怎那不须赊。（丑界）老和尚晓得了，要打要骂个。那里管西堂首坐迎头骂。卖酒的可不道解渴胜如茶。

（丑）茶，原来叼口渴哉。（净）口燥，（丑）山脚底下，有碧清生清个山涧水，叼捧雨口吃子末，就解子渴哉，（净）卖酒的，你卖不卖？（丑）我个酒弗卖个，有个多话鲁酥。（净）不卖挑著走。（丑）自然走，弗见得打铺，住夜个。（净）希你娘的罕，（丑）你见娘的鬼。（净）走。（丑）走末哉。出家人火性还分退个来。卖酒吓！（净）也汰。（丑）阿呀！啥个意思，勿许我拉个搭走。山浪是百脚路，路路通个，我就登拉革答走末哉？卖酒吓！（净）吓哈哈哈，（丑）阿豹！青天白日，彭著子鬼打墙哉。乃到底要那哼？（净）卖酒的，你歇下来。（丑）弗歇。（净）咱偏要你歇下来。（丑）阿——哇，歇末哉歇末哉！（净）卖酒的，你卖与酒家吃的好。（丑）弗卖拨叻吃革妙。（净）你敢说三声不卖！酒家就放你过去。（丑）酒是一字说三声，就是三千三万声，由得我说。（净）你讲，（丑）勿卖，勿卖，直头勿卖。（净）咏呔，（抢酒吃介）外和，外和，外和。（净我个，嬲和尚拉里抢酒吃。（净）拿去，（丑）干。（净）卖酒的！你还不卖？（丑）弗卖个。（净）偏要你卖，也呔！（抢第二桶介）外和，外和，外和。（丑）呵唷，亦是一式。（净）拿去。（丑）照杯。吃得干干净净。（净）好酒，吃得爽快，不免回去罢！（丑）师太嬲走，擎酒钱来看。（净）方才你说不卖，如何又要酒钱？（丑）方才酒拉我个桶里，个歇酒到了叻肚里去哉！那哼嬲酒钱。（净）明日到寺中去取。（丑）寺里向和尚多将紧，六里搭来寻叻！（净）卖酒的，你只当斋了僧罢！（丑）唉，即有豆腐面筋斋僧，呒不奢酒肉斋僧个。（净）卖酒的，你不知酒肉斋僧，功德最大。阿弥陀佛！扰了扰了。（丑）奢个扰了扰了，拿铜钱来看。（净）你当真要酒钱，先吃洒家一拳，（丑）对手，酒吃完了到要豁起拳来哉，嘎，酒钱是拿弗着个哉，来拿俚寻寻开心着哙。师太酒钱未嬲哉，叻张开嘴来，不我看看看。（净）哈哈。（丑）嗯（ó）唷，通阳沟个。（下）（净）打打，哈哈哈，阿呀妙吓，洒家正在口渴之际，这两桶酒，吃得俺好不爽快，不免回寺去服！呀，来此已是半山亭了。且住！洒家自到丛林，不曾耍拳。今日趁此酒兴，使他几路拳顾，把身子活动活动，有何不可？（跳判）（内应摊亭声）呀！洒家把脚尖略动了这么一动，那亭子就摊下半边来也。

【天下乐】只见那飘瓦飞砖也那似散花，差也不差，直凭哗，呀，却便是黄鹤楼打破随风化。守清规浑是假，一任的醉由咱。阿呀，酒涌上来了，哈哈，也罢，须索去倒禅床瞌睡耍。

（丑下）事不关心，（付上）关心者乱。师弟山门口六里贼介一响，倒子这个哉！（净）弗差个，我拉浪打磕儿，不俚唬告个。阿呀，弗好哉，叻看鲁智深吃醉子，拿个半山亭才打摊哉。我答叻关子山罢。（付）有理个。（关门鸣钟敲鼓）（净上）呀！

【哪吒令】听钟喘鼓挝，咏，恨禅林尚遐。把青山跳踏，似飞归倦鸦。醉熏熏（醺醺）眼花，任旁人笑咱。才过了碧峰尖，呀，早来到山门下。阿吓，天色尚早，为何把山门多闭上了。这些鸟和尚，多是不中用的。只好受闭户得这波喳。吥，开门。（丑）开弗得个。（净）你不开，待洒家取把火来烧。烧烧烧。（付）弗好哉，开了里罢。（去拴介）（净）你当真不开，洒家就打。（跌介）（付）跌杀吖个温贼秃。（净）汏，我把你这两个鸟和尚，（丑付）吾里弗鸟豌，（净）洒家倒在地下，不来扶一扶，反在那里犯锥？（付丑　六个六个骂吓）吾里位里念佛。（净）念什么佛？（丑付）南无阿弥陀佛。（净）南无阿弥陀佛。（丑付）阿——哇，（净）这两旁鸟大汉是谁？（丑）个是哼哈二将。（净）何谓哼哈二将？（付）个哼将军，专管和尚吃酒，鲁智深，鲁智深，吃醉子酒打山门，剥吖皮来抽吖筋。（净）那呢，（丑）哥哥哈将是个好人，说道，哈哈哈，且由他，做什么死冤家，希松百茄。（净）原来他们有些恼着洒家。（付丑）恼得紧罢。（净）和尚把山门大栓抬过来。（丑付）吓，（净）吥，你这鸟大汉，洒家倒在地下，你扶也不扶，反在那里哼著谁来，又哈著谁来。

【鹊踏枝】觑着伊，挂天衣，剪绛霞，毗罗帽压金花。他说什么护法空门，与那古佛排衙？俺怪他有些装聋作哑。又怪他眼睁睁、笑哈哈，两眼儿瞧著咱。（众上打净）净挡众下。（外上）哆，智深休得无理。（净）阿呀，师父，弟子被他们打坏了。（外）这五台山千百年香火，被你搅得众僧卷单而走。你在此住不得了。我有一师弟，现在东京大相国寺住持，你到彼讨个执事僧做罢。（净）你不用弟子了？（外）不用了。（净）真个？（外）真个。（净）果然？（外）果然。（净）如此弟子就此拜别。

【寄生草】漫拭英雄泪，相辞处士家。且住，想俺当日打死了郑屠，若非师傅相救，焉有今日，师父吓！谢凭个慈悲剃度莲台下，没缘法转眼分离乍，赤条条来去无牵挂，那里讨烟蓑雨笠卷单行，敢辞却芒鞋破钵随缘化。

（外）我有书信一封，白银十两，你可收去。（净）多谢师父。还有偈言四句，听者！"逢夏而禽，遇腊而执。听湖而圆，见性而寂。"你牢牢记者。（净）弟子谨记偈言。（外）你去罢！（下）师父，师父，阿约，师父竟进去了，不免下山去罢！

【尾】俺只得拜别了老僧伽，收拾起浮生话。俺老和尚是好人，又与我十两银子。好向那杏花村觅些酒水沾牙，免被那腌臜秃子多惊讶！俺如今不是五台山的和尚了。早难道杖头的沽酒也不容咱。走，走，走，吓哈哈哈。（下）

**【毛泽东评点】**

毛泽东读顾名编《曲选》时圈阅了这出传奇，并对【点绛唇】【混江龙】和【寄生草】三支曲子多数句读画了大墨圈。

——《毛泽东评点诗词曲精选》，中国档案出版社1998年版，第759—767页。

**【赏析】**

《虎囊弹》传奇剧本。清初丘园作，一说朱佐朝作。全本未见流传。据《曲海总目提要》所载，为取材小说鲁智深救金翠莲等故事并有所发展而成。

鲁达原是经略府提辖，一日与李忠、史进在潘家酒店吃酒叙谈，听到隔壁阁子里有啼哭声，经盘问方知原来是东京金老汉和金翠莲父女，来渭州投奔亲眷不遇，翠莲母亲又在店中病故，父女遂流落于此。此地卖肉的郑屠，因有钱有势，号称"镇关西"，见翠莲有姿色，强媒硬保、虚钱实契，娶了回家。不想郑屠正妻将翠莲赶出，又着店主人家追要典身钱三千贯，金老当初不曾得一文，自无钱偿还，只得让翠莲唱些小曲以度日。鲁达闻知，大怒，次日径去状元桥，三拳打死了"镇关西"，到五台山削发为僧，赐名智深。后翠莲之夫赵员外被花子期诬告窝藏鲁智深而被捕入狱。翠莲投诉经略种师道。谁知经略府有陋规，告者要先受一百虎囊弹，能不惧者乃准诉。金翠莲甘受弹，中军牛健知其有冤，乃受状，其夫终得放出。昆剧折子戏《醉打山门》即出于此。

1920年上海大东书局出版《曲海总目提要》说。剧中前半部分关目与《水浒传》有关情节相似，敷演金氏为郑屠逼害，鲁智深放走金氏，手毙郑屠，而后遁逃。金氏嫁给赵员外，鲁智深避难，与金赵相遇，居于其家．后又到五台山出家为僧。后半情迹，与传（《水浒传》）大不相同，

邱园

其略云：赵员外为仇人花子期诬作通梁山贼，已定案矣。其妻金氏诉冤于种师道，其中军牛健出令，凡诉冤者悬于竿上，弹以虎囊弹一百，能不惧者，乃是真冤。金氏愿受弹不惧，健知其冤，为投状于师道，乃谳出真情，出赵员外之罪。故标三字为题也。作者未详。按鲁智深出身提辖，本是种经略部将，以金氏之故，三拳打杀镇关西，亡命于外，投入空门，不改故态。其于汴京大相国寺醉打山门、倒拔垂杨及卷金银器皿滚下桃花山，只身提禅杖打二龙山皆足耸人观听。此剧敷演赵员外及金氏事，以金女本智深所救，故首尾用为线索。然命题之意，以虎囊弹为主，则非专为智深也。

该剧写鲁智深酒醉后，打坏山门，大闹五台山，然后被迫离开五台山的一段故事。这支曲子是鲁智深与师父拜别时所唱，表现了鲁智深豪爽、粗犷的性格。《红楼梦》第二十二回中，人们称赏《山门》这出戏"排场又好，词藻更妙"，并举出《寄生草》这支曲子，说它"铿锵顿挫，韵律不用说是好的"。贾宝玉听了，"喜得折膝画图，称赏不已"。贾宝玉还常用"赤条条来去无牵挂"，表达自己的襟怀。可见，这出戏影响很是深远。

所谓"虎囊弹"是指作为武器的弹丸．也叫弹珠。"弹"字应读作dan。"虎囊"云云．当是武将的用物．犹如勇士的帽子称作"虎冠"。武将的营幕称作"虎账"一样。

现代曲论家赵景深《读曲小记》中说：

"大意叙郑屠娶金翠莲为妾，言明三千贯身价，实是虚钱实契，金氏父女并未得到分文。因郑屠妻凶悍，郑便要遣妾，还要追身价银。事为鲁达所知，便打死郑屠逃走，官府画影图形，要捉鲁达。金氏改嫁七宝村赵恺。恰巧鲁达逃到七宝村，由赵恺夫妇留住，并设法使其往五台山出家。后赵恺好友花子期因调戏金翠莲不遂，便出首告发赵恺窝藏斩犯。赵恺因此入狱。金氏想，此事完全因她而受连累，便自告奋勇，与女仆赵妈妈，远涉千里，到种师道总制府去告状。她俩先请荷叶包写诉状，荷叶包一听说要到总制府去告状，便说"凡是告状之人，当堂击鼓，拦街叫喊者，先提代书人捆打一百。那告状人不能免虎囊弹之难。那牛总兵最恼的是刁泼叫喊之人，为此在辕门上高高搭起芦棚，三股木杈，四绺绳头。有人投诉，犹如鹰拿燕雀，剥去衣裳，紧紧上下捆定，吊上竿头，扯起在青云之内。两旁站立四十名无情牢子，腰下各挂小小虎囊一个，囊内装着生泥抟、炉内烧成的神弹子，大如核桃。那牛总兵喝声放弹，只听得乒乒乓乓、噼噼啪啪，望着高竿，不管死活，一顿狠弹，弹不着者，千中难一；弹着者，十死其九。放过四百余弹，然后放下来，有命的收状，无命的抬出。"（第十八出）结果是荷叶包不肯代书，金翠莲便自写血书去告，赵妈妈被缚高竿，中弹未死，便准了状词。这就是《虎囊弹》的来历。

毛泽东对这出戏中的三支曲子多有圈画，表明他的喜爱。

# 王蕴章

王蕴章（1884—1942），字莼农，号西神，别号窈九生，南社剧作家。

## 《霜华影》　哭陵

**【原文】**

（小生骑马上）大江东去日西斜，王气钟山暗暮霞。起舞吴钩人不识，秋魂红入海棠花。我阳湖冯竟任是也。日前来金陵应试，埋没屠龙伎俩，追随画虎生涯。为此寂寂，辄呼负负。幸与隔寓梁溪秦剑霜相识。酒龙诗虎，同怜抑郁之才。快马健儿，别有慷慨悲歌之气。论文谈道，朝夕不离。今日造访不值，待我策马追随便了。（骑马下）

（生骑马上，奚肩肩祭具随上）

**【仙吕引子】【醉落魄】**西风残照，愁如织乱山烟锁。冬青一树真龙蜕。玉雁金鱼，何处托微波？小生秦剑霜，心存万里，才捷三叉，龙性难驯，蠖居暂居。今当壬寅补行庚子辛丑乡试之年，老母在堂，荆妻劝驾。秋风扑面，忙争槐里之黄。春水蒙心，净愧草庐之素。今日喜得同伴诸人，都往夫子庙前，置办考具去了。暗独自带领奚童，策马到此。拟往明太祖陵上，祭奠一番，以消我胸中郁闷。咳，请看今日域中，竟是谁家天下？我秦剑霜满腔血泪，只索洒上苗孝陵一抔土也。（行介）来此已是。（仙吕过曲）（二犯桂枝香）荒台半座，青麟倒趴，寻不出汉代威仪，总只为国亡家破。（起立介）你看颓垣断瓦，衰草粘人，赏殿无存，堕宫半圮，好不伤感人也。悲么！招魂问魂魂奈何，寻春望春春不多。哭沧桑人一个。（行上高冈介）这是钟山之麓介，待我登高凭吊把酒一问青天何如？曲曲谁和？天风玉珂，残碑泪堕，飞花逝波，算兴亡听唱秋坟鬼，问富贵何如春梦婆。（悲介）昔谢翱登西台恸哭，击竹如意皆碎。我问天不语，无地埋愁。对此茫茫，亦复百端交集。远处有坏墙半壁，囊中揣有笔墨待我前去题诗便了。（写介）（投笔四望介）咳：灵氛犹存，天心未醉，像这样龙蟠虎踞之地，难道索索一个解人不得，独让我作丰干饶舌么？

（不是路）半壁山河，一旅中兴好仗他。轻铸错，南朝金粉付颓波，恨无那！愁思织得春魂簇，似三月杨花扑面多。湘南起义，已付劫灰。近日粤军同志，又将次举事了。天地菁英，郁久必泄，只是要早竟大功才好呢！心期左，做衔冤精卫向人呼，先寻证果。

（小生策马上，下马暗立生后，看诗介）好诗好诗，非我佳人，莫之能解。（生回顾惊介）竟任兄，你怎么也能得到此地？（小生）难道我就不许到此地来么？今日至尊寓奉访不值，知我兄必出外发泄感慨去了。莫愁湖畔，关甚兴亡？孙楚楼边，只余荆棘，一块干净土，舍了此地，还有什么所在？因此飞马赶上，不料竟得相遇。（生）使君固自不凡（小生）余子何堪共语？

（前腔）泄泪成河，荆棘铜驼可奈何！寻证果。从今谁返鲁阳戈？软红涴，秦人怎觅桃源舸？冯异还怜大树歌。我想教育不能普及，是阻滞进化一大原因，方今女学竟无人提及。晦盲闭塞，煞是可虑。拟至苏州办一女学，以新知输入，女界也未始我辈革命之一助，待时机一至再图大举便了。安排妥，红妆碧血沙场卧，头颅一颗。

（生）此举甚好，著书闭户老死谁知？找也想至沧浪黉舍肄业，多觅几个同志哩？

（长拍）痛哭青陵，痛哭青陵，寒浆野藿，唤起九天咳唾。高皇当何去？残山剩水，尽消磨短叹长歌。落日照金荷，有乱鸦千点，扑上林阿。一样秋风两样恨，感漂泊，悔蹉跎。跳不破名缰利锁。（笑对小生介）试听那谷禽声聒，行不得也哥哥。

使我有身后名，不如即时一杯酒。伤今吊古，不觉勾起无限心事。就此回寓，束妆返里也不必入场了。（小生拍手介）同心之言。其臭如兰。不待吾兄说起，小弟早已准备做一场外举子哩。

（短拍）稳卧沧江，稳卧沧江，阴符自课。织天孙莫问登科，十万剑横磨，好铺就金瓯残破。（生吩咐奚童收拾酒具祭器介）四圈山色中，一鞭残照里。添上我们狂生两个，六朝余韵，才不凄凉人也。笑煞他泥金乱贺，问可也春梦醒南柯？

（生小生上马行介）（奚童肩祭具随行介）（生）

（尾声）种兰因，寻絮果。愁压归鞍细马驮。（小生）世事不可知，视力行何如耳？要不负戴发含牙人是我。（同下）

## 【毛泽东评点】

毛泽东读顾名编《曲选》时圈阅了这出戏，并对几乎所有曲子的佳句都分别加了圈、点，他读得很仔细，并将并排的两句"都往夫子胸前"与"以消我庙中郁闷"中错排的"胸"与"庙"字勾过来。

——《毛泽东评点诗词曲精选》，中国档案出版社 1988 年版，第 674—678 页。

## 【赏析】

这是一出现实题材的戏，剧中写到"湘南起义，已付劫灰。近日粤军同志，又将次举事了"。"湘南起义"，即 1928 年初朱德、陈毅同志和中共湘南特委领导转战到湘南的南昌起义部队与湖南南部的农民，举行的武装起义。起义失败后，4 月起义部队撤离湘南，转移到井冈山；"粤军同志""又将次举事"，当指广州起义。1927 年 12 月 11 日，中国共产党广东省委书记张太雷和叶挺、叶剑英、聂荣臻等，领导国民革命军第四军教导团和广州工人赤卫队，趁粤桂军阀混战，粤军主力离广州之机，在广州举行起义。三天后失败，部分武装转移到海陆丰、广西等地。这些事都在毛泽东同志领导的秋收起义之后，所以毛泽东同志读得很仔细，圈点很多，十分欣赏。至于剧中写秦剑霜和冯竟任两个知识分子在南京应试失利，跑到明太祖朱元璋的陵墓孝陵去哭祭，可能是因为朱元璋也是个农民起义领袖，胜利后当了皇帝。在中国历史上，农民起义得以成功，当了皇帝，自己成了统治阶级的，除朱元璋之外，还有刘邦，毛泽东对二人评价都很高。这大概是毛泽东对这出戏感兴趣的原因之一。另外，这出戏的文辞也很华美，毛泽东也很喜爱，所以在华美的句子旁加了许多圈和墨点。

# 《法门寺》第十场（京剧）

【第十场】

（贾桂上。）

贾桂　　（白）　　哎呦呵！这一宿我也没睡着！呦，天亮啦！瞧瞧去吧。诶！这个眉邬县哪啊！还绷着哪！没法子，差使，得伺候着。

班头乙　（内白）　　啊哈！

（班头乙上。）

班头乙　（念）　　奉了太爷命，前来投公文。

　　　　（白）　　嘿！那边有个公公，还得来个"夹剪"。

　　　　　　　　　请公公安！

（贾桂故意不理睬，自言自语。）

贾桂　　（白）　　这是哪儿的事，这个时候还不来，这不是没有的事吗！

（班头乙转到贾桂身左。）

班头乙　（白）　　请公公安！

贾桂　　（白）　　嘿！

（贾桂将脸转向右边。班头乙回到贾桂右侧，大声。）

班头乙　（白）　　请公公安！

贾桂　　（白）　　嘿！

（贾桂转过脸看班头乙一眼。）

贾桂　　（白）　　"红菩萨撒尿"啊——抽冷子。哪儿轰来的？

班头乙　（白）　　眉邬县来的。

贾桂　　（白）　　眉邬县来的！谁叫你来的？

王蕴章

班头乙　（白）　嗻！我们太爷叫我来的。

贾桂　　（白）　你们知县叫你干什么来啦？

班头乙　（白）　叫我投文来啦。

贾桂　　（白）　文哪？

班头乙　（白）　在这儿哪

（班头乙从怀中取公文。）

贾桂　　（白）　你拿来吧！

（贾桂傲慢地掂掂手要公文。）

班头乙　（白）　给您。

（班头乙双手送上公文。）

贾桂　　（白）　干什么不说什么，还得跟你要。

班头乙　（白）　是。

贾桂　　（白）　那边儿呆着去！这儿是有尺寸的地方。）

（贾桂用手捋一下公文袋，觉得只是公文，从封口向里照一照，又抖落抖落，见并无银票。）

贾桂　　（白）　呦！改了素事啦！我说诶！诶！诶！你们知县就把这个交给你了吗？

班头乙　（白）　是呀，这个不是文吗？

贾桂　　（白）　我嘚儿知道是文。

班头乙　（白）　是文就得了嘛！

贾桂　　（白）　得了！还不偷着吃去！你怎么来的，你！

班头乙　（白）　嘿！

（班头乙疑惑不解，转身，摊手，回身向贾桂。）

班头乙　（白）　由我们衙门口，一步一步地走着来的。

贾桂　　（白）　唶！一步一步会走到这儿来啦？真难为你。

班头乙　（白）　可不是嘛！

贾桂　　（白）　你扛着腿，给嘚儿我滚回喀！

（贾桂将公文扔在地上。）

贾桂　　（白）　可让我骂你什么，驴下的……

（班头乙拾起公文，转身向上场门打千。）

班头乙　（白）　有请太爷！

（赵廉上。）

赵廉　（白）　何事？

班头乙　（白）　我碰啦！

赵廉　（白）　哼！不中用的奴才。

班头乙　（白）　瞧您的吧！

（班头乙将公文双手交给赵廉。）

贾桂　（白）　这眉邬县就不对啦！你来了，倒是见见我呀！我还有什么难买难卖的地方吗？招我生这一肚子气。

（赵廉接过公文，向前施礼。）

赵廉　（白）　公公！

贾桂　（白）　呦！县太爷你还来呀！

赵廉　（白）　哦！

贾桂　（白）　你怎么这时候才来呀？

赵廉　（白）　哦，哦，哦！

（贾桂起立。）

贾桂　（白）　老爷子那儿早就问下来啦！

赵廉　（白）　哦！

贾桂　（白）　我一直拿好话给你遮盖着。哦——要不介，我啊，哎——这说两句好话又有什么，哪儿不是交朋友啊！嗯！你是来投文的吗？

赵廉　（白）　正是。

贾桂　（白）　文哪？

（贾桂伸手要文。）

赵廉　（白）　在这里。

（赵廉双手送上公文。）

贾桂　（白）　你拿来吧！

（贾桂接过公文。）

贾桂　　（白）　　我这个人，是交朋友的人，最好办事啦，日子长了，你就知道了。你来了，我把文递上去，不就交差事没事了吗！

（贾桂边说边伸手向公文袋内掏，没摸着银票，又来回地翻看公文袋，仍无所获。）

贾桂　　（白）　　啊！不错啊！"外甥打灯笼"——照旧啊！喂，我说县台！

赵廉　　（白）　　公公！

贾桂　　（白）　　那个差事，你都带齐了吗？

赵廉　　（白）　　带齐了。

贾桂　　（白）　　一名不落吗？

赵廉　　（白）　　一名不落。

贾桂　　（白）　　嘿！罢了！真难为你，三天工夫全齐了，错过是你呀，难怪是两榜底子，有学问，我真佩服你！

赵廉　　（白）　　夸奖了。

贾桂　　（白）　　可是呀，千岁爷天没亮就问你呀！

赵廉　　（白）　　哦！

贾桂　　（白）　　我可是……一直替你说着好话呀！……哎，这……那可是算不了什么呀！

（贾桂咳嗽一声。）

贾桂　　（白）　　我可是在这儿伺候您半天啦！

赵廉　　（白）　　不敢，不敢。

贾桂　　（白）　　这是差事，应当是这么办。

（贾桂边说边抖落着公文袋给赵廉看。）

贾桂　　（白）　　可是一样啊，好县太爷的话啦！您还不明白吗？这个文，您就是这么个投法吗？

赵廉　　（白）　　不是这样地投法，要怎样地投法呢？

贾桂　　（白）　　怎样地投法？

（贾桂大声。）

贾桂　　（白）　　那是嗻儿问你哪！

（贾桂抛公文。）

贾桂　　（白）　　这是怎么啦！你怎么那么不懂交情啊？我拿话领着你，你怎么跟我装糊涂啊？你为什么？我们为什么？你不是为升官换纱帽吗？我们跑上跑下的，跑坏一双靴子，自己花钱买，不是为你活着的，你怎么这么不懂交情啊！可你这个人，你怎么啦！太难啦！哎呦，你……什么跟什么呀！这是……

（贾桂生气地坐。赵廉抬起公文袋，向袋中一摸，只是公文，转身向班头乙。）

赵廉　　（白）　　哦！啊？这里面的汇票呢？

班头乙　（白）　　汇票？我换了现银子啦！

赵廉　　（白）　　在哪里呢？

班头乙　（白）　　在这儿哪！

（班头乙由怀中掏出银包。）

赵廉　　（白）　　拿来！

（赵廉伸手向班头乙要银包。）

班头乙　（白）　　不是赏给我的呀？

（班头乙边说边递过银包。）

赵廉　　（白）　　哼！

（赵廉接过银包。）

班头乙　（白）　　有这个呀，我也投得上。

赵廉　　（白）　　滚了下去，岂有此理。

（班头乙下。赵廉将公文袋打开，放进银两，封好公文袋。）

贾桂　　（白）　　唉！真是啊！拿话领着他，他跟我装糊涂，真——是——岂——有——此——理。

（贾桂边说边拍掌，有意识地把手伸向两边。赵廉趁势将公文袋放在贾桂手中。）

贾桂　　（白）　　诶！诶！

（贾桂觉出银已到手。）

贾桂　　（白）　　嘿哈……

（贾桂起立。）

贾桂 （白） 嘿！县台！你怎么弄起这个来啦！我拿话逗着你玩儿哪！这不是见外了吗？咱们可不要这个，够使的，趁早拿回去。

（贾桂向赵廉递银。）

赵廉 （白） 公公！莫非嫌轻么？

贾桂 （白） 别——要是这么一说，那倒得揣起来啦！

（贾桂将银包揣入怀中。）

赵廉 （白） 这便才是。

贾桂 （白） 人犯都带齐了？

赵廉 （白） 带齐了。

贾桂 （白） 一名不短？

赵廉 （白） 一名不少。

贾桂 （白） 嘿！多会办事呀！千岁爷早就问下来啦，都是我给您兜着哪！

赵廉 （白） 全仗公公。

贾桂 （白） 就是您来的这个时候——

赵廉 （白） 晚了一些。

贾桂 （白） 谁说晚了，您再睡一觉都来得及。

赵廉 （白） 那岂不误了大事！

贾桂 （白） 您吃了点心没有？

赵廉 （白） 哦？

贾桂 （白） 到我这儿来，不用逞着。嗯！

（贾桂面向台里。）

贾桂 （白） 上房的孩子们！县太爷来啦！替我张罗着点儿啊！先给他冲碗牛奶。啊——给他炸点儿年糕，嗯！把我的冰糖莲子弄得烂烂的给他来一碗啊！

龙套 （内白） 啊！

（赵廉下。）

贾桂 （白） 我可不陪您啦！

（贾桂转身向外，咳嗽一声。）

贾桂　　（念）　　我不信你不花，叫你花就得花。有请千岁爷！

（四红龙套同上，刘瑾上。）

刘瑾　　（念）　　指望出京乐安然，在京出京俱一般。

（贾桂上步，由封套中取出公文，放在封套上面，跪呈公文。）

贾桂　　（白）　　眉邬县文一角，当堂扯封啊！

（贾桂随着刘瑾看公文的眼神或高举、或矮身低举公文。刘瑾看了一会儿，背向贾桂。贾桂认为刘瑾已经看完，随即起立，右手伸向怀中摸银子。刘瑾转回身又要看公文，看见贾桂的动作。）

刘瑾　　（白）　　啊！

（贾桂急转身跪呈公文。）

刘瑾　　（白）　　噢，噢，噢！

（刘瑾上下打量公文，心中明白贾桂暗中得到好处，转身坐。）

刘瑾　　（白）　　桂儿呀！

贾桂　　（白）　　嗻！

刘瑾　　（白）　　眉邬县来了没有？

贾桂　　（白）　　早就来啦！您正歇着哪，没敢惊动您。

刘瑾　　（白）　　人犯都带齐了吗？

贾桂　　（白）　　都带齐了，一名不少。

刘瑾　　（白）　　嘿！倒很能办事。

贾桂　　（白）　　敢情。

刘瑾　　（白）　　文书哪？

贾桂　　（白）　　您瞧这文也是他自己投的、自己写的。您看这个字写得多好哇！您瞧这一撇、这一竖、这一勾儿！

（贾桂边说边用手比画，险些碰到刘瑾的眼睛。）

刘瑾　　（白）　　你倒瞧着点儿我眼睛啊！你净说这字好，这个字念什么呀？

贾桂　　（白）　　我也不知道念什么。

刘瑾　　（白）　　叫他来见见咱家。

贾桂　　（白）　嗻！县台！

（赵廉上。）

贾桂　　（白）　千岁爷那儿传您哪。别害怕，都有我哪。来，来，我给您报门。

（贾桂站在赵廉前边。）

贾桂　　（白）　报！眉邬县告进！

赵廉　　（白）　参见千岁！

刘瑾　　（白）　你还有什么说的吗？

赵廉　　（白）　千岁！

　　　　（西皮流水板）　一干人犯俱带妥，望求千岁作定夺。

刘瑾　　（白）　哎呦，哎呦！好歹你是个父母官，干嘛我作定夺哪！

贾桂　　（白）　我说老爷子，这话得这么说——"水大还能漫得过鸭子去"吗？

刘瑾　　（白）　什么呀，"水打漫不过桥去"，哪有我这么大的鸭子呀？

贾桂　　（白）　不管怎么说吧，反正得您拿主意。

刘瑾　　（白）　怎么着，得我拿主意。人犯你带齐了吗？

赵廉　　（白）　俱已带到。

刘瑾　　（白）　好！带呀！审哪！

贾桂　　（白）　别忙，别忙！老爷子，他是一个父母官，跟儿女百姓跪在一块儿，多不像样儿呀！您叫他起来吧！

刘瑾　　（白）　那么你起来哪！

赵廉　　（白）　多谢千岁！

（赵廉起立。）

刘瑾　　（白）　来呀！审哪！问哪！

贾桂　　（白）　别忙，别忙！哪儿有站着问案的，您总得赏他个座儿呀！

刘瑾　　（白）　咱们爷儿们这儿，哪有他的座儿呀？

贾桂　　（白）　咳！咱们爷儿们是外场人，不要这个够使的！他替咱们爷儿们办事，您得赏他个座儿不是！

刘瑾　　（白）　　要这么一说，你就坐下啵！

赵廉　　（白）　　千岁台前，哪有臣的座位。

刘瑾　　（白）　　你瞧，不识抬举不是。

贾桂　　（白）　　老爷子叫你坐，你就坐下得啦！

赵廉　　（白）　　啊，多谢千岁！

（赵廉向刘瑾施礼。）

赵廉　　（白）　　啊，公公请坐。

贾桂　　（白）　　您倒甭让，我站惯啦！

（赵廉坐。）

刘瑾　　（白）　　我说县台，咱家在宫里头没审过什么案子，到与不到的，您得多兜着点儿，咱们这就是一台戏吗！

贾桂　　（白）　　唉，这不是耍托偶哪！

刘瑾　　（白）　　咱们先带谁？

赵廉　　（白）　　带刘彪。

刘瑾　　（白）　　带刘彪！

贾桂　　（白）　　带刘彪！

（班头甲押刘彪同上，进门，刘彪跪。）

班头甲　（白）　　刘彪当面。

刘彪　　（白）　　小人与千岁爷叩头。

刘瑾　　（白）　　嗬！这小子好大的嗓子眼儿！

贾桂　　（白）　　甭说呀，是唱大花脸的。

刘瑾　　（白）　　你要知道这大花脸可专揍你们这小花脸哪！

贾桂　　（白）　　他敢！

刘瑾　　（白）　　我先揍你。

贾桂　　（白）　　老爷子您又是谁呀！

刘瑾　　（白）　　有什么说的没有？

刘彪　　（白）　　千岁！

　　　　　（西皮散板）　　半夜三更睡不着，

刘瑾　　（白）　　住了吧！半夜三更睡不着，你就该起来坐着。谁叫你拿刀杀人去啦？说好的啵！

刘彪　　（白）　　千岁！

　　　　　　（西皮流水板）　尊声千岁听我说：男女二人同床卧，钢刀一举二个人头落，杀的也不多。

刘瑾　　（白）　　钢刀一举，两个人头落。不用说喽，钢刀要是不举，这脑袋也下不来呀！

贾桂　　（白）　　是呀，也没那么糟的脖子呀！

刘瑾　　（白）　　我说县台，一刀连伤二命，当问何罪？

赵廉　　（白）　　论罪凌迟。千岁开恩，问他个斩罪。

刘瑾　　（白）　　斩罪？噢，就是把脑袋给切下来呀！

赵廉　　（白）　　正是。

刘瑾　　（白）　　那多损哪！

贾桂　　（白）　　您恩典恩典他。

刘瑾　　（白）　　咱们爷儿们恩典恩典他。这么着吧，把他拉到火车道上轧死吧！

（班头甲押刘彪出门，同下。）

刘瑾　　（白）　　该带谁啦？

赵廉　　（白）　　刘公道。

刘瑾　　（白）　　带刘公道！

贾桂　　（白）　　带刘公道！

（班头乙押刘公道同上，进门，刘公道跪。）

班头乙　　（白）　　刘公道当面。

刘瑾　　（白）　　有什么说的没有？

刘公道　　（白）　　千岁！

　　　　　　（西皮散板）　怕犯王法当乡约，

刘瑾　　（白）　　怎么着？"怕犯王法当乡约"，不用说喽！这乡约就是地保喽！比如这么说，你们这村里，出了点儿什么事儿，由你出头给"了"喽，大事化小，小事化无，你就是这么一个大好人儿呀！

| | | |
|---|---|---|
| 贾桂 | （白） | 诶！不错，他就是这么一个大好人儿。 |
| 刘瑾 | （白） | 好人有这长相的吗？ |
| 贾桂 | （白） | 诶！我说老爷子，好人可不论长相呀！ |
| 刘瑾 | （白） | 是呀！你总得向着他呀！谁让你们都是唱小花 |

脸的哪！

| | | |
|---|---|---|
| 贾桂 | （白） | 您当我们"同行是冤家"哪！ |
| 刘瑾 | （白） | 说好的啵！ |
| 刘公道 | （白） | 千岁！ |

（西皮流水板）尊声千岁听我说：打死兴儿我的错，天网恢恢我逃也逃不脱。

| | | |
|---|---|---|
| 刘瑾 | （白） | 我说县台，隐藏人头不报，打死雇工人氏，问他 |

个什么罪？

| | | |
|---|---|---|
| 赵廉 | （白） | 论律当斩，千岁开恩，问他个绞罪。 |
| 刘瑾 | （白） | 绞罪？噢，就是把人活活地给勒死呀！ |
| 赵廉 | （白） | 正是。 |
| 刘瑾 | （白） | 那多憋的慌啊！咱家得恩典恩典他。这么着吧， |

下油锅把他炸了吧！

| | | |
|---|---|---|
| 刘公道 | （白） | 慢着，慢着！千岁爷我跟您老商量商量。 |
| 刘瑾 | （白） | 商量什么呀？ |
| 刘公道 | （白） | 这么办吧，您把油钱折给俺，咱们来个干锅爆吧！ |
| 刘瑾 | （白） | 咱么就这么办。来呀，给他来个干锅爆。 |

（班头乙押刘公道同下。）

| | | |
|---|---|---|
| 刘瑾 | （白） | 又该带谁啦？ |
| 赵廉 | （白） | 带刘媒婆。 |
| 刘瑾 | （白） | 带刘媒婆！ |
| 贾桂 | （白） | 带刘媒婆！ |

（刘媒婆上，进门，跪。）

| | | |
|---|---|---|
| 刘瑾 | （白） | 有什么说的没有？ |
| 刘媒婆 | （白） | 千岁爷吃禀。 |

刘　瑾　　（白）　　前后两张。

刘媒婆　　（西皮散板）　　贪图花红把媒说。

刘　瑾　　（白）　　住了吧！"贪图花红把媒说"，不用说喽，你是个媒婆子，比如这么说吧，东庄儿有个小小子，西庄儿有个小闺女，你中间儿这么一说合，叫他们作对小两口儿，对不对？

刘媒婆　　（白）　　对啦！

刘　瑾　　（白）　　哼！咱家我恨透你们这一行人啦！

贾　桂　　（白）　　老爷子，您恨她们干嘛呀？

刘　瑾　　（白）　　咱们爷儿们这一辈子用不着她们呀！你给我说好的吧！

刘媒婆　　（西皮流水板）　　谁想儿子做事错。小事弄成天大祸，从今不再当媒婆。

刘　瑾　　（白）　　来呀！把她撕巴撕巴喂鹰啊！

赵　廉　　（白）　　且慢！啊千岁，有道是"儿大不由母"啊！

刘　瑾　　（白）　　你看，到底是父母官。你这一句话不要紧，可就把她的命给救啦！

赵　廉　　（白）　　千岁开恩！

刘　瑾　　（白）　　我得恩典恩典她。

贾　桂　　（白）　　您恩典恩典她！

刘　瑾　　（白）　　这么着吧！把她给我活活地打死吧！

（刘媒婆下。）

刘　瑾　　（白）　　又该带谁啦？

赵　廉　　（白）　　带傅朋。

刘　瑾　　（白）　　带傅朋！

贾　桂　　（白）　　带傅朋！

（傅朋上，进门，跪。）

刘　瑾　　（白）　　年轻轻的，不说好好念书，弄这么只镯子，满处胡"擩咕"，幸亏是只玉的，这要是硬面儿的——

贾　桂　　（白）　　那我就给啃啦！

刘瑾　　（白）　　饿嗝！廊下伺候着！

（傅朋起立，下。）

刘瑾　　（白）　　带孙玉姣！

贾桂　　（白）　　带孙玉姣！

（贾桂下。孙玉姣上，进门，跪。）

孙玉姣　　（白）　　参见千岁！

刘瑾　　（白）　　一个闺阁幼女，不好好学习针黹，满街上找便宜，这幸亏是只玉镯，这要是只金镯子，你们还不闹到金銮宝殿上去呀？

（贾桂上。）

贾桂　　（白）　　老爷子，太后老佛爷要看看孙玉姣。

刘瑾　　（白）　　怎么着，太后老佛爷要看看孙玉姣吗？

贾桂　　（白）　　正是。

刘瑾　　（白）　　嘿！这孩子的佛缘儿不小哇！

贾桂　　（白）　　敢情！

刘瑾　　（白）　　别忙！咱们爷儿们得打听打听，去得去不得。

　　　　　　　　　我说县台！

赵廉　　（白）　　千岁！

刘瑾　　（白）　　老皇太要看看孙玉姣，她去得吗？

赵廉　　（白）　　黄花幼女可以去得。

刘瑾　　（白）　　怎么着，黄花幼女可以去得？这要是金针木耳哪？

贾桂　　（白）　　那我就给打了卤啦！

刘瑾　　（白）　　馋骨头！桂儿呀！你领她去，多磕头，少说话。

贾桂　　（白）　　嘁！随咱家来呀！

（贾桂引孙玉姣同下。贾桂上。）

刘瑾　　（白）　　带宋巧姣！

（宋巧姣上，进门，跪。）

宋巧姣　　（白）　　参见千岁！

刘瑾　　（白）　　一命抵一命，一案抵一案，你还有什么说的吗？

宋巧姣　　（白）　　民女要面谢皇太。

| 刘瑾 | （白） | 怎么着，你还要面谢皇太吗？ |
|---|---|---|
| 宋巧姣 | （白） | 正是。 |
| 刘瑾 | （白） | 嘿，我说县台，这孩子可有良心哪！ |
| 赵廉 | （白） | 有良心。 |
| 刘瑾 | （白） | 有来头！ |
| 赵廉 | （白） | 有来头。 |
| 刘瑾 | （白） | 她大有来头！ |
| 赵廉 | （白） | 嗯，大有来头！ |
| 刘瑾 | （白） | 啊，她要没有来头，就会把尊驾您给告下来了吗！ |

（赵廉离座，跪。）

| 贾桂 | （白） | 您瞧，您瞧！您这一句话不要紧，他又矮了半截儿！ |
| 刘瑾 | （白） | 我跟他闹着玩儿哪。起来，起来吧！ |

（赵廉起立。）

| 刘瑾 | （白） | 我说县台，宋巧姣她要面谢皇太，去得去不得？ |
| 赵廉 | （白） | 她也去得。 |
| 刘瑾 | （白） | 怎么到她这儿加个"也"字哪？ |
| 贾桂 | （白） | 哎呀，老爷子，您就叫她去不就结了吗？ |
| 刘瑾 | （白） | 领她去，多磕头，少说话。 |
| 贾桂 | （白） | 嗻！随咱家来！ |

（贾桂引宋巧姣同下。）

| 刘瑾 | （白） | 县台，我把他三人好有一比！ |
| 赵廉 | （白） | 比作何来？ |
| 刘瑾 | （白） | 你且听道哇！ |
| | （西皮散板） | 孙玉姣拾玉镯错中有错， |
| | | 宋巧姣可算得女中魁娥。 |
| | | 他三人成婚配全仗于我， |
| | | 好一似织女星巧渡银河。 |

（贾桂上。）

| 贾桂 | （白） | 老皇太一见孙、宋二女，十分喜悦，老皇太主婚将 |

孙、宋二女，不分大小，配傅朋为妻。他们冠带齐啦，来给您磕头来啦。

刘瑾　　（白）　诶，别介！拦着点儿呀！

（刘瑾起立，赵廉起立。）

贾桂　　（白）　拦不住啦！来啦！来啦！

（傅朋、孙玉姣、宋巧姣冠带齐整同上，向刘瑾跪拜。）

刘瑾　　（白）　得啦！别磕啦！哈哈哈……

（傅朋、孙玉姣、宋巧姣同起立。）

刘瑾　　（白）　嘿！桂儿呀！你瞧老皇太多会打扮他们哪！真像一堂供花似的。

贾桂　　（白）　还是皂王供。

刘瑾　　（白）　怎么哪？

贾桂　　（白）　三托儿嘛！

刘瑾　　（白）　你走开这儿吧！傅朋，你年轻轻的，怎么不出来做官哪？

傅朋　　（白）　被此案牵连在内。

（刘瑾向赵廉。）

刘瑾　　（白）　你瞧，你瞧！又是你给人家耽误啦！

贾桂　　（白）　老爷子，没人家县太爷什么事。您封他个官儿不就结了吗！

刘瑾　　（白）　咱们爷儿们哪封得。

贾桂　　（白）　呦！现在除了皇上就是您。您不封谁封啊！

刘瑾　　（白）　封得吗？

贾桂　　（白）　封得，封得，封啊！

刘瑾　　（白）　路过固城短个什么？

贾桂　　（白）　短个都司。

刘瑾　　（白）　暂做都司，候咱家奏明圣上，再提拔你呀！

贾桂　　（白）　谢恩哪！

刘瑾　　（白）　赵廉代送。

（傅朋、孙玉姣、宋巧姣同下跪叩拜，起立，出门，赵廉揖送，傅朋、孙玉姣、宋巧姣同下。赵廉现出无可奈何的神情。）

  刘瑾  （白）  赵廉有罪呀！

（赵廉进门，转身下跪。）

  贾桂  （白）  老爷子，一命抵一命，一案抵一案，人家可有什么罪呀？

  刘瑾  （白）  难道说一点儿罪也没有了吗？

  贾桂  （白）  别说一点儿罪，一丢丢的罪也没有哇！

  刘瑾  （白）  你说没罪就没罪吗！

（贾桂卧地耍赖。）

  贾桂  （白）  赵廉有罪呀！掉在酒缸里啦，连骨头都"醉"啦！

  刘瑾  （白）  真是个滚刀筋！起来！

（贾桂起立。）

  刘瑾  （白）  没罪是没罪，我得罚他。

  贾桂  （白）  他一个穷官，哪儿经得住您罚呀！

  刘瑾  （白）  你研墨吧！

  贾桂  （白）  嗻！

  刘瑾  （白）  我罚他给我办趟差，拿我的手谕，去到陕西延安府部政司衙门，支纹银二千两，去到苏、杭二州，与孙、宋二女备办两份好嫁妆，是咱们爷儿们送的，钱不够了，叫他给咱们垫上。办好啦，我难为不了他。

  贾桂  （白）  对啦，办好啦，老爷子还给你升官换纱帽哪！

  刘瑾  （白）  桂儿呀，我心里的事儿，你怎么都知道啦？

  贾桂  （白）  我就是您肚子里的混食虫嘛！

  刘瑾  （白）  脏劲儿的！

  贾桂  （白）  蛔虫！干脆，县台你跪下，老爷子您这就封吧！

  刘瑾  （白）  封不得吧！

  贾桂  （白）  老爷子，您就封吧！

  刘瑾  （白）  我封得吗？我得奏明圣上。

  贾桂  （白）  您这会儿比皇上还硬气啦！

刘瑾　　（白）　我封得？

　　　　　　　　嘿，我说县台，你这俩钱儿没花在空地儿上啊！

贾桂　　（白）　人家就这么点事，您都给说出来啦！

刘瑾　　（白）　路过凤翔府，短个什么？

贾桂　　（白）　短个知府。

刘瑾　　（白）　暂做凤翔知府，候咱家奏明圣上，再提拔于你呀！下喀！

（刘瑾扔公文给赵廉，离座转身下。）

赵廉　　（白）　谢千岁！

（四红龙套自两边分下，赵廉、贾桂同下。）


**【毛泽东评点】**

　　毛泽东喜欢看京剧《法门寺》，有文献记载的就有6次，抗战时期在延安看过4次；重庆谈判时，蒋介石几次请毛泽东看戏，其中一次就是看的《法门寺》；1949年夏天，毛泽东在北平长安大戏院再次观看京剧《法门寺》。

　　毛泽东评贾桂有三次，第一次是1949年夏天，毛泽东在北平长安大戏院观看萧长华等演出的《法门寺》。当舞台上演到刘瑾接过状子后，见贾桂还在一旁站着，叫他坐下，贾桂说"我站惯了"时，毛泽东指着贾桂说："你看，他真是一副奴才相，人家叫他坐下，他说站惯了。"在看完戏的归途中，毛泽东又向警卫员评说了这出戏。他说："《法门寺》里有两个人物很典型，一个是刘瑾，一个是贾桂。刘瑾从来没办过一件好事。唯独在法门寺进香时，纠正了一件错案，这也算是他为人民办了一件好事。贾桂在他的上司面前，一举一动、一言一行，都是十足的奴才相。我们反对这种奴才思想，要提倡独立思考，实事求是，要有自尊心。"

　　第二次是1956年4月，毛泽东在《论十大关系》中写道："有些人做奴隶做久了，感觉事事不如人，在外国人面前伸不直腰，像《法门寺》里的贾桂一样，人家让他坐，他说站惯了，不想坐。在这方面要鼓点劲，要把民族自信心提高起来，把抗美援朝中提倡的藐视美帝国主义的精神发展起来。"

　　　　　　——《毛泽东文集》，第七卷，人民出版社1999年版，第43页。

王蕴章

第三次是1958年，在中共八大二次会议上，毛泽东又提到贾桂，并告诫全党，中国人当帝国主义的奴隶当久了，总免不了要留一点尾巴，要割掉这个奴隶尾巴，"一定要破除迷信，打倒贾桂！贾桂是谁也看不起的"。

——《党的文献》2004年第1期。

## 【赏析】

京剧，又称京戏、平剧、国剧，是中国戏曲曲种之一。京剧是十九世纪中期，融合了徽剧和汉剧，并吸收了秦腔、昆曲、梆子、弋阳腔等艺术的优点，在北京形成的。京剧形成后，在清朝宫廷内得到了空前的繁荣。京剧的腔调以西皮和二黄为主，主要用胡琴和锣鼓等伴奏，被视为中国国粹。2010年，京剧入选人类非物质文化遗产代表作名录。

萧长华（1878—1967）京剧演员、教师。艺名宝铭，字和庄，原籍江西新建，生于北京。京剧表演艺术家。父萧永康为名丑，义父卢胜奎是三庆班的著名老生。11岁起先后从师学昆曲小生、老生、老旦等，18岁正式向宋万泰学小花脸，翌年在小鸿奎班应丑行，常演《铁弓缘》《变羊计》《小上坟》《法门寺》等剧。25岁加入玉成班，与十三旦、想九霄、贾洪林、王楞仙、李吉瑞、水仙花、金秀山、王长林等同班。他对京剧各行角色大都通晓，尤长于方巾丑，所演蒋干、汤勤等角，深受赞许。1904年开始任喜连成社（后改名富连成社）科班教师，连续36年。除授丑戏外，并教生、旦、净各行角色。同时仍在玉成班演戏，嗣后并在谭鑫培组织的同庆班与谭合演《审头刺汤》《卖马》《天雷报》等剧，配合严密，深得谭的爱重。1913年起脱离舞台，专心教戏。1922年应邀与梅兰芳合作演出，结成长期的舞台伙伴。其间，仍未间断教学工作，又给富连成编排了《五彩舆》《三国志》等本戏，以及《得意缘》《胭脂判》等许多折子戏。解放后历任中国戏曲学校副校长、校长。常演剧目编为《萧长华演出剧本选集》

明朝，世袭指挥傅朋外出闲游，偶遇孙玉姣，二人一见倾心。傅朋故意遗玉镯，拟订终身。事被刘媒婆撞见，从孙玉姣手中得绣鞋一只，欲代为撮合。刘媒婆之子刘彪赚得绣鞋，讹诈傅朋，被刘公道赶走。刘彪对此

评点中国古代戏曲赏析

怀恨在心。深夜，刘彪带醉摸到孙家，可巧，孙玉姣的舅父母客居在室，刘彪以为傅朋与孙玉姣苟合，误将二人杀死，并将一颗人头抛往刘公道后院。人头被雇工宋兴儿发现，刘公道恐事泄招祸，将宋兴儿与人头同填枯井之中，杀人灭口。次日晨，孙母报官。孙玉姣供出傅朋遗镯之事，傅朋被控因奸杀人，屈打成招。然而，宋兴儿与人头仍无下落。刘公道为逃脱罪责，诬告宋兴儿窃物潜逃。宋家父女当堂辩白无效，但因无钱赔偿刘家财物，宋巧姣终被收监。狱中，宋巧姣与孙玉姣言及案情，断定真凶应是刘彪无疑。愿代傅、孙二人具状鸣冤。傅朋深感其德，遂以另一玉镯相赠，并嘱家人代偿刘家银两。权阉刘瑾往法门寺降香。宋巧姣以探亲为由，雇刘媒婆做伴。路上，刘媒婆吐露刘彪赚鞋经过。宋巧姣遂往法门寺控告。刘瑾命县官赵廉捕捉刘彪、刘公道、刘媒婆等，一场血案真相大白。傅朋与孙玉姣、宋巧姣结为夫妇。

《法门寺》中的贾桂，确实是个奴才的典型。贾桂的问题，主要是失去了"坐"的功能，他站惯了，坐反而不习惯，正如我们中的个别人，穷惯了，反而不敢富，更谈不上创新创造，觉得事事不如人。虽然跟贾桂相比，相同的都是失去"坐"的功能，不同的却是贾桂是"站"，我们个别人是"跪"，"跪"比"站"更自卑，危害更大。

我们个别同志一看到别的地方暂时比我们发展得好一些，眸子特别亮，目光直勾勾的，在当面夸赞别人的同时，紧接着就是鄙薄自己，马上会接着说，哎呀，不像我们，我们那里太落后了，比你们这里差远了。一不小心就当了贾桂，甚至比贾桂都不如，其自豪感、归属感荡然无存。毛泽东在今天仍具有现实意义。

# 《霸王别姬》（京剧） 梅兰芳演出本

## 【原文】

【第九场】

（四宫女引虞姬同上。）

虞姬 （西皮散板）

自从我与大王东征西战，

受风霜与劳碌年复年年。

何日里方得免兵戈扰乱，

消却了众百姓困苦颠连。

（四小太监、二大太监引项羽同上。）

项羽 （西皮摇板）

枪挑了汉营中数员上将，

虽英勇怎提防十里埋藏。

传将令休出兵各归营帐。

（四小太监，二大太监同下。虞姬离座迎接，项羽进门。）

项羽 （西皮摇板）

此一番连累你多受惊慌。

虞姬 （白） 啊，大王！今日出战，胜负如何？

项羽 （白） 枪挑汉营数员上将，怎奈敌众我寡，难以取胜，此乃天亡我楚，咳！非战之罪也。

虞姬 （白） 兵家胜负，乃是常情，何足挂虑，备得有酒，与大王痛饮。

项羽 （白） 咳！如此酒来！

虞姬 （白） 宫娥们！

（四宫女同允。）

虞姬 （白） 看酒！

（四宫女同允。）

项羽　　　　（西皮原板）

　　　　　　　今日里败阵归心神不定，

虞姬　　　　（西皮原板）

　　　　　　　劝大王休愁闷但放宽心。

项羽　　　　（西皮原板）

　　　　　　　怎奈他十面敌难以取胜，

虞姬　　　　（西皮原板）

　　　　　　　且忍耐守阵地等候救兵。

项羽　　　　（西皮原板）

　　　　　　　无奈何饮琼浆消愁解闷，

虞姬　　　　（西皮散板）

　　　　　　　自古道兵胜负乃是常情。

（项羽困倦。）

虞姬　　　　（白）　　大王身体困倦，到帐中休息片时如何？

项羽　　　　（白）　　好！待孤歇息片时，妃子你要警醒了！

虞姬　　　　（白）　　是！妾妃遵命！

（项羽入帐，暗下。起初更鼓，四宫女暗同下。虞姬离座执灯巡视，虞姬进帐，坐帐旁睡。四更夫同上。）

更夫甲　　　（白）　　啊哈！

（念）　　楚汉大交兵，

更夫乙　　　（念）　　昼夜不安宁。

更夫丙　　　（念）　　宁做太平犬，

更夫丁　　　（念）　　不做离乱民。

更夫甲　　　（白）　　我说伙计请啦！

三更夫　　　（同白）　请啦！

更夫甲　　　（白）　　刚才大王爷传下紧急的命令，叫咱们巡更守夜，可得多加点儿小心哪！

更夫乙　　　（白）　　得啦！这几天黑天白日的连轴转，连一点觉都摸不着睡，咱们也得抓空睡会不是？

王蕴章

| 更夫丙 | （白） | 你看这露天地上，连个枕头都没有，怎么睡呀？ |
|---|---|---|

更夫甲　　（白）　　要睡呀！有法子，咱们睡个"马堆儿"。

三更夫　　（同白）　　什么叫"马堆儿"？

更夫甲　　（白）　　"马堆儿"就是我枕着你的屁股，你枕着他的屁股，他再枕着我的屁股，要是没有事便罢，有了动静，咱们是一个醒全都醒，你看好不好？

更夫乙　　（白）　　不好！那要是不留神放个屁，于卫生也有碍呀！不好！不好！

更夫甲　　（白）　　干脆！咱们也不用睡啦，还是巡营去。

三更夫　　（同白）　　走着！

（四更夫同下。）

虞姬　　　（白）　　唉！大王醉卧帐中，我不免去到帐外闲步一回便了！

（虞姬出帐。）

虞姬　　　（南梆子）

看大王在帐中和衣睡稳，

我这里出帐去且散愁情。

轻移步走向前中庭站定，

猛抬头见碧落月色清明。

（白）　　看云敛晴空，冰轮乍涌，好一派清秋光景。

龙套　　　（内同白）苦哇！

虞姬　　　（白）　　唉！月色虽好，只是四野俱是悲叹之声，令人可惨！正是：

（念）　　沙场壮士轻生死，凄绝深闺待尔人。

汉军　　（内同唱）　　千里从军实可悲，连年战争不得回。

（四更夫同上。）

更夫甲　　（白）　　我说伙计们！你们听见没有？怎么敌人营中唱出来的歌儿，都是咱们家乡的味呀！

更夫乙　　（白）　　哎呀！别是刘邦已得楚地了吧！

更夫甲　　（白）　　有理！咱们大王爷，天天盼救兵，如果刘邦当真得了楚地，救兵一辈子也不会来呀！咱们可得打个正经主意才好哇！

更夫乙 （白） 我倒有个主意。

三更夫 （同白） 你有什么主意哪？

更夫乙 （白） 依着我，咱们大家逃出重围，也不管他什么村庄啦、镇店啦！足那么一抢，来他一个饱载而归，你看好不好？

更夫甲 （白） 不好！不好！按你这种行为，那不成了杀人放火、奸淫掳掠了吗！那么一来，岂不失了咱们当军人的资格了吗？

更夫乙 （白） 依着你便当怎么样哪？

更夫甲 （白） 依着我咱们得机会逃出重围，找个老山老岳的一忍，等过去这个荒乱劲儿！咱们再出来运动运动来个差事当当，总还不失为一个好人，你们看怎么样？

三更夫 （同白） 就依着你啦！咱们散喽吧！

（四更夫同下。）

虞姬 （白） 哎呀！且住！适才听兵丁谈论，只因救兵不到，大家均有离散之心。哎呀，大王啊！只恐大势去矣。

（南梆子）

适听得众兵丁闲谈议论，

口声声露出那离散之心。

汉军 （内同唱）

家中抛得双亲在，朝朝暮暮盼儿回。

虞姬 （白） 呀！

（西皮散板）我一人在此间自思自忖，猛听得敌营内楚国歌声。

（白） 哎呀！且住！怎么敌人营内尽是楚国歌声，这是什么缘故？我想此事定有蹊跷，不免进帐报与大王知道。

（虞姬进帐，项羽暗上。）

虞姬 （白） 啊，大王醒来！大王醒来！

（项羽出大帐。）

项羽 （白） 妃子！何事惊惶？

虞姬　　　（白）　　妾妃正在营外散步，忽听敌人营内，尽是楚国歌声，不知是何缘故？

项羽　　　（白）　　啊！有这等事，待孤听来！

汉军　　　（内同唱）　　倘若战死沙场上，父母妻儿依靠谁！

项羽　　　（白）　　哇呀呀？？！且住！四面俱是楚国歌声，莫非刘邦他他……已得楚地么？

（四宫女、大太监暗同上。）

虞姬　　　（白）　　啊，大王！不必惊慌，且差人四面打探，再作计较。

项羽　　　（白）　　言得极是。近侍过来！

大太监　　（白）　　在！

项羽　　　（白）　　适才听得敌人境内，尽是楚国歌声，吩咐下去，速探回报！

大太监　　（白）　　领旨！

（大太监下。）

项羽　　　（白）　　咳！孤想此事定有蹊跷！

虞姬　　　（白）　　且听近侍一报。

（大太监上。）

大太监　　（白）　　启奏大王：四面敌人所唱，尽是楚国歌声，特来报知。

项羽　　　（白）　　吩咐下去，仔细打探，再来回报。

（大太监下。）

项羽　　　（白）　　适才闻报，敌军歌唱尽是楚国歌声，那刘邦定然得了楚地，孤大势去矣。

虞姬　　　（白）　　啊，大王！此时逐鹿中原，群雄并起，偶遭不利，也是常情，稍俟时日等候江东救兵到来，那时再与敌人交战，正不知鹿死谁手。

项羽　　　（白）　　妃子！想孤出兵以来，大小七十余战，攻无不取，战无不胜，未尝败北，今日忽然遇见胯夫，用十面埋伏，将孤困在垓下，粮草俱尽，又无救兵，恐难闯出重围，八千子弟兵俱已散尽，孤日后有何脸面再见江东父老，咳呀！妃子！据孤看来，今日是你我分别之日了！

（大太监暗上。）

项羽　　　（西皮摇板）

　　　　　　　　十数载恩情爱相亲相倚，

　　　　　　　　今日里一旦间就要分离。

（马嘶。）

项羽　　　（白）　啊？什么喧哗？

大太监　　（白）　骏马声嘶。

项羽　　　（白）　牵上帐来！

大太监　　（白）　领旨！

项羽　　　（白）　乌骓呀！乌骓！想你跟随孤家多年，百战百胜，今日被困垓下，你也无有用武之地了！

　　　　　　（西皮散板）

　　　　　　　　乌骓马它竟知大势去矣，

　　　　　　　　故而它在帐前叹嘶长息。

　　　　　　（白）　牵了下去！

大太监　　（白）　领旨！

（大太监牵马下。）

虞姬　　　（白）　啊，大王！好在垓下之地，高岗绝严，不易攻入，候得机会，再图破围求救，也还不迟，备得有酒，与大王消愁解闷如何？

项羽　　　（白）　咳！如此，酒来！

虞姬　　　（白）　大王请！

项羽　　　（白）　咳！

（项羽掷酒杯离座，虞姬随之起立。）

项羽　　　（唱）　力拔山兮气盖世，时不利兮骓不逝。

　　　　　　　　骓不逝兮可奈何，虞兮虞兮奈若何。

虞姬　　　（白）　大王慷慨悲歌，令人泪下，待妾妃歌舞一回，与大王解忧如何？

项羽　　　（白）　　咳！如此有劳你了！

虞姬　　　（西皮二六板）

　　　　　　　　　　劝君王饮酒听虞歌，

　　　　　　　　　　解君忧闷舞婆娑。

　　　　　　　　　　嬴秦无道把江山破，

　　　　　　　　　　英雄四路起干戈。

　　　　　　　　　　自古常言不欺我，

　　　　　　　　　　成败兴亡一刹那。

　　　　　　　　　　宽心饮酒宝帐坐，

（虞姬舞剑。）

项羽　　　（笑）　　啊哈哈……

虞姬　　　（西皮散板）　　且听军情报如何。

（大太监跑上。）

大太监　　（白）　　启奏大王：汉兵攻打甚紧。

项羽　　　（白）　　吩咐下去，四面迎敌。

大太监　　（白）　　领旨！

（大太监下。）

项羽　　　（白）　　且住！敌人攻打甚急，孤不出马，岂非怯战，此去必当战死沙场，咳！再不能与妃子相见了！

　　　　　　（西皮摇板）

　　　　　　　　　　孤王此去不得胜，必是天亡我不回程。

虞姬　　　（白）　　大王此去，倘有不利，且退往江东，徐图后举，勿以妾妃为念也。

项羽　　　（白）　　哎呀！妃子呀！此番交战，必须要轻车简从，方能杀出重围，看来不能与妃子同行，这……便怎么处？啊呵呵有了！孤与刘邦乃系旧友，你不如随了他去，也免得孤此去悬心。

虞姬　　　（白）　　大王呀！自古道："忠臣不事二主，烈女不嫁二夫"，大王欲图大事，岂可顾一妇人。也罢！愿乞君王三尺宝剑，自刎君前，以报深恩，以免大王悬念。

| 项羽 | （白） | 妃子！你……不可寻此短见。 |
| 虞姬 | （白） | 唉！大王啊！ |
| | （唱） | 汉兵已略地，四面楚歌声。 |
| | | 大王意气尽，贱妾何聊生。 |
| 项羽 | （白） | 哇呀呀…… |

（虞姬向项羽索剑，项羽摇手不与。）

| 虞姬 | （白） | 大王！四面楚歌又唱起来了！ |
| 项羽 | （白） | 待孤听来！ |

（虞姬拔项羽佩剑。）

| 虞姬 | （白） | 罢！ |

（虞姬自刎。）

| 项羽 | （白） | 哎呀！ |
| | （扑灯蛾牌） | |
| | | 一见泪双倾，泪双倾，好不叫人箭穿心。 |
| | | 俺今空有拔山力，不能保护一妇人，一妇人！ |
| | （白） | 来！搭了下去！ |

（四宫女扶虞姬同下，四蓝龙套自两边分上。）

| 项羽 | （白） | 带马迎敌！ |

（项羽上马。四蓝龙套引项羽同下。）

## 【毛泽东评点】

　　1949 年 4 月，北平戏剧界为欢迎毛泽东及中央机关迁平，在长安大戏院举办两场京剧晚会。第一晚大轴戏是梅兰芳（饰虞姬）与刘连荣（饰项羽）合演的《霸王别姬》。住在西郊双清别墅的毛泽东应邀提前吃晚饭驱车进城。途中，毛泽东对警卫阎长林说："咱们今天去看闻名中外的梅兰芳先生演出的拿手好戏《霸王别姬》。这位戏剧界的名人可不简单，日本帝国主义侵略中国以后，他就蓄须隐居，不顾日本侵略者和国民党反动派的威逼利诱，罢歌罢舞。我们今天去看梅兰芳先生的演出，就是要提倡这种民族感、正义感，号召人民向他学习。"当晚，梅兰芳与刘连荣珠联璧

王蕴章

合的演出，十分精彩。演出快结束时，警卫人员怕散场后人多不好走，催促毛泽东退场，遭到拒绝。毛泽东说："提前走不好，那样做不礼貌。"直至把戏看完，才离开了剧场。返回香山途中，毛泽东兴犹未尽，对阎长林说："这真是一次高水平的艺术表演。今后这些人都是新中国的戏剧家，在政治上将要有地位了，将要受人尊敬了。"毛泽东还深情地对李银桥说："不要学西楚霸王，我不学，你也不要学。"还说："君子爱人以德。"这是毛泽东第一次从台下认识了台上的梅兰芳，虽近在咫尺，但未能直接晤面，握手交谈。

时隔一个月后，任上海市市长的陈毅遇见梅兰芳（当时梅住在上海），对他说："周恩来副主席打来电话，说毛泽东主席想请你梅先生在文代会期间唱几场戏，不知可不可以？"梅兰芳欣然应允。7月，中华全国文学艺术工作者代表会议在北平召开。会议期间，毛泽东夙愿得偿，接见了梅兰芳。领袖的和蔼态度和亲切话语，使梅兰芳激动不已。接着梅兰芳在长安大戏院再次粉墨登场演出《霸王别姬》。毛泽东坐在第五排正中，再次观赏梅兰芳的精湛表演。谢幕时，毛泽东和大家一起起立鼓掌，体现了领袖对艺术家劳动的尊重，体现了新社会对艺术家政治上的平等。

当时很多来自农村的毛泽东的警卫员知道梅兰芳的大名，也听过梅兰芳的唱腔戏段，但大多数认为他是女的，只有个别人说是男的，却又说不出所以然，就开始争执不休。毛泽东向他们介绍说："梅兰芳是男的，唱的是旦角戏，男的演女的，比女的唱得还好，才出名的呀！这样有名望的艺人，在日本人侵略中国的时候，他为了反对日本帝国主义的侵略，竟然留须隐居，再也不出面演戏了。这在中国人民当中，当时的影响是很大的。"

刘邦是在封建时代被历史家成为"豁达大度，从谏如流"的英雄人物。刘邦同项羽打了好几年仗，结果刘邦胜了，项羽败了，不是偶然的。我们现在有些第一书记，连封建时代的刘邦都不如，倒有点像项羽。这些同志如果不改，最后要垮台的。不是有一出戏叫《霸王别姬》吗？这些同志如果总是不改，难免有一天要"别姬"就是了。（笑声）

——《在扩大的中央工作会议上的讲话》，《毛泽东文集》，<br>第八卷，人民出版社 1999 年版，第 295—296 页。

## 【赏析】

梅兰芳（1894—1961），名澜，乳名裙姊，字畹华，另称浣华，别署缀玉轩主人，艺名兰芳。梅兰芳是汉族，生于北京，祖籍江苏泰州。出身于梨园世家，8岁学戏，9岁拜吴菱仙为师学青衣，也常跟着秦稚芬和胡二庚学花旦戏，10岁登台。祖母无锡人，4岁丧父，12岁丧母，伯父典于云和堂私寓。工青衣，兼演刀马旦。擅长旦角，扮相端丽，唱腔圆润，台风雍容大方，被称为旦行一代宗师。他刻苦学习昆曲、练武功，广泛观摩旦角本工戏和其他各行角色的演出，经过长期的舞台实践，对京剧旦角的唱腔、念白、舞蹈、音乐、服装、化妆等各方面都有所创造发展，形成了自己的艺术风格，世称"梅派"。

在艺术上的卓越成就引起了国外人士的重视，梅兰芳曾于1949年前先后赴日本、美国、苏联演出，并荣获美国波摩那学院和南加州大学的荣誉文学博士学位。

梅先生还是一位伟大的爱国主义者，抗战期间蓄须明志，拒绝演出，靠写字卖画为生。

解放后历任中国京剧院院长、中国戏曲研究院院长、中国文学艺术界联合会副主席、中国戏剧家协会副主席。1959年，加入中国共产党，并以65岁高龄，排演了最后一出新戏《穆桂英挂帅》。1961年8月8日因心脏病发作，在北京病逝。享年67岁。

著有《梅兰芳文集》《梅兰芳演出剧本选》《舞台生活四十年》等。代表剧目有《贵妃醉酒》《天女散花》《宇宙锋》《打渔杀家》等，先后培养、教授学生100多人。

京剧《霸王别姬》是京剧艺术大师梅兰芳表演的梅派经典名剧之一。该剧主角是西楚霸王项羽的爱妃虞姬。

此剧原名《楚汉争》，根据昆曲《千金记》和《史记·项羽本纪》编写而成。总共四本。1918年，由杨小楼、尚小云在北京首演。1922年2月15日，杨小楼与梅兰芳合作。齐如山、吴震修对《楚汉争》进行修改，更名为《霸王别姬》。

《史记·项羽本纪》记载，霸王项羽在和汉高祖夺封建统治权的战争中，最后兵败，自知大势已去，在突围前夕，不得不和虞姬诀别。

《楚汉春秋》和《史记·项羽本纪》是"霸王别姬"故事的最早记载。二书都没有涉及虞姬的结局。以常情度之，虞姬不可能活下来，否则就不会有民间口耳相传的虞姬自刎情事，就不会至唐时尚有"项羽美人冢"的地望方位。垓下一战，四面楚歌声中，饮剑楚帐只能是虞姬唯一的结局。

项羽才是这场战争中的英雄，真正的英雄！而虞姬，尽管香消玉殒，却正是因为这样的坚贞，才会让人记住千年。当然，她也许根本不在乎万古流芳。可是，在那样的环境下，在那样危急的时刻，她眼看着死神一步步走近自己挚爱的男人，尽管她跟随项羽南征北战，可她毕竟是一个女人，一个也会怕，也会不知所措的女人。她太爱自己的男人，那样的情况下，她不知道该为他，或是能为他做些什么。于是，她选择了了断自己，为自己的男人减少一分牵挂，留下一分生机。她走了，带着多少的不舍、多少的留恋和多少的牵挂走了。她走的是那样的凄美，曲终人亡……

有人说项羽自刎乌江是懦弱的表现，说他应该重整旗鼓，重新来过。在我看来，却觉得这是他最好的结局。与他并肩作战的将士们死了，与他生死相随的虞姬死了，千万江东父老的期望辜负了，除了死，他还有第二条路可走吗？别忘了，他是英雄，是顶天立地的英雄，苟且偷生不是他的作风，那只会更让他蒙羞。死，是他唯一的选择。他不舍虞姬，真真正正地陪她走过一辈子！

据说宋词词牌【虞美人】得名于虞姬。清朝诗人何浦【虞美人】云："遗恨江东应未消，芳魂零乱任风飘。八千子弟同归汉，不负军恩是楚腰（虞姬）。"作者认为八千楚军被迫投降刘邦，没有一人像虞姬那样的坚贞。坚贞，可怕的坚贞！我们记得的只是一个男人如何悲壮地失去他的天下、他的女人，但谁记得住你坠落时的不甘、不忍、不放？这是你希望的，那好，你做到了："汉兵已略地，四方楚歌声。大王意气尽，贱妾何聊生！"这就是虞姬的回答。

梅兰芳扮演的虞姬雍容华贵，头戴如意冠，身穿鱼鳞甲，外罩明黄色绣花斗篷，举止端庄，气质典雅，楚楚动人。尤其是在《巡营》一场演唱的【南梆子】曲调清新，凄凉婉转，揭示了人物的心情和处境。接下来的一曲【二六】载歌载舞，意在缓解和减轻项羽的悲愁与压力。采用京剧曲牌【夜深沉】伴奏的剑舞，更展现了人物的纯情与风采，使虞姬的艺术形象达到了精美绝伦的境界。

"霸王别姬"故事，反映的是虞姬和项羽感天动地的爱情：楚霸王英雄末路，虞姬自刎殉情。这悲情一瞬，已定格在中国文学的字里行间，定格在中国戏曲的舞台上，成为中国古典爱情中最经典、最荡气回肠的灿烂传奇。

梅兰芳的出色表演，更突出了这出戏的教育意义，毛泽东多次观看这出戏，在讲话时顺手拈来，教育广大党政干部，要发扬民主，虚心听取各方面的批评，改进作风，把工作做好，这是很有益的。


# 《断桥》（昆曲） 梅兰芳演出本


## 【原文】

白娘娘：梅兰芳

青儿：梅葆玖

许仙：俞振飞

白娘娘： （白）哎呀，好苦哇！（唱［山坡羊］）顿然间，哎呀！鸳鸯折颈。（呼疼）啊哟！

青儿： （白）看仔细！

白娘娘、青儿： （同唱）唉，奴薄命孤鸾照命。好教我泪珠暗滚。哎呀！怎知他一旦多薄幸。

青儿： （白）娘娘吃了苦了。

白娘娘： （白）青儿啊。

青儿： （白）娘娘。

白娘娘： （白）可恨法海竟不放俺官人下山。与他争斗，奈他法力无边，险被擒拿。幸借水遁而逃，来到临安；不然险遭一命。（哭）

青　儿：　　（白）娘娘，仔细想来都是许仙那厮薄幸。倘此番见面，断断不可饶恕他。

白娘娘：　　（白）便是。

青　儿：　　（白）如今我们往哪里安身才好？

白娘娘：　　（白）许郎的姊丈，在此钱塘居住；我和你投奔到彼，再作道理。

青　儿：　　（白）倘若不肯相留如何是好？

白娘娘：　　（白）不妨。且到彼再处。

青　儿：　　（白）如此，娘娘请。

白娘娘：　　（白）啊哟，啊哟！

青　儿：　　（白）娘娘，为什么啦？

白娘娘：　　（白）我腹中疼痛，寸步难行，怎生挨得到彼呀！

青　儿：　　（白）哎呀呀！想是要分娩了。喏喏喏，前面已是断桥亭；待我扶着娘娘，去至亭中稍坐片时再行便了。

白娘娘：　　（白）使得。唉，许郎啊，我和你恩情匪浅，不想你这般薄幸，哎呀，好凄惨人也。

青　儿：　　（白）可怜！

白娘娘：　　（白）（接唱）唉，忒硬心。哎哟……

青　儿：　　（白）娘娘。

青　儿：　　（白）娘娘看仔细。

白娘娘：　　（接唱）怎不教人雨泪淋。无端抛闪，抛闪无投奔。青儿呀！

青　儿：　　（白）娘娘。

白娘娘：　　（想）我细想前情。好教人气满襟。凄情，不觉的鸾凤分；伤情，怎教再和鸣。

许　仙：　　（接唱前腔）一程程钱塘将近，蓦过了千山万岭；锦层层过眼烟云，虚飘飘魂断蓝桥境。

　　（白）悔不该去往金山烧香，连累我家娘子受尽苦楚，这都是我的不是啊！想我与娘子恩情匪浅，平日待我十分体贴，故此我下得山来，寻找娘子的下落。（忽然想起）啊呀慢来，想金山之事，那青儿必然怀恨

152

于我，倘若见面，定不与我干休，这这……倒叫我犹豫不定，进退两难。哦，有了，我不免去到姐丈家中暂且安身再做计较。（接唱）且在钱塘安身。愁煞人进退无门。寻思教我两下分如进；只怕怨雨愁云恨未平，追省，感垂怜相救恩；伤心，痛往事暗伤情。

　　白娘娘、青儿：　　（白）许仙！

　　许仙：　　（白）啊！

　　白娘娘、青儿：　　（白）往哪里走！

　　许仙：　　（白）哎呀，吓死我也，吓……吓死我也！你看，那边青儿，同着娘子，怒气冲冲，追赶前来，哎呀！我此番性命休矣！（接唱【五供养】）我双眼定睛……

　　白娘娘、青儿：　　（白）许仙！

　　许仙：　　（接唱）呀！忽听他言，相叫声声；遥观青儿、娘子到，心内战兢兢。哎呀，苍天怜悯！竟无处将身遮隐，怎想天相救这灾星，罢！我暂时拼命向前行。

　　白娘娘、青儿：　　（白）许仙！往哪里走！

　　许仙：　　（白）哎哟，哎哟！

　　白娘娘、青儿：　　（白）许仙，往哪里走。

　　白娘娘、青儿：　　（同唱【玉交枝】）轻分鸾镜，那知他豺狼心性。思量到此教人恨。全不想凤枕鸳衾。

　　青儿：　　（白）娘娘，你看许仙见了我们，反自逃奔。哎呀，咦！思之可恨！

　　白娘娘：　　（白）不必多言，我和你急急赶上前去。

　　青儿：　　（白）娘娘请。

　　白娘娘：　　（接唱）谁知今朝绝恩情！教人不觉添悲哽！哎哟！

　　青儿：　　（白）看仔细。

　　白娘娘：　　（接唱）哎呀，那怕他插翅飞腾！我这里急忙追奔。（白）许仙！往哪里走！

　　许仙：　　（白）哎呀，啊，哎呀！

　　许仙：　　（唱【川拨棹】）我行步紧。愿葵赐救星。止不住珠泪盈盈，止不住珠泪盈盈。

许仙：　（白）哎呀，且住！看她们紧紧追来，教我向何处躲避呀！也罢！我不免上前相见，这生死付之天命也。（接唱）我向……

白娘娘：　（白）许仙！

许仙：　（白）哎哟！

许仙：　（接唱）向前行心内战兢。

白娘娘、青儿：　（唱）笑伊行何处行，笑伊行何处行！

许仙：　（白）哎呀，娘子，娘子！

白娘娘：　（白）你好薄情也……

许仙：　（白）啊，娘子，为什这般狼狈来到这里介？

白娘娘：　（白）你听信谗言，把夫妇恩情一旦相抛，累我们受此苦楚。喂呀，还要问它怎么？

青儿：　（白）还要问他怎么？

许仙：　（白）是，是。——娘子请息怒，听卑人一言相告。

青儿：　（白）你且讲来！

许仙：　（白）是。我那日上山，本欲就归。

青儿：　（白）为何不归？

许仙：　（白）咦！都被那法海将言煽惑，连累娘子受此苦楚，实非卑人之过呀。

青儿：　（白）许仙，你且收了这假慈悲。走来！

许仙：　（白）青姐有何话讲？

青儿：　（白）我来问妳；娘娘是何等的待你？

许仙：　（白）娘子，是好的。

青儿：　（白）却又来，不念夫妻恩情，亏你下得这般毒手，于心何忍！

许仙：　（白）哎呀，冤哉呀！

青儿：　（白）于心何忍！（打许仙）

许仙：　（白）娘子，饶恕卑人吧。

青儿：　（白）娘娘，不要睬他！

许仙：　（白）饶恕卑人吧。

青儿：　（白）不要睬他。

许仙：　（白）哦……哦……

白娘娘：　（白）咳，冤家！（唱［金络索］）曾同鸾凤衾……指望交鸳颈，不记得当时曾三生证！如今负此情，反背前盟。

许仙：　（白）卑人岂敢。

白娘娘：　（接唱）你听信谗言屡屡起狼心！哎呀，害得我几丧残生，进退无门，怎不教人恨？

许仙：　（接唱）娘行须三省，乞望生怜悯。感你恩情，我指望诸欢庆。娘行鉴慈心，几鸾凤分。哎呀，娘子啊，望海涵命。——（白）青姐。（接唱）烦你劝解，全仗赖卿卿。——伏望娘行暂息雷霆。喏，容赔罪生欢庆。（白）娘子，饶恕卑人罢！

青儿：　（白）娘娘，不要睬他！

许仙：　（白）哦……哦……

白娘娘：　（白）我且问你，下次可敢了。

许仙：　（白）下次再……再也不敢了。

白娘娘：　（白）如此起来。

许仙：　（白）啊？

青儿：　（白）起来！

许仙：　（白）是，是。多谢娘子。

白娘娘：　（白）如今我们往哪里安身才好？

许仙：　（白）不妨，且到我姐丈家中暂且住下，再作道理。

白娘娘：　（白）但此去切不可提起金山之事；倘若泄漏，决不与你干休！

许仙：　（白）是，是，卑人怎敢。娘子请！

白娘娘：　（白）啊哟！啊哟！

许仙：　（白）娘子，为什么啦？

青儿：　（白）他还不晓得！

白娘娘：　（白）我腹中疼痛，寸步难行，哎呀，怎生挨得到彼呀！（哭）

许仙：　　　（白）噢，想是要分娩了。啊，娘子，我同青姐扶至前面，雇乘小轿而行便了。

白娘娘：　　（白）咳，许郎啊。

许仙：　　　（白）娘子。

白娘娘：　　（唱【尾声】）此行休得泄真情。

青儿：　　　（接唱）两下里又生欢庆。

白娘娘：　　（白）啊，青儿。

许仙：　　　（白）青姐。

青儿：　　　（不理）……

白娘娘：　　（白）青儿。

青儿：　　　（白）娘娘。

白娘娘：　　（白）想此事非关许郎之过呀。

许仙：　　　（白）是呀，实非卑人之过。

白娘娘：　　（白）都是法海不好。

许仙：　　　（白）都是法海不好哇！

白娘娘：　　（白）谅他下次再不敢了。

许仙：　　　（白）下次再也不敢了。

白娘娘：　　（白）饶恕他罢！

许仙：　　　（白）饶恕我罢！

白娘娘：　　（白）饶恕他罢！

许仙：　　　（白）饶恕我罢！

青儿：　　　（白）只怕未必。

白娘娘：　　（白）咳，我也不怨别的哟！

许仙：　　　（白）哎呀，娘子呀，敢是卑人么？

白娘娘：　　（白）哎呀，喏！（接唱）只恨我命犯我也迍逗，哎呀，遇恶僧。（白）哎呀，……

许仙：　　　（白）娘子，看仔细。

白娘娘：　　（白）青儿！

青儿：　　　（无可奈何）咳！（三人同下）

## 【毛泽东评点】

1951 年 2 月 16 日农历除夕之夜，怀仁堂举行春节晚会。毛泽东出席观看梅兰芳（饰白娘子）主演的《金山寺》《断桥》。翌日春节，毛泽东接见梅兰芳含笑地说："昨天看了《金山寺》《断桥》，你的白娘子扮相与众不同，想得很妙，浑身穿白，头顶一个红绒球。"对毛泽东的这番审美见解，梅兰芳十分惊讶，一时无言以对。天下"梅迷"（解放前甚至有名人组成"梅党"捧梅）知多少，而真正是"梅"的知音又有几人。回到家里，梅兰芳无限感慨地说："毛主席看戏可真仔细！这么多年，从未有人说白娘子的扮相。的确，我是费了很多时间的研究，才改成现在这个样子的。"

——单劲松：《毛泽东、周恩来与梅兰芳的交往与情谊》，《湘潮》2016 年第 6 期

## 【赏析】

戏曲传统剧目《断桥》源于清代黄图珌《雷峰塔》传奇，即今《白蛇传》之一折，各地方戏曲常作单折演出：白娘子到金山寺索讨丈夫，因身怀有孕，寡不敌众，在小青搀扶下，败退西湖断桥，正巧许仙获释，接踵而至。猛见薄幸姑爷，小青拔剑相向；白娘子念及夫妻情深，竭力劝阻；许仙再三赔罪，自责不该误信谗言，夫妻重归于好，主仆相谐如初。断桥并非断桥，早春二月，桥顶雪化，远处眺望，差似断桥。神话爱情结缘人间胜景，平添一种破镜重圆的凄美情愫。此系梅兰芳所演昆曲戏中的代表作之一，1955 年经北京电影制片厂搬上银幕，再现 1949 年上海演出的最佳搭档：俞振飞饰许仙，梅葆玖饰小青，由吴祖光导演，辑入《梅兰芳舞台艺术》上集。

《断桥》原是昆剧《雷峰塔》中的一个折子戏，也是昆坛中一出不可多得的好戏。由于昆曲以唱功见长，情节发展比较缓慢，除了少数"昆迷"之外，一般观众颇难接受。民国初，梅兰芳首次加以改编演出，但他很快发现，以昆曲形式演出此剧有许多局限性，遂将它改为京剧，并采用田汉的剧本。此后又经过多次加工，成为梅兰芳的一个代表剧目。其中有一个小动作：白素贞在见到许仙之后，用手指在许仙额上一点，"你这冤家……"不料许仙的身子往后一倒，白素贞见状又急忙上前扶他。这种瞬

王蕴章

间的爱恨交织，被外化得如此精妙。这是梅大师的精心创造，也是白素贞与许仙这两个人物之间关系的点睛之笔。几乎所有的剧种在演出此剧时，都少不了这一动作。

毛泽东对此剧很有兴趣，不仅看得很入神，而且对演员的扮相创造也注意到了。

《断桥》作为一个经典剧目，当以京剧为大宗，四大名旦梅、程、荀、尚都有自己的演出方式。当代名家如李玉茹、李世济、杜近芳以及后来的胡芝凤、张火丁、李维康、李胜素等也都各有所长。昆曲名家如张继青、华文漪、王奉梅等所演，仍有一定的经典意义；越剧是当今流行剧种，越剧名家如吴凤花、方亚芬、何英、何赛飞等也都有各自的《断桥》；有趣的是，中央电视台在一次春节晚会上，还推出一台由川剧、越剧与豫剧演员同台演出的搞笑版《断桥》，满口"洋泾浜"，令观众忍俊不禁。

## 《荒山泪》第九场（京剧）
### 程砚秋演出本

【原文】

鲍世德　　（内二簧导板）

　　　　　　叹衰年逢乱世我生不幸，

（鲍世德上。）

鲍世德　　（回龙）　可叹我，上深山，好一似鸟被弓惊！

　　　　　（二簧原板）

　　　　　　想当年旧同伴杳无踪影，可叹我也到了末路飘零！免不得向丛林奋身前进——

张慧珠　　（内叫头）　公婆，我夫，姣儿呀！

鲍世德　　（二簧散板）

　　　　　　又听得山林内啼哭之声！

| | | |
|---|---|---|
| （白） | | 那旁有一妇人啼哭之声，待我寻找寻找。 |
| | | 噢，原来是高家娘子。待我听她讲些什么。 |
| 张慧珠 | （内二簧摇板） | |
| | | 痛儿夫随老父无端丧命， |
| | | 痛姣儿此一去永诀今生。 |
| | | 痛婆婆临到死目还未暝，婆婆呀！ |
| 鲍世德 | （白） | 高娘子，山中惯出猛虎伤人，快快走了出来吧！ |

（张慧珠上。）

| | | |
|---|---|---|
| 张慧珠 | （二簧散板） | |
| | | 我如今不畏虎转向前迎。 |
| | | 倘能够死同穴真蒙虎荫—— |
| 鲍世德 | （白） | 来来来，随我回去吧！ |
| 张慧珠 | （白） | 我怕呀！ |
| 鲍世德 | （白） | 怕什么？ |
| 张慧珠 | （二簧散板） | |

怕家中又来了讨税之人。我情愿在荒山孤身坐等，等、等、等我夫来此地一显阴灵。

（王四香、崔德富同上。）

| | | |
|---|---|---|
| 王四香 | （白） | 啊，你们躲到这儿来啦！ |
| 张慧珠 | （白） | 你、你、你们又作什么来了？ |
| 王四香 | （白） | 我们还是来要钱！ |
| 张慧珠 | （二簧散板） | |

你、你、你害得我一家人死亡殆尽，你、你、你害得我苦命女无处存身！

（张慧珠取出短刀。）

| | | |
|---|---|---|
| 张慧珠 | （二簧散板） | |
| | | 恨不得手利刃一申幽愤—— |
| 王四香、崔德富 | （同白） | |
| | | 我们是奉命差遣，概不由己呀！ |

鲍世德　　（白）　　哼，分明是一伙强盗！

张慧珠　　（二簧散板）

　　　　　　　　听他言我方觉如梦初醒！

王四香　　（白）大娘子，你别怪我们哥们儿，也别怪我们县太爷，这是朝廷王命！谁敢违抗呀！

张慧珠　　（二簧快三眼）

　　　　　　　　我不怪二公差奉行命令，

　　　　　　　　却因何县太爷暴敛横征？

　　　　　　　　恨只恨狗朝廷肆行苛政，

　　　　　　　　众苍生尽做了这乱世之民。

　　　　　　　　眼见得十室中九如悬磬，

　　　　　　　　眼见得一县中半死于兵；

　　　　　　　　眼见得好村庄变成灰烬，

　　　　　　　（二簧散板）

　　　　　　　　眼中人俱都是那虎口余生，

　　　　　　　　我不如拼一死向天祈请——

　　　　　　　（白）　　苍天哪！

　　　　　　　（二簧散板）

　　　　　　　　愿世间从今后永久太平。

（张慧珠自刎死。鲍世德向前张望。）

鲍世德　　（白）　　哎呀！

崔德富　　（白）　　完了！这家子可全死绝了！

王四香　　（白）　　这可是一个大钱都挤不出来了！

鲍世德　　（白）　　哼！

（鲍世德取张慧珠手中刀，怒视二公差，王四香后退。）

王四香　　（白）　　走吧，走吧，找别家要去吧。

（内呐喊声。王四香、崔德富同逃下，鲍世德追下。）

杨得胜　　（内白）　军士们！趱行者。

（急急风牌。八军士引杨得胜同上，过场，同下。）

1948 年至 1949 年春，在西柏坡指挥三大战役作战的日子里，毛泽东以听京剧唱片休息脑筋，特别是高庆奎的《逍遥津》、言菊朋的《卧龙吊孝》、程砚秋的《荒山泪》，高兴了，他看程砚秋演出的《荒山泪》时，全神贯注，观后说："程砚秋演出很成功，内容和唱腔都很好。"当警卫员不以为然地说和延安平戏差不多时，毛泽东解释说："你是不懂人家的艺术，还是程先生演得好、唱得好多了。"他还给警卫员介绍程砚秋："他也是在抗日战争中隐居农村，不给敌人演出，不管敌人用什么手段威逼利诱，他始终没有登台演出。像这样有名望的艺人，我们不仅是看他的艺术表演，更重要的是尊敬他的民族气节和正义感，号召人们向他学习。"他还认为，"程砚秋比梅兰芳唱得好"。

——邸延生：《历史的真言——李银桥在毛泽东身边工作纪实》，
新华出版社 2000 年版。


【赏析】

程砚秋（1904—1958），原名荣承麟，艺名砚菊农、艳秋、号玉霜、御霜，北京人，满族。京剧"四大名旦"之一，我国现代京剧表演艺术家。自幼学戏，演青衣，受师于梅兰芳。他在艺术上勇于革新创造，讲究音韵，注重四声，追求"声、情、美、水"的高度结合，并根据自己的嗓音特点，创造出一种幽咽婉转、起伏跌宕、若断若续、节奏多变的唱腔，形成独特的艺术，世称程派。代表性剧目有《青霜剑》《荒山泪》《春闺梦》等。解放后曾任中国戏曲研究院副院长等职。1957 年加入中国共产党。

明朝末年，崇祯帝昏庸，不断抽取苛捐杂税，更加深了人民的痛苦。农民高良敏因付不出捐税，父子俩被抓入狱，儿媳张慧珠日夜织绢才将父子赎回。刚到家，公差又来抽取新税，高良敏父子连夜去采药被老虎吃了，慧珠的独子宝莲又被抓去，年老的婆婆一气之下晕倒身亡。索税公差仍向她要税，慧珠一人逃进深山荒野，公差跟踪而至，慧珠自刎而死。

全剧共九场，我们选的是最后一场，是这出悲剧的高潮。张慧珠的公爹和丈夫为交欠税银，上山采药被老虎吃掉，儿子被抓丁，婆婆被活活气死，冒着被老虎吃掉的危险，自己跑到荒山，仍躲不开公差追讨银两，最后只能以死抗争。但这绝不一个个案，而是极有代表性，具有典型意义。因为当时的情况是："眼见得十室中九如悬磬，眼见得一县中半死于兵；眼见得好村庄变成灰烬"，"眼中人俱都是那虎口余生"。张慧珠天真地想："我不如拼一死向天祈请——"，"愿世间从今后永久太平"。这使我们想起孔子"苛政猛于虎也"的名言。

《荒山泪》是在1929年编写的，程砚秋于1930年开始上演。那时正值反动统治者勾结帝国主义，军阀连年混战，造成人民无限痛苦，《荒山泪》的演出，反映了当时人民的愤懑情绪。我们很容易把明王朝镇压李自成农民义军与当时的蒋冯阎中原大战联系起来，对国民党是一种有力的批判。后来在抗日战争和解放战争中，国民党蒋介石集团一心打内战，妄图消灭中国共产党，对广大民群众加紧压榨剥削，苛捐杂税，名目繁多，群众有句俗话说"国民党的税多"。诗人袁水拍针对这种情况，1947年写了一首《万税》的诗。诗中写道：

"这也税，那也税，东也税，西也税，样样东西都有税，民国万税，万万税！

"最近新税则，又添赠予税，既有赠予税，当然还有受赠税。

"贿赂舞弊已公开，不妨再来贿赂税和舞弊税。强盗和小偷，恐怕也要缴盗窃税。

"实在没办法，还加好几种，抽了所得税，抽所失税。

"印花税，太简单，叶印枝也要税。交易税不够再抽不交易税，业税不够再抽不营业税。

"此外，抽不到达官贵人的遗产税和财产税，索性再抽我们小百姓的破产税和无产税！"由此可见，程砚秋先生演《荒山泪》，是借古讽今，其批判矛头是很清楚的。

1957年在周恩来总理提议下，程砚秋又将剧本加以整理，拍摄成彩色影片。

# 《卧龙吊孝》第三场（京剧）
## 言菊朋演出本

【原文】

诸葛亮都督啊！

（唱西皮散板）一见灵位泪涟涟，捶胸顿足向谁言。我哭（哇）——哭一声周都督，叫——叫一声公瑾先生，啊。

（哭头）我的心痛酸。

诸葛亮啊，大夫，亮过得江来，谨备祭文一道，相烦大夫站立，亮就此与都督，唉，上香了……

鲁肃　请先生上香。

胡琴奏【西皮哭皇天】曲牌。鲁肃燃香交孔明，孔明举香拜毕，曲牌收住。

鲁肃请先生读祭文。

诸葛亮看祭文伺候！

【五击头】赵云呈祭文，孔明站台中读祭文。

诸葛亮大汉建安十五年冬十二月廿三日，南阳诸葛亮谨备祭文一道，致祭于东吴大都督周氏公瑾之灵位，哀而告曰！（"告曰"二字拔高叫起）

【急急风】

四将两边上，交叉站台前，两边宝剑出鞘"亮住"。

孔明面向灵堂。赵云拔剑（不离鞘），向外。

鲁肃、小乔摇手示意众将，不可动手。四将分两边下。

赵云出门，两望门。进内。

【四击头】

赵云拔剑向鲁肃"亮相"，孔明向赵云使眼色，摇手阻止。

诸葛亮（站台中继续念祭文）

呜呼公瑾，不幸夭亡。修短故天，人岂不伤。

君其有灵，享我烝尝。呜呼公瑾，生死永别。

朴守其贞，冥冥灭灭。魂如有灵，以鉴我心。

从此天下，更无知音。呜呼痛哉，伏惟尚飨！

孔明读毕祭文交鲁肃，鲁肃接过祭文放灵台上。孔明走向台右转身。

（起【叫头】）

诸葛亮（念）都督！公瑾！啊，都督呀！

【唱二黄导板】见灵堂不由人珠泪满面。

（念）都督！公瑾！啊，贤弟呀！

【回龙】叫一声公瑾弟细听根源。

【反二黄慢板】曹孟德领人马八十三万，擅敢夺东吴郡吞并江南。周都督虽年少颇具肝胆，命山人借东风在南屏成全。庞士元他把那连环来献，黄公覆苦肉计火烧战船。料不想大英雄不幸命短，空余那美名儿在万古流传。只哭得诸葛亮把肝肠痛断，我把肝肠痛断，公瑾啊！

【慢长锤】孔明转身向灵堂作拱手状，转身接唱。

【反二黄原板】只落得口无言心欲问天，叹周郎曾顾曲风雅可羡。叹周郎论用兵孙武一般，公瑾死亮虽生无弓之箭。知我者是都督，怕我的是曹瞒。断肠人难开流泪眼，生离死别万唤千呼，不能回言，都督哇！

【住头】

鲁肃　先生不要过于悲痛，请至馆驿待茶。

诸葛亮　唉！

【五击头】孔明抖袖走向台右角。

（念）越思越想越伤情，点点珠泪洒衣襟。

苍天既叫公瑾死，尘世何必留孔明！

一道祭文伤往事，三杯水酒叙交情。

先前每叹知音少，如今越发少知音！

孔明转身向灵堂起【叫头】都督！

你一旦舍我而去，这破曹大业，教何人承当！辅汉安吴之策，与谁商量！你怎的不应那！你……是怎的不语呀！（哭介）

起【撕边】

小乔示意鲁肃，请孔明离开灵堂。

鲁肃　啊，先生，不要悲痛，这破曹之事，乃都督未竟之志，还需孙刘两家一同承担。

诸葛亮　大夫高见。

鲁肃　先生还需多加保重，馆驿安歇了吧！

诸葛亮　多谢大夫。

孔明走向台口，赵云示意即离此处，孔明向上空一望，用扇一指，哭介。都督哇！、

孔明扇放到背后转身。赵云、孔明、鲁肃同下。

【急急风】四将有两边急上。

四将　啊，夫人，诸葛亮既然到此，为何将他放走？

小乔　众位将军，诸葛亮过江吊祭乃是好意，我等当以国事为先，你等不要鲁莽，下面歇息去吧！

四将　是。

四将出门，同捶拳，作泄气状。

四将　嘿！

唢呐吹（尾声合头）

大锣打下，众人同下

## 【毛泽东评点】

1948 年至 1949 年春，在西柏坡指挥三大战役作战的日子里，毛泽东以听京剧唱片休息脑筋，特别是高庆奎的《逍遥津》、言菊朋的《卧龙吊孝》、程砚秋的《荒山泪》，高兴了，他看程砚秋演出的《荒山泪》时，全神贯注，观后说："程砚秋演出很成功，内容和唱腔都很好。"

——李银桥著：《在毛泽东身边十五年》，河北人民出版社 1991 年版。

## 【赏析】

言菊朋（1890—1942），原名锡，北京人，蒙古族。现代京剧表演艺术家。曾在清廷蒙藏院任职。因酷爱京剧，业余参加清音雅集、春阳友会等票房，演老生。早年经常观摩谭鑫培演出，并从陈彦衡学"谭派"戏，

又向红豆馆主、钱金福、王长林等请益，唱、做、念、打均有基础。1923年，在梅兰芳、陈彦衡等鼓励下，正式参加戏班。以演《汾河湾》《战太平》《定军山》《桑园寄子》《法场换子》等著名。他文化素养较高，尤精通音律。20世纪20年代末自己挑班后，又在"谭派"基础上，吸收其他行当和京韵大鼓的唱念方法，自创新腔，婉转跌宕、细腻精巧，世称"言派"。独擅剧目《卧龙吊孝》《让徐州》等均为"谭派"老生所不演，独辟蹊径，深为世人所推重。子少朋，演老生；女慧珠，演花旦。

《卧龙吊孝》，也叫《柴桑口》，共三场。它取材于中国古典文学名著《三国演义》第五十七回《柴桑口卧龙吊丧 耒阳县凤雏理事》。故事发生于东汉末年。所谓三国就是当时各据一方的魏国、蜀国和吴国。三国当中的一国都想灭掉其他两方，称雄天下。因此，三方之间战事不断。当时，曹操比较强大，无论是刘备还是孙权都不是他的对手。因此，诸葛亮一直呼吁刘备和孙权联合起来，与魏国争天下。但这一呼吁没有得到孙权的响应。后来，孙权大将周瑜率吴军在巴丘与刘备军交战，吴军被诸葛亮以计谋打败。周瑜因兵败忧郁悲愤而死，吴军发誓要向蜀国报仇。

为了化解与吴国的仇怨，实现孙刘两国联合抗曹的大业，诸葛亮不畏凶险，到吴国设在柴桑的周瑜灵堂吊祭。吊祭时，诸葛亮痛哭周瑜的英年早逝，哭诉因未能实现孙刘两方合力抗魏的计划而使两方面临着十分危急的局面。诸葛亮的真情和雄辩煽情、一针见血的话语打动了吴国朝野，于是他们放弃了报仇计划。诸葛亮安然回到蜀国首府荆州。它是言菊朋的代表作。从唱词到唱腔，都是逐字逐句完成的。用大写意的手法，把人物的性格刻画出来。其核心唱段的十三句唱词中，只有哭，有假悲和骨子里的不屑，看不到"惺惺惜惺惺'的痕迹，言菊朋用一个"颇"、一个"命"、一个"空"字，把诸葛亮的内心世界表现出来了，这叫大写意，耐人寻味。其唱腔"婉转跌宕、细腻精巧"，毛泽东很喜爱听。

# 《打渔杀家》第一场（京剧）

## 【原文】

萧桂英　　（内西皮导板）

　　　　　　　　　白浪滔滔海水发，

萧恩　　　（内白）　开船呐！

（萧桂英、萧恩上。）

萧桂英　　（西皮快板）

　　　　　　　　　江边俱是打鱼家。

　　　　　　　　　青山绿水难描画，

　　　　　　　　　树直哪怕日影斜。

萧恩　　　（白）　儿啊。

　　　　　　（西皮散板）

　　　　　　　　　父女打鱼在河

　　　　　　　　　家贫哪怕人笑咱。

　　　　　　　　　桂英儿掌舟舵父把网撒，

　　　　　　　　　可怜我年迈苍苍气力不佳。

萧桂英　　（白）　爹爹年迈，这河下生意不作也罢！

萧恩　　　（白）　本当不作河下生意，怎奈你我父女拿什么度日呀？

萧桂英　　（白）　喂呀！

萧恩　　　（白）　不要啼哭，将船拴在柳荫之下，为父要凉爽凉爽啊。

萧桂英　　（白）　儿遵命！

萧恩　　　（白）　啊，二位贤弟慢走，愚兄不远送了！这才是我的好朋友！哈哈！

萧桂英　　（白）　爹爹，上船来吧！

萧恩　　　（白）　哦，来了。

萧桂英　　（白）　啊，爹爹，此二位叔叔他是甚等样人？

| 萧恩 | （白） | 哦，儿问的是他？儿呀！ |
| | （西皮摇板） | |
| | | 忆昔当年擒方腊， |
| | | 倪荣、李俊二豪侠。 |
| | | 蟒袍玉带不愿挂， |
| | | 弟兄们双双走天涯。 |
| 萧桂英 | （白） | 呀！ |
| | （西皮摇板） | |
| | | 昔日有个俞伯牙， |
| | | 千里迢迢访豪家。 |
| | | 知心人儿说的是知心话， |
| 萧恩 | （西皮摇板） | |
| | | 猛抬头见红日坠落西斜。 |
| | （白） | 啊，儿啊，你看天色不早，你我父女回去吧。 |
| 萧桂英 | （白） | 回去吧。 |
| 萧恩 | （白） | 哎，待我收拾收拾。 |
| 萧桂英 | （白） | 是！ |
| 萧恩 | （白） | 正是： |
| | （念） | 父女打鱼在江下， |
| 萧桂英 | （念） | 家贫哪怕人笑咱。 |
| 萧恩 | （念） | 看看不觉红日落， |
| 萧桂英 | （念） | 一轮明月照芦花。 |

（萧恩、萧桂英同下。）

## 【毛泽东评点】

1947年，毛泽东转战陕北来到杨家沟的一座三面临崖的地主庄园时，毛泽东就说："压迫人的总是什么都怕。怕遭土匪抢劫，更怕穷人造反。《打渔杀家》里的萧恩父女就是被逼得走投无路，才跟地主拼命的。这在封建社会是常见的事。"

1948 年，毛泽东在观看了晋绥评剧团演出的《打渔杀家》后，又兴致勃勃地说起萧恩其人。他说："这人是一条英雄好汉，敢于同压迫、剥削穷苦平民百姓的官府作斗争，敢于反抗，这是值得赞扬的。但是只有他们父女二人，单枪匹马，力量就太单薄了。他要是能团结广大受苦受压迫的人民，来反抗官府的压迫剥削，那力量就大了。"

1957 年 10 月，在北京怀仁堂观看《打渔杀家》时，毛泽东对从海外归来的原国民党高级将领卫立煌说："萧恩的女儿萧桂英也动摇过哩，后来醒悟了，终于同梁山好汉一起去'革命'了，这就好了。卫将军此次回来，我把你比作萧桂英，萧桂英终于是'革命'了。"

1974 年底的一天，我们接到电话指示：准备上传统剧目。这一变动给我们带来了一系列问题。首先，剧团已有十来年没上演过传统戏了，演员要有一个恢复、熟悉的过程，服装道具也要制作、准备，工作量相当大。再说，怎样把节目发送出去呢？当然绝不能用原有的频道，否则观众都会看到传统戏，在那种年代，电视台公开播出旧戏如何得了？最后决定：开辟第五频道。于是，中央电视台派出专家，与湖南电视台一起昼夜加班，改装好发射机。其实，这样做有很大侥幸心理，万一观众偶然收看到了第五频道又怎么办呢？事实上也正是如此。

1975 年元旦这一天，我们调试的第五频道首次播出了《打渔杀家》《野猪林》《借东风》等几出传统戏，质量很好，接收效果也不错。汪东兴打来电话转达了毛泽东的意思：第一，对节目表示满意；第二，对全体工作人员表示感谢和问候。于是群情振奋，不必细说。

——黄海：《钟山风雨》第 1 期。

【赏析】

《打渔杀家》是一出有名的"水浒戏"，又名《庆顶珠》《讨鱼税》，是戏曲传统剧目之一。其剧情是这样的：梁山老英雄阮小七化名萧恩，他获得一颗宝珠，顶在头上入水，可以避水开路。后来成为萧恩的女儿萧桂英与花荣之子花逢春定亲的信物。

萧恩与众兄弟分手后，带女儿在江边打鱼为生。因天旱水浅，打不上

王蕴章

鱼，欠下了乡宦丁子燮的渔税，得罪了丁府。丁府派教师爷率家丁锁拿萧恩，萧恩忍无可忍，将众人打得落花流水。但丁府与官衙勾结，拘捕萧恩并杖责四十。萧恩愤恨之下大发英雄神威，带着女儿以献宝珠为名，夜入丁府，杀了渔霸全家。

全剧由"得宝""庆珠""比武""珠聘""打鱼""恶讨""屈责""献珠""杀家""投亲""劫牢""珠圆"等折组成。"打鱼"和"杀家"两折一直上演不衰，几乎所有有名的老生和花旦都会演这两折。后来这两折戏并成了一折，就叫《打渔杀家》了。

我们选的是京剧剧本《打渔杀家》第一场。剧情比较简单，写萧恩、桂英父女在江上打鱼，与同是江湖好汉的朋友李俊、倪荣相遇。丁郎奉丁员外之命向萧恩催讨渔税银子，李俊、倪荣为萧恩抱不平，赶走了丁郎。这场戏主要表现丁郎向萧恩催讨渔税银子的事端，剧中只有萧恩、桂英、李俊、倪荣、丁郎五人出场，但在人物交谈中又提到未出场的恶霸丁员外和贪官吕子秋，并说到桂英许配花逢春，这就交代了全剧的主要人物和主要戏剧冲突，为全剧情节的展开作了铺垫。

在这场戏中，如果出场人物只有萧恩父女和丁郎，那么戏剧冲突就难以展开。因此这场戏除萧恩父女和丁郎之外，还安排了李俊、倪荣两人出场，通过李俊、倪荣两人与萧恩的相互关系，透露了萧恩的非凡生平，让他们在倾心交谈之中，交代了桂英的婚事，更重要的是揭露了渔税银子的非法剥削性质，从而引起戏剧冲突。这场戏安排李俊、倪荣两人出场，既是表现戏剧冲突的需要，又丰富了情节，增添了情趣。

剧中的人物都有鲜明的个性。萧恩本是梁山泊英雄，他隐迹江湖，与世无争，只想平安度日。丁郎向他催逼渔税银子，他竭力忍让，只怕生事，连李俊、倪荣都认为他过于懦弱。他的思想性格在李俊、倪荣的映衬之下，显得十分隐忍、深沉。就全剧来看，萧恩起初的不反抗，更能反衬封建剥削和压迫的不义，反衬恶霸和官府的残酷；萧恩起初的不反抗与最后奋起反抗，愤而杀死恶霸，也正是相反相成的。剧中的其他人物也性格鲜明：李俊、倪荣豪爽侠义，好抱不平，尽显好汉本色；丁郎蛮横凶恶，欺软怕硬，现出一副狗腿子的嘴脸；桂英温顺懂事、少言寡语，是一个好女儿的形象。

毛泽东多次观看此剧，并以此剧的情节来教育军民群众，还用剧中的人物萧桂英来比从外海过来的国民党将军卫立煌，说明思想转变有一个过程，起到了很好的教育作用。


# 《白蛇传》第十一场　断桥（昆曲）
## 李玉茹演出本


【原文】

白素贞：（内西皮导板）

　　　　　杀出了金山寺怒火满腔！

（白素贞上）

白素贞：（吟板）　狠心的许郎啊！

　　　　（白）　　青妹，青妹，青——妹——

（小青从上飞下）

小　青：（白）　　姐姐。

白素贞：（白）　　青妹。

（两人相拥而泣）

白素贞：（西皮散板）

　　　　　恨法海活生生拆散鸳凰。

　　　　　许官人听谗言将我遗忘，

　　　　　害得我颠沛游离又回钱塘。

小　青：（白）　　姐姐怎么样了？

白素贞：（白）　　腹中疼痛，寸步难行。

小　青：（白）　　想是要分娩了吧，且到前面歇息片刻，再想办法吧。

白素贞：（白）　　事到如今，只好如此。

（小青扶白素贞眺望湖上，似乎又看到许仙撑伞桥上）

白素贞：（白）　青妹，这不是断桥么？

小　青：（白）　正是断桥。

白素贞：（白）　哎呀！断桥哇！如今桥未曾断，素贞我，却已柔肠寸断了哇！

（西皮散板）

西子湖依旧是当时模样，

看断桥，桥未断，却寸断了柔肠。

鱼水情，山海誓，他全然不想，

不由人咬银牙埋怨许郎。

小　青：（白）　许仙这负心之人，若被小青碰上，定饶不了他！

白素贞：（白）　哎，为姐也深恨许郎薄情无义，只是细想起，此事都是那法海从中离间，以致如此。

小　青：（白）　事到如今，你还这样地向着他，姐姐，难道你的苦还没受够吗？

白素贞：（白）　咳，青妹啊！

（西皮散板）

我与他对双星发下誓愿。

夫妻们相信赖各不猜嫌。

小　青：（白）　姐姐！

（西皮散板）

贤姐姐虽然是真心不变，

那许仙已不是当时的许仙。

叫天下负心人吃我一剑！

白素贞：（白）　青妹！

（白素贞感觉不支，小青扶她一旁坐下歇息）

（许仙上）

许　仙：（西皮散板）

心乱如麻奔家园，一路上只把贤妻念。

（许仙急瞥见白素贞、小青，惊诧）

许　仙：（西皮散板）

　　　　　　却见她花憔柳悴在断桥边！

　　　　　　急忙上前把贤妻见……

　　　　（白）　娘子！

白素贞：（白）　官人！

小　青：（白）　许仙！你来得好！

（小青打许仙，拔剑，许仙逃躲，白素贞护住）

白素贞：（白）　青妹！青妹。

（白素贞终于架住小青，许仙摔在地上）

白素贞：（西皮散板）

　　　　　　面对着负心人怨恨难填！

许　仙：（白）　娘子救命，娘子救命哪！

白素贞：（白）　青妹！

许　仙：（白）　娘子救命哪！

白素贞：（白）　怎么，你今日也要为妻救命么？你、你、你——

　　　　（西皮快板）

　　　　　　你忍心将我痛伤，

　　　　　　抛下妻儿入禅堂；

　　　　　　你忍心将我诓，

　　　　　　才对双星盟誓愿，

　　　　　　你又投法海惹祸殃；

　　　　　　你忍心叫我断肠，

　　　　　　平日恩情且不讲，

　　　　　　怎不念我腹中怀有小儿郎？

　　　　　　你忍心见我败亡，

　　　　　　可怜我与神将刀对枪，

　　　　　　只杀得筋疲力尽，

　　　　　　头昏目眩，腹痛不可当，

　　　　　　你袖手旁观在山岗。

王蕴章

173

手摸胸膛你想一想，

有何面目来见妻房？

小　青：（白）　许仙！是不是法海派你来追赶我们姐妹来了？

许　仙：（白）　哪有此事，哪有此事呀！

小　青：（白）　像你这样的负心之人，待我杀了你！

许　仙：（白）　娘子，听我说，听我说呀。

白素贞：（白）　青妹，听他说些什么。

小　青：（白）　讲！

许　仙：（白）　娘子啊！

（西皮流水）

贤妻金山将我探，

卑人困身樊笼间。

多亏小僧来指点，

方能下山访婵娟。

得与贤妻见一面，

纵死黄泉我的心也甜！

小　青：（白）　呸！

（西皮快板）

既是常把小姐念，

你为何轻易信谗言？

小姐与法海来交战，

却为何站在秃驴那边？

花言巧语将谁骗，

无义的人儿你吃我的龙泉！

白素贞：（白）　青妹不可！

（西皮导板）

小青妹且慢举龙泉宝剑！

白素贞：（白）　青妹！

许　仙：（白）　娘子，娘子！

白素贞：（白）　　　哎！

许　仙：（白）　　　娘子啊！

白素贞：（西皮散板）

妻把真情对你言。

你妻不是凡间女，

妻本是峨嵋一蛇仙。

（西皮原板）

只为思凡把山下，

与青儿来到西湖边。

风雨湖中识郎面，

我爱你深情眷眷、风度翩翩，

我爱你常把娘亲念，

我爱你自食其力不受人怜。

红楼交颈，

（二六）

春无限，

怎知道良缘是孽缘。

端阳酒后你命悬一线，

我为你仙山盗草受尽了颠连。

纵然是异类我待你的恩情匪浅，

腹内还有你许门的儿男。

你不该病好把良心变，

（西皮流水）

上了法海无底船。

妻盼你归家你不转，

哪一夜不等你到五更天。

可怜我枕上泪珠都湿遍，

可怜我鸳鸯梦醒只把愁添。

寻你来到金山寺院，

只为夫妻再团圆。

若非青儿她拼死战，

我腹中的娇儿也命难全。

莫怪青儿她变了脸，

冤家！

（散板）

谁的是、谁的非你问问心间。

许　仙：（西皮散板）

贤妻把真情说一遍，

忍千辛受万苦为的是许仙。

你纵然是蛇仙，

（散板）　我心不变。

小　青：（白）　许仙！我姐姐把真情实话都对你说了，你找你的法海师父去吧。

姐姐，咱们走！

许　仙：（白）　啊，娘子，我已然明白了，我已然明白了。

小　青：（白）　姐姐，咱们走！

白素贞：（白）　青妹，官人如今他明白了。

小　青：（白）　姐姐！

（西皮散板）

只怕是男儿汉变化万千。

许　仙：（白）　青姐呀！

（西皮散板）

许仙再把心肠变，

三尺青锋尸不全。

（许仙跪地请罪，白素贞忙扶起，和好如初）

小　青：（西皮散板）

他夫妻依旧是多情眷，

反显得小青我性情忒偏。

（白）　　罢！

（西皮散板）

　　　　倒不如辞姐姐天涯走远，

（白）　　姐姐，多多保重，小青拜别了！

白素贞：（白）　　青妹！

（西皮散板）

　　　　你与我患难交何出此言？

　　　　不见我怀胎儿就要分娩？

　　　　不见我流离在道路边？

　　　　怎忍心叫为姐单丝独线？

（白）　　青妹！想此事都是那法海不好！（一边暗示许

仙向小青赔罪）

许　　仙：（白）　　是啊，都是那法海不好！

白素贞：（白）　　官人如今他明白了。

许　　仙：（白）　　我明白了哇！

白素贞：（白）　　你就饶了他吧！

许　　仙：（白）　　饶了我吧！

白素贞：（白）　　青妹，青——妹！

小　　青：（白）　　姐——姐！

（西皮散板）

　　　　青我与姐姐血肉相连！

　　　　但愿得产麟儿母子康健，

　　　　但愿得那许——

（西皮流水）

　　　　但愿得我姑爷爱定情坚。

　　　　倘若是贤姐姐再受欺骗，

　　　　这三尺无情剑定报仇冤！

许　　仙：（白）青姐呀！

（西皮散板）

青姐但把心舒展，

许仙永不负婵娟！

（白素贞欢喜，待要走向许仙，却感到阵痛捧腹，许仙与小青接换着）

许　　仙：　（白）　　想是要分娩了吧？且到我姐丈家中再作道理。

白素贞：　（白）　　还是回钱塘门外红楼为好。青妹，官人来呀！

（西皮散板）

好难得患难中一家重见，

学燕儿蚬春泥重整家园。

小青妹搀扶我钱塘门转，

猛回头避雨处风景依然！

（三人同下）

（法海偷上，见三人离去，狂笑）

法　　海：　（白）　　哈哈……哈——

## 【毛泽东评点】

据毛泽东身边工作人员回忆：1958 年，毛泽东来到上海。市委负责同志为主席准备娱乐活动，征求他的意见，他想了想说："还是看场《白蛇传》吧。"

晚上，李银桥随毛泽东驱车来到上海干部俱乐部礼堂。毛泽东就座的前排摆放的是单人沙发，李银桥照例坐在他身边，因为值班卫士是 24 小时不离主席身边的。毛泽东肚子大，坐下后皮带就勒腰，所以他一坐，便照惯例松了腰带。

演出开始了。

毛泽东很容易入戏，一支烟没吸完，便拧息了，目不转睛地盯着台上的演员，再也不曾抽烟。他就那么睁大眼睛看，脸上的表情不断变化，时而热情洋溢，时而情思悠悠，时而扼腕叹息，唱得好的地方他就鼓掌。老和尚法海一出场，他的脸色立即阴沉下来，嘴唇微微张开，下唇不时轻轻地抽动一下，齿间磨响几声，似乎要将那老和尚咬两口。

随着剧情的展开，许仙和白娘子开始了痛苦的生死离别。毛泽东完全进入到戏的情节中，他的鼻翼开始翕动，泪水在眼圈里悄悄积聚，变成大颗大颗的泪珠，顺脸滚下，落在胸襟上。

毛泽东越来越控制不住自己的感情，泪水已经是一道一道地往下淌。他鼻子堵塞了，呼吸受阻，嘶嘶有声。附近市委领导的目光朝他这边稍触即逝。李银桥觉得有责任维护主席的"领袖风度"，便轻轻地咳了一下，不想咳声没唤醒毛泽东，却招来了几道目光。

毛泽东旁若无人，终于忘乎所以地哭出了声，那是一种颤抖的抽泣声，并且毫无顾忌地擦泪水、擤鼻涕，李银桥只盼戏快些演完。

就在法海将白娘子收钵镇压在雷锋塔下的一刻，惊人之举发生了！毛泽东突然愤怒地拍"案"而起，他的手拍在沙发扶手上，一下子立起身："不革命行吗？不造反行吗？"

就在毛泽东立起身的一刹那，裤子一下子脱落下来，直落到脚面。李银桥像被人捅了一棍子似的，他为没有维护好领袖形象而深深不安。

毛泽东却丝毫没有责怪李银桥的意思，似乎没有觉得掉了裤子，他还沉浸在剧情中。只有当全场响起雷鸣般的掌声时，才将毛泽东唤醒。他稍一怔，也跟着鼓起了掌。他回到现实中了。

毛泽东同演员见面时，用两只手同"青蛇"握手，用一只手同"许仙"和"白娘子"握手，没有理睬那个倒霉的老和尚"法海"。

毛泽东看戏"旁若无人"，平时哼唱戏剧时也"我行我素"，怡然自得，只是在记不清唱词时，才想到询问身边的工作人员。工作人员提示后，仍由他一人自娱自乐。为便于晚年毛泽东听好戏剧，有关部门曾将戏剧唱词印成大字本，他一边听时，一边可以对照看唱词，免去了有时听不清的遗憾。

——邸延生：《历史的真言——李银桥在毛泽东身边工作纪实》，
新华出版社 2000 年版。

## 【赏析】

李玉茹（1924—2008），著名京剧表演艺术家，著名京剧旦角，著名京剧演员，著名剧作家曹禺的夫人，满族，祖籍北京，原名李淑贞、雪莹。

王蕴章

她幼从票友李墨香学老生，1932年考入中华戏曲专科学校学青衣、后习花旦兼刀马旦，师从王瑶卿、程砚秋、于连泉（即筱翠花）、郭际湘、律佩芳、吴富琴等名家，为该校第四班"玉"字辈学生，与侯玉兰、白玉薇、李玉芝并称中华戏曲专科学校"四块玉"。1940年毕业后，组织"如意社"，自任社长并担任主要演员，先后与马连良、杨宝森、谭富英等名家合作演出。抗战胜利后，李玉茹定居上海，自1946年起在天蟾舞台与叶盛兰、李少春等以"十大头牌"轮流挂牌演出。1947年，李玉茹参加周信芳领导的"易俗社"，与周信芳、俞振飞等合作演出。上海解放后，李玉茹组建李玉茹京剧团，后并入上海京剧院并担任主要演员。生前任上海京剧院艺术顾问。在《白蛇传》《小放牛》《梅妃》《红梅阁》等剧中塑造了众多杰出的舞台艺术形象。

钱塘许仙路过西湖遇雨，与白蛇、青蛇幻化之白素贞、小青同舟；白素贞、许仙互生爱慕，许仙将雨伞借给白素贞，订期往访，二人成婚。金山寺僧法海暗地告诉许仙白素贞是蛇妖所变，唆使许仙于端阳节劝白素贞饮雄黄酒。白素贞现原形，许仙惊死。白素贞乃潜入昆仑山，盗取灵芝仙草，与鹤、鹿二童格斗。幸南极仙翁见怜，赠以灵芝，救活许仙。许仙上金山寺进香，多日不还。白素贞偕小青到金山寺，恳请法海放回许仙，法海不允。白素贞乃聚集水族，水漫金山，法海也召来天兵天将。白素贞因有孕，体力不支，败退下来，败至断桥，腹痛难行。许仙赶来，小青恨许负心，拔剑要斩。白素贞因夫妻情深，极力为许仙解脱，许仙一再谢罪，三人和好如初，同投许仙姐丈家安身。白素贞生一子，法海于婴儿弥月之期，将白素贞摄入金钵，压入雷峰塔下。

《白蛇传》是中国四大民间传说之一。主角是许仙和白娘子，故事包括借伞、盗仙草、水漫金山、断桥、雷峰塔、祭塔等情节。白蛇传传说源远流长，家喻户晓，是中国四大民间传说之一，（其余三个为《梁山伯与祝英台》《孟姜女》《牛郎织女》），也被列入"第一批国家级非物质文化遗产"之列。

故事成于南宋或更早，在清代成熟盛行，是中国民间集体创作的典范，描述的是一个修炼成人形的白蛇精与凡人的曲折爱情故事。传说发生在宋朝时的杭州、苏州及镇江等地。流传至今有多个版本，但故事基本包括借伞、盗仙草、水漫金山、断桥、雷峰塔、祭塔等情节。

　　早在1955年，李玉茹进上海京剧院，任主要演员。该年毛泽东主席到上海，在京剧晚会上，她与俞振飞合作演出《断桥》。毛泽东就观看过。1958年，毛泽东到上海，又观看了李玉茹演出的《白蛇传》。他观看时非常投入，在看到白素贞被压在雷峰塔下时，忽地从座位上站起来，说："不革命行吗？"

# 《庵堂认母》汉剧　沈云陔演出本

## 【原文】

　　王志贞：（白）花落花开，岁月催人。才过郎君忌辰之日，想我儿襁褓离母，虽附血书为据，怎奈一十六载音信全无，怎不叫人伤心落泪？

　　（唱）昼长夜长愁更长，

　　忆起了往事欲断肠。

　　可怜你年纪轻轻归阴去，

　　抛下我影单只身好凄凉。

　　欲待要高挂悬梁随你去，

　　苦只苦痴心难把娇儿忘。

　　恨只恨庵堂难把儿抚养，

　　惨只惨血书裹儿弃道旁。

　　我想儿茶不思来饭不想，

　　念我儿每日泪汪汪。

　　申郎啊！

　　你若知娇儿在何处？

　　我求你半夜与我托梦一场。

　　申郎啊，申郎啊！

我三番两次、两次三番呼唤你，

你为何头不点来口不张？

徐元宰：（唱）天地无边路绵长，

茫茫人海难寻娘。

水中捞月尚见影，

我访娘要比捞月更渺茫。

访过了禅院庵堂访，

庵堂禅院皆无娘。

法华庵前心惆怅，

有娘无娘去访一场。

（白）法华庵已经到了。开门来开门来！

王志贞：（白）门外何人？

徐元宰：（白）小生徐元宰在此，请快开门！

王志贞：（白）待我开门。

徐元宰：（白）请问师太法号？

王志贞：（白）贫尼名唤志贞。

徐元宰：（白）啊？原来你就是……啊啊……师太呀？

王志贞：（白）观公子这样穿戴，莫非是位解元公？

徐元宰：（白）正是的！

王志贞：（白）请问解元公高姓大名？

徐元宰：（白）小生姓徐名元宰。

王志贞：（白）啊，请客堂用茶！

徐元宰：（白）请！

王志贞：（白）请！啊，请坐！

徐元宰：（白）同坐！

王志贞：（白）啊，待贫尼与你打茶去！

徐元宰：（白）有劳师太了！虽说天下同名之人甚多，总比那名字不同者相近。哎呀呀，这满腹疑团，叫我从何问起？噢，我不免见机行事，用言语试探于她。

王志贞：（白）解元公请来用茶！

徐元宰：（白）多谢多谢！请问师太，宝庵众位师兄因何不见？

王志贞：（白）到施主人家念经去了。

徐元宰：（白）师太因何未去呀？

王志贞：（白）啊，因偶感风寒，故而未去。

徐元宰：（白）哎呀，倒也凑巧，倒也凑巧！

王志贞：（白）凑巧甚么呢？

徐元宰：（白）啊……啊，小生是说这宝庵的殿宇不少，景致甚好啊！请问师太，你是中年出家，还是幼年进庵？

王志贞：（白）贫尼是七岁进庵，也算得自幼儿出家。

徐元宰：（白）师太七岁出家，定然饱受幼儿离母之苦。

王志贞：（白）啊，贫尼生性愚昧，倒也不以为苦。

徐元宰：（白）请问师太，你出家几载了？

王志贞：（白）寒来暑往，已有二十五载。

徐元宰：（白）噢，师太今年是三十二岁？

王志贞：（白）正是的。

徐元宰：（白）不知师太之家还有何人？

王志贞：（白）哎，出家之人，未俗家事了。请问解元公，今到草庵有得何事？

徐元宰：（白）啊，我是烧香拜佛来的。

王志贞：（白）不知你为了何事？

徐元宰：（白）求佛保佑我母子早日团聚。

王志贞：（白）老夫人现在哪里呀？

徐元宰：（白）现在舍下。

王志贞：（白）啊？那岂非朝朝相逢、日日团聚？

徐元宰：（白）哎，养身义母朝朝会，生身娘亲两离分。

王志贞：（白）哎呀呀呀，不知他与生身母亲是自幼儿失散，还是失散不久？待我问来。解元公，你是……

徐元宰：（白）怎么样啊！

王志贞：（白）啊……

徐元宰：（白）怎么样啊！

王志贞：（白）你是烧香拜佛来的？

徐元宰：（白）正是的！

王志贞：（白）如此随着我来！

（唱）他思母遇见了思子人，

同病相怜皆伤心。

但愿他寻母能相会，

但愿我早见娇儿身。

徐元宰：（唱）她脸上愁云套愁云，

出言吐语意味深。

纵然不是我的母，

想她也有失子情。

（白）师太！师太！

王志贞：（白）讲来！

徐元宰：（白）你看呀！

（唱）放生池里池水深，

水上浮萍无有根。

顺水漂来又漂去，

无父无母靠何人？

王志贞：（唱）并非浮萍无有根，

根藏水里看不真。

有朝干了池塘水，

翻转浮萍看见根。

徐元宰：（白）师太何不寻个方便，将这浮萍翻转，看它根藏何处？

王志贞：（白）虽然想看，只是池陡水深。哎呀，贫尼有些胆怯，请得佛殿去吧！

徐元宰：（白）请！

王志贞：（唱）他问东向西必有心，

他将物比人定有因。

徐元宰：（唱）只见她触景生情感慨深，

依我看不是我娘也像三分。

徐元宰、王志贞：（唱）我有心直言把她（他）问，

（白）请，请，请！

（唱）怕只怕身为解元（尼姑）错言娘亲（娇儿）笑煞人。

王志贞：（白）佛殿已到，解元公请进！

徐元宰：（白）同进！师太，这一尊是什么菩萨？

王志贞：（白）这是大慈大悲救苦救难南海观世音菩萨。

徐元宰：（白）啊！

王志贞：（白）解元公心中若有疑难之事，可以求菩萨济你，有求必应。

徐元宰：（白）待我拜她一拜！

王志贞：（白）哎，菩萨以在那壁厢！待我与你点香。

徐元宰：（唱）观音大士请听真，

下跪元宰寻母人。

只因为幼年之时离母怀，

王志贞：（白）哎呀，他也是幼年离母的！

徐元宰：（唱）一十六载无讯音。

王志贞：（白）他也是分离一十六载！

徐元宰：（唱）无娘孩儿受欺凌，

我东奔西走寻娘亲。

你若能保佑我母子重相聚，

我与你重修庙宇塑金身。

王志贞：（唱）他也是幼年离娘亲，

他母子分离也是十六春。

细观他与我申郎多相似，

为什么三件巧事在一身？

（白）哎呀，但愿他是襁褓离母，失散原因不明，那就好了！请问解
元公，不知你是几岁离母，因何失散？

徐元宰：（白）哎，学生我是襁褓离母，那失散原因学生不明！

王志贞：（白）啊？啊，解元公，怎么你也是襁褓离母，失散原因不明。

徐元宰：（白）啊，正是的！正要请教师太！正要请教师太！

王志贞：（白）啊，啊？我怎么会知道？我怎么会知道？

徐元宰：（白）哎呀，她若不是我娘，神态怎会如此？嗯，待我再来试探于她。（唱）抬头望见一盏灯，高高挂起亮晶晶。不知此灯有何用？要请师太说分明。

王志贞：（唱）此灯名叫琉璃灯，

悬挂佛前日夜明。

前世里点过琉璃灯，

今世生对好眼睛。

前世未点琉璃灯，

眼睛模糊看不清。

徐元宰：（唱）恨只恨我前世未点琉璃灯，

只落得今世不生好眼睛。

王志贞：（唱）你眼睛黑白分明无疾病，

为何说前世未点过琉璃灯？

徐元宰：（唱）我若是点过琉璃灯，

为什么自己的亲娘也认不清？

王志贞：（唱）你今已把解元中，

怕只怕令堂见你认不清。

不知她是哪里人，

她是富来还是贫？

徐元宰：（唱）不知她是哪里人，

只知她不富不贫，她也是一个出家人。

王志贞：（白）哎呀，取笑了，取笑了！罗汉堂已到，解元公请进！

徐元宰：（白）同进！师太，这两边就是罗汉菩萨吗？

王志贞：（白）正是的！

徐元宰：（白）这罗汉菩萨有什么用处？

王志贞：（白）数罗汉可以问你流年吉凶祸福。

徐元宰：（白）啊！是怎样的数法，请师台替我数上一数！

王志贞：（白）你今年是十六岁了？

徐元宰：（白）你倒没有忘记！

王志贞：（白）啊！你方才也曾说过呀！

徐元宰：（白）噢！

王志贞：（白）啊，解元公，不知你是哪只脚先进来的？

徐元宰：（白）我是……，啊啊，我是左脚先进的。

王志贞：（白）啊，待我数来。一五，一九，十五，十六！

徐元宰：（白）师太！师太！

王志贞：（唱）数到这长眉大仙我心头惊，

突然间想起郎君申贵升。

他二人先后数罗汉，

数的菩萨同一尊。

可怜把郎君永埋黄泉下，

娇儿成了梦中人。

徐元宰：（白）师太！师太为何啼哭？

王志贞：（白）噢噢，未曾啼哭，我在念经！

徐元宰：（白）念什么经？

王志贞：（白）念罗汉经。

徐元宰：（白）原来这数罗汉还要念罗汉经？

王志贞：（白）要念经！要念经！

徐元宰：（白）为何不数下去？

王志贞：（白）就是这尊长眉大仙。

徐元宰：（白）长眉大仙为何发笑啊？

王志贞：（白）啊，他在笑你！

徐元宰：（白）笑我甚么呀？

王志贞：（唱）他笑你一榜解元中得早，

聪明伶俐天分高。

若是上京去应考，

定然是三鼎甲上独占鳌。

徐元宰：（白）师太呀，我看他是在嘲笑我的！

王志贞：（白）嘲笑你什么呀？

徐元宰：（白）师太！（唱）他笑我自己身世不知晓，亲生娘亲把我抛。劬劳大恩不能报，枉在金榜把名标。

王志贞：（白）他笑你是个好的！你是个好的！

徐元宰：（白）我看他……，他在笑你！

王志贞：（白）啊？笑我什么呀？

徐元宰：（白）师太听！

（唱）他笑你六根清净修行早，

古井不波七情消。

满腹天机不泄露，

看破红尘道行高。

铁树开花心不动，

天崩地裂志不摇。

你千好万好你处处好，

只有那记性不大牢。

你把那"未末酉初"全忘掉。

王志贞：（白）啊！

徐元宰：（唱）还有那"士心卜贝"你也一旦抛。

王志贞：（唱）他把那血书字迷说出唇，

果然是娇儿到庵门。

我有心上前把娇儿认，

忽想起我是佛门修行人。

苦只苦出家人不准恋红尘，

恨只恨尼姑不准有儿孙。

今日我若把儿认，

大祸立刻要临身。

大街小巷都谈论，

施主们乱棒赶我出庵门。

那时我手拿讨饭棒一根，

东藏西躲难容身。

后跟儿童一大群，

他指着笑着说这尼姑有情人。

我若不把娇儿认，

怎奈我儿太伤心。

儿到跟前怎不认？

十六年想儿到如今。

我若今日把儿认，

儿在世上难容身。

私生的儿子被人笑，

尼姑的儿子丑十分。

亲戚朋友不理睬，

徐家不让他进门。

考场不准他去进，

枉在寒窗读诗文。

我儿才高前程大，

认儿反倒害儿身。

罢罢罢咬紧牙关狠狠心，

满腔热泪痛在心。

非是为娘不认你，儿啊，

为的是我儿在世好做人。

（白）解元公所言，贫尼不解。时候不早，请你快回去吧！

徐元宰：（白）啊！

（唱）她居然如今不肯认，

我断定她是我娘亲。

常言道柿树本是黑枣根，

母子相依骨连筋。

天下慈母都爱子，

为什么我娘铁了心？

母不慈做子的偏要孝，

她不认我定要认母亲。

不管她心多硬来口多紧，

我要把铁杵磨成绣花针。

她一日不认我来两回，

她两日不认我四回寻。

只见她强忍悲痛泪淋淋，

难道她回心转意认儿身？

王志贞：（白）啊，解元公，时候不早，请你快回去吧！

徐元宰：（白）啊？啊，师太，这一尊是什么神？

王志贞：（白）这是送子娘娘！

徐元宰：（白）送子娘娘有什么用处？

王志贞：（白）若是谁家缺儿少女，就可在这送子娘娘神前烧香许愿，便可以求男得男、求女得女。

徐元宰：（白）噢，原来人间生儿育女，都是这位送子娘娘送的吗？

王志贞：（白）正是的。

徐元宰：（白）哼！

（唱）骂一声送子娘娘无情理，

你不该乱送孩儿害死人。

送官送民全由你，

最不该把儿送进庵堂门。

你害他少父无母万分苦，

都是你送子娘娘丧良心。

王志贞：（唱）你为何指定我出家人，

害得我母子们两离分？

（白）哎呀，解元公！

（唱）你本是读书知礼人，

不该随便责怪神。

（白）时候不早了，贫尼要做功课去了！

徐元宰：（白）啊，师太，这一尊是什么菩萨？

王志贞：（白）这是童子拜观音！

徐元宰：（白）我看他是儿子求母亲！

王志贞：（白）是善才童子拜观音！

徐元宰：（白）是亲生儿子求娘亲！

王志贞：（白）啊？

徐元宰：（唱）这观音泥塑无有心，

生下孩儿送出门。

被人拾去十六载，

错认他人做双亲。

那街坊邻舍同窗学友都谈论，

都说他本是外姓人。

自从他找到血书解破迷，

到处奔波寻娘亲。

为了寻娘鸡鸣起，

严冬寻娘到三春。

庵堂禅院都访尽，

受尽了辛苦无悔心。

今日见了娘的面，

千言万语动娘心。

谁知母亲心太恨，

把儿当做了陌路人！

王志贞：（唱）元宰儿句句言语像钢针，

刺得我五内俱裂痛万分。

左难右难难煞我……

徐元宰：（白）啊？师太！

王志贞：（白）解元公！啊？

徐元宰：（白）师太呀！

王志贞：（白）我叫叫一声申郎啊申郎，你看元宰孩儿今日来在庵中，口口声声要认娘亲，好不难煞人了！

（唱）可怜我想儿十六载，

我很想紧抱娇儿哭一场。

恨只恨出家难行俗家事，

尼姑有子丑名扬。

元宰儿好比鲜花才吐蕊，

受不住日晒雨打风又狂。

他若认了尼姑母，

怕只怕锦绣前程见汪洋。

我左难右难无计寻，

申郎啊……

徐元宰：（白）啊！

（唱）听娘言来我心悲伤，

（白）老娘亲！

王志贞：（白）申郎！

徐元宰：（白）受苦的娘！

（唱）才知道母爱似海洋。

是羞是丑我不讲，

我与母有罪同受祸同当。

（白）开门来，开门来！

王志贞：（白）啊？门外何人？

徐元宰：（白）娘！啊，师太呀，学生方才言语冒犯师太，特来请罪呀！

王志贞：（白）贫尼怎敢罪怪解元？只是佛门清净之地，出言不慎，易生是非。时候不早，请你快回去吧！

徐元宰：（白）学生要当面请罪，请师太快快开门吧！

王志贞：（白）贫尼旧病复发，不能开门，你，你，你请快回去吧！

徐元宰：（白）如此学生告辞了！

王志贞：（白）解元公！解元公！解元公！啊？

徐元宰：（白）母亲！你可怜孩儿为了寻母，东奔西走，求神问卜，栉风沐雨，受尽辛苦。母亲若念骨肉情分，就请你，你就认了儿吧！

王志贞：（白）啊？你，你，你是谁的孩儿？谁是你的母亲？我是尼姑，这是庵堂，你不要胡言乱语，扰乱清规！

徐元宰：（白）啊，师太，这幅画上他是谁？

王志贞：（白）他……，他是神？

徐元宰：（白）他是哪一尊神？

王志贞：（白）他是……，他是无名神。

徐元宰：（白）我看他不是神，他是我父申……

王志贞：（白）他不是申贵升，他不是申贵升！哎呀！

徐元宰：（唱）世上多少姓申人，

如何偏说申贵升？

无意道破真名姓，

贵升定是我父名。

（白）母亲！

（唱）儿手拿血书为凭证，

哀求母亲认儿身。

劝母亲不必忧虑重，

冷言冷语儿当承。

怕什么出家难行俗家事，

怕什么出身不正误前程？

（白）母亲啊！

（唱）孩儿离娘孩儿苦，

娘离孩儿谁照应？

我不愿良田有千顷，

我不愿金榜双提名。

荣华富贵儿不要，

儿情愿母子同受贫。

王志贞：（唱）听儿言如同春雷动，

震得我沉沉大梦猛然醒。

方才我被这佛尘念珠迷心窍，

迷得我不敢认亲生。

我宁愿做人活半日，

也不愿做鬼过一生。

我把这佛尘念珠念珠佛尘齐抛掉！

（白）元宰！

徐元宰：（白）母亲！

王志贞：（白）我儿！

徐元宰：（白）娘啊！

**【毛泽东评点】**

1956 年在武汉看了沈云陔主演的楚剧《庵堂认母》后，他说沈演得好，唱腔像程砚秋，圆润浑厚，我看程砚秋比梅兰芳唱得好。

———— 王任重：《毛泽东第一次在武汉游长江》，《春秋》1959 年第 1 期。

**【赏析】**

汉剧，旧称楚调、汉调（楚腔、楚曲），民国时期定名汉剧，俗称"二黄"。汉剧是湖北地方戏曲剧种之一，主要流行于湖北省境地内长江、汉水流域，以及湖南、陕西南部（安康、汉中）、四川和广东部分地区。

汉剧角色共分为十行：一末、二净、三生、四旦、五丑、六外、七小、八贴、九夫、十杂。腔调除了西皮、二黄外，罗罗腔也用得较多。伴奏乐器有胡琴、月琴、三弦、鼓板等。民国元年（1912），定名为汉剧。

主要演员有陈伯华、沈云陔等。

2006 年入选第一批国家级非物质文化遗产名录。

沈云陔（1905—1978）　中国楚剧演员，工旦。湖北新洲人。少年时在乡间学艺，到武汉后，精心研究总结各剧种名家之长，数十年孜孜不倦，终于形成了沈派艺术。他的表演朴实大方，塑造的人物性格各异，形象鲜明，生活气息浓厚，寓新巧于含蓄之中，深受人民欢迎。他是一位爱国艺人，早年与楚剧界人士筹组工会，废除封建把头的"包工制"。1927年在共产党人李之龙领导下，成立楚剧进化社，编演有教育意义的新戏；1938年参加郭沫若、田汉领导的歌剧演员战时讲习班，组织流动宣传队第二队，在四川进行抗战宣传。中华人民共和国建立后，他致力于戏曲改革，曾任武汉市戏曲学校副校长、中国戏剧家协会武汉分会副主席、武汉市楚剧团团长、湖北省楚剧团顾问。

其代表剧目有《庵堂认母》《宝莲灯》《杀狗惊妻》《泼粥》《夜梦冠带》等。他与章炳炎合演的《泼粥》曾摄成影片。

《庵堂认母》源自传统剧目《玉蜻蜓》，尼姑王志贞和申贵升相爱，于庵堂内生下一子，因碍于佛门清规，只得遗弃路旁，为徐家拾养，取名元宰。16年后，徐已为解元，得知此情，遂往庵堂寻母。两人相遇，经暗喻试探，母已知为其亲子，却不敢认，惊恐逃入云房，在申画像前哭诉。徐追入见画像题词，对照所带血书字迹，更断定生母无疑，遂跪地哀求，志贞不顾佛门清规，抛弃佛帚，元宰放弃荣华富贵，摘下头冠，母子终于相认。

毛泽东看了沈云陔演的《庵堂认母》，称赞沈云陔"唱得好"，唱腔有点像京剧表演艺术家程砚秋，"圆润浑厚"，并有论及"我看程砚秋比梅兰芳唱得好"，这当然是一家之言。

附带说一下，因找不到汉剧剧本，权用秦腔代替。

# 《大登殿》（河北梆子）

## 【原文】

薛平贵：（幕后唱）

龙凤阁里把衣换，

（侍卫、宫娥上，马达、江海上，薛平贵皇帝行头上，到台中央，笑）哈哈哈（唱）

十八年王才有这一天。

马达江海把旨传，

你就说孤王我驾坐在金銮，

内侍臣扶为王上金殿。（马达江海："是"，薛平贵坐，侍卫站位）

忽然想起王宝钏，

马达江海把旨传，

你快宣受罪的王氏宝钏。（马达白"遵旨"）

（马达传旨："万岁有旨：王宝钏上殿那！"）

（王宝钏幕后白："接旨——"，穿寒窑旧服上）

王宝钏：（唱）

金牌调来，银牌宣，

王相府来了我王氏宝钏。

九龙口，用目看，

天爷爷，

观只见平郎丈夫

头戴王帽，身穿蟒袍，

腰系玉带，足蹬朝靴，

端端正正，正正端端，

打坐在金銮。

这才是，

苍天爷爷睁开龙眼，

再不去武家坡前去把菜剜。

大摇大摆我就上金殿，

参王的驾来问王安。（王宝钏跪）

薛平贵：（白）梓童，（唱）

为王金殿用目看，

在下边跪下了王宝钏。

你为王受罪十八载，

后宫院你去把龙凤衣穿。（王宝钏起）

王宝钏：（唱）

在金殿叩罢头我抽身就走，

不由得背转身我喜笑在眉头。

猛想起二月二来龙抬头，

梳洗打扮上彩楼，

公子王孙我不打，

绣球单打平贵头。

寒窑里受罪十八秋，

等着等着做了皇后。（王宝钏下）

薛平贵：（唱）

马达江海一声唤，

快把王允绑殿前。（马达江海："遵旨！"下）

（马达江海上，王允身着一般员外服上，项上有刑具，到台口跪，马达江海回本位）

薛平贵：（唱）

一见王允跪殿前，

不由孤王我恼心间。

当年你把为王害，

今日杀你报仇冤。

马达江海一声唤，

绑出午门用刀餐。（白："斩"，马达江海："遵旨！"）

（王允瘫倒在地，马达江海押王允下）

王宝钏：（幕后白："且慢——刀下留人"，皇后衣装上，朝对面台口）（唱）

刀斧手莫要杀来莫要斩，（马达江海幕后应）

宝钏急忙上金銮。（来到台中央，面向薛平贵跪）

我父犯罪本该斩，

念为妻饶他的活命还。

薛平贵：（白）当年你父定计陷害孤王，今日定斩不赦。

王宝钏：（唱）

宝钏舍命跪殿前，

尊声万岁听我言，

我父犯罪本该斩，

我父待你重如山，

今日不饶我的父，

不如碰死在金銮。（作碰头状）

薛平贵：（白）梓童，（唱）

叫梓童你莫要寻短见，

不由孤王我痛心间，

你为王来王为你，

你为王受苦十八年。

在金殿王赐你圣旨一道，

法标上赦放回你父老年。（写圣旨，递于王宝钏，王宝钏起身接）

王宝钏：（唱）

在金殿领圣旨忙谢恩典，（到台口）

（白）刀斧手（马达江海应）

（唱）法标上放回来我父老年。（马达江海应）

（马达江海上，王允上）

王允：（唱）

大喝一声就要斩，

我命险些被刀餐。

来在金殿用目看，

那一旁站定儿宝钏，

走上前来双膝跪，（跪）

是何人救下父命还。

王宝钏：（白）爹爹，（跪）（唱）

儿为你舍去了那昭阳宫院，

才救下老爹爹活命还。（搀王允起）

王允：（唱）

我儿救下父不死，

落一个忠孝两双全。

王宝钏：（唱）

说什么忠孝两双全，

儿救爹爹理当然。

来来来随孩儿上金殿，（走至薛平贵前，王允跪）

你不斩我的父还要封官。

薛平贵：（唱）

赐你一把金角椅，

等朝事完毕王再封官。

（王允起，马达搬椅子放于王允后、舞台左前侧，王宝钏坐于薛平贵右侧）

王允：（唱）

叩罢头来平身站，

坐在一旁不敢多言。（王允坐）

薛平贵：（唱）

马达江海一声唤，

快把魏虎绑殿前。（马达江海："遵旨"，马达江海下）

（马达拉魏虎罪衣罪裙上，项上有刑具，江海举刀上，魏虎跪，马达江海回本位）

薛平贵：（唱）

一见魏虎怒气发，

不由得为王咬碎牙。

叫声梓童你把他问，

问完以毕王再杀。（王宝钏起，走至魏虎前）

王宝钏：（唱）

马达江海把座搭。（马达江海应，搬座位于王宝钏身后，王宝钏坐）

（面对魏虎，白）贼呀（唱）

魏虎贼子听根芽，

征西路上把王害，

皇王坐的是谁家，

说的实了还罢了，

一字有差把头杀。

魏虎：（白）他三姨，（唱）

俺魏虎来泪巴巴，

尊一声他三姨细听根芽。

杀平贵本是岳父他，（手指王允，王允甩袖子）

埋怨俺魏虎为什嘛。（王宝钏起，马达江海搬走椅子）

王宝钏：（白）贼呀（唱）

魏虎贼子你好大胆，

死在了临头你你你…………你把人攀。（转身向薛平贵）

万岁传旨将他斩，

杀死贼子报仇冤。

薛平贵：（白）斩！

（马达江海应，魏虎摊倒在地，马达拉起魏虎下，江海举刀下，王允暗下）

（鼓三通，马达江海举刀上，白："斩了魏虎。"回本位）

薛平贵：（唱）

斩魏虎去了王心头大患，

十八年的冤仇才报完。

出言我把梓童唤，

孤王把话对你言，

在金殿王赐你圣旨一道，（写圣旨）

王相府你去把岳母娘搬。（递于王宝钏，王宝钏接，转身往下走）

王宝钏：（唱）

在金殿领圣旨忙上车辇，（上轿动作，马达江海服侍）

王相府我去把老娘搬。（马达江海下，王宝钏下）

（马达扛龙头拐杖上，王宝钏挽王夫人上，江海上，到台中下轿，王夫人接拐杖）

王夫人：（唱）

日月穿梭光似箭，

苦尽甜来功告成。

来在金阙用目睁。（转身朝薛平贵看，再转回身）

王宝钏：（白）娘啊，（手指薛平贵）（唱）

你看那讨饭的花郎驾坐九龙庭。（王夫人点头，笑容满面）

王夫人：（唱）叫三女挽为娘上金殿。（王宝钏挽王夫人转身上殿，王夫人跪）

王宝钏：（唱）你把我这年迈老娘封上一封。

（薛平贵走出桌案，王宝钏挽起王夫人朝外站立，薛平贵走到王夫人面前）

薛平贵：（唱）

叫梓童你挽定岳母老娘，

待王我三拜九叩九叩三拜，

一步一拜把娘拜。（薛平贵跪倒拜王夫人，拜毕起身，挽王夫人站）

娘啊，

拜岳母如同拜泰山。

王宝钏作了昭阳院，

封岳母养老宫中乐安然。

叫梓童你将岳母挽下金殿，

等朝事完毕王再去问安。

（薛平贵回案后，王允暗上，王夫人回身用龙头拐谢恩）

王夫人：（白）谢万岁！（唱）

龙头拐点三点忙谢恩典，

多谢万岁把我封。

三女儿挽为娘下龙庭。（回头看见王允）

再叫老相听分明，

你说平贵花儿样，

到如今打坐在九龙庭，

你说三女受苦的命，

万岁封她坐正宫。

龙的龙来凤的凤，

将老身封在养老宫。

养老宫内乐安宁，

享荣华受富贵，（白）老相你呀，（唱）

你是万万不能。（王允一甩袖子）

王宝钏：（唱）

儿的娘你休要把我父他埋怨，

到如今埋怨也是枉然。（王夫人点头）

急急忙忙将老娘搀下金殿。

（王宝钏搀王夫人到台口，王夫人下，王宝钏回转王允面前）

王宝钏：（唱）

再叫声老爹爹细听儿言，

想当年若听父相劝，

你看着龙凤衣衫翡翠珠冠，

何人把它戴，

何人把它穿。（王宝钏回座位，坐于薛平贵左侧）

薛平贵：（白）老相听封，（王允跪）（唱）

你女儿坐了昭阳院，

王封你掌朝太师有职无权。

王允：（白）谢万岁！（起身）（唱）

叩罢头来谢恩典，

老夫我作的是受气的官。（下）

薛平贵：（唱）

马达江海一声唤，

你快宣代战公主上金銮。

（马达到台口："万岁有旨，代战公主上殿那！"回本位）

（代战公主幕后白："接旨！"番邦行头，上）

代战公主：（唱）

离了我国到长安，

他国与我国大不一般。

他国里穿的是绫罗绸缎，

我国里穿的是羊毛毡。

来到金阙用目观看。

（白）我说马达江海呀（马达江海迎过来）

马达江海：（白）公主。

代战公主：（白）上面坐的那位远观娘娘她是谁呀？（手指王宝钏）

马 达：（白）那不是什么远观娘娘，那是王宝钏王娘娘。

代战公主：（白）奥，她就是王宝钏王娘娘啊！

马 达：（白）对了。

代战公主：（白）那我可得好好娄娄（看王宝钏），嘿，果然不错。

江 海：（白）感情。

代战公主：（白）这么说咱们娘们儿不是来晚了吗？

江 海：（白）你可不来晚了。

代战公主：（白）那回客。（转身要走）

马 达：（白）公主，公主，咱们娘们儿既然来了，总得见个礼儿啊！

代战公主：（白）怎么，还得上前见个礼儿去？

江 海：（白）见个礼儿以后好说话呀！

代战公主：（白）见个礼儿去？

江 海：（白）见个礼儿去。

代战公主：（白）啊，那就施个礼儿吧！（唱）

在上边坐的是王宝钏，

走上前来把礼见。

（朝王宝钏施礼，礼节不同，王宝钏学代战公主举双臂，代战公主转身回来）

代战公主：（白）哎呦，我说马达江海呀！

马达江海：（白）公主。

代战公主：（白）咱家给她施礼她怎么冲着我，插着翅膀要飞呀！

马达：（白）什么要飞呀？

江海：（白）这是两国相隔，礼节不同。

代战公主：（白）怎么不同啊？

江海：（白）咱们国施礼好有一比。

代战公主：（白）比作何来呀？

江海：（白）咱们国施礼好比是浪荡帮子开宝——大敞门。（施礼动作）

代战公主：（白）那他们国呢？

马达：（白）他们国是老西儿放印子。

代战公主：（白）此话怎将啊？

马达：（白）紧上加紧那。（施礼动作）

代战公主：（白）吭，那不成了拜拜了吗？

马达江海：（白）可不拜拜吗。

代战公主：（白）拜拜去？

马达江海：（白）拜拜去。

代战公主：（白）马达江海，

马达江海：（白）公主。

代战公主：（白）咱们拜拜去？

马达江海：（白）你拜去吧！（走回本位）

代战公主：（唱）

两国施礼不一般，

二次上前把礼见。

（再次对王宝钏施礼，先错后对，王宝钏离座回礼）

王宝钏：（唱）王宝钏上前我把礼还。（回座位）

代战公主：（白）对了。（施礼毕，回到台中）

代战公主：（唱）

走上前来双膝跪，（跪倒向薛平贵施礼）

参王的驾来问王安。

薛平贵：（白）梓童，（唱）

王宝钏坐了正官院，

王封你东宫莫嫌偏。

斩杀宝剑交于你，

你与孤王掌兵权。（取宝剑递于代战公主）

（代战公主起身接过宝剑，转身面向台口）

代战公主：（唱）

西凉国里我为大，

来到他国却为偏。

像这样无义人不可贪恋，

杀死了薛平贵反出长安。

（拔剑要杀薛平贵，王宝钏上前护住，薛平贵、马达、江海相应动作）

王宝钏：（白）慢来，（代战公主收回宝剑）（唱）

御妹你不要把脸变，

听为姐把话对你言。

说什么正来论什么偏，

咱姐妹一同保江山。（代战公主点头）

来来来随我后官院，

你我姐妹把酒餐。（白）请吧！

代战公主：（白）请吧！

（代战公主下，王宝钏跟随，借机看了一下代战公主的脚，半路折回）

王宝钏：（唱）

王宝钏在金殿我偷眼观看，

好一个番邦女子美貌天仙。

柳叶眉杏核眼她真是好看，

可叹她番邦女子不把足来缠。

怪不得平郎夫他不回家转，

又被她缠绕了一十八年。

王宝钏我若是男儿之汉，

到她国住上一个七七七八十来年，

我也不想回还。（王宝钏下）

薛平贵：（唱）

一见梓童下金殿，

倒叫孤王喜心间。

袍袖一撑文武散，

养老官院去问安。

（白）退班（侍卫、宫娥下，薛平贵下）

## 【毛泽东评点】

还有些同志老是很喜欢分散主义，闹独立性，甚至闹独立王国，觉得独裁很有味道。原先是图舒服，立起一个王国来，自己称王。结果怎样呢？结果搞得很不舒服，要受批评。不是有个《大登殿》的戏吗？看那个薛平贵做起王来很舒服，他那个时候没有自我批评。这一点不好。有许多人总是不爱跟别人商量一下。

——《农业合作化的一场辩论和当前的阶级斗争》

## 【赏析】

河北梆子是河北的地方戏曲剧种之一，梆子腔的一种（梆子腔：戏曲声腔之一，因用梆子加强节奏而得名。解放前，它有许多名称，在河北本地叫直隶梆子、河北梆子、梆子腔；外地人称之为京梆、笛棒子、反调等；此外，也有人称它为卫梆子或山西梆子。

中华人民共和国成立后，在1952年统一称为河北梆子。除北京、天津、河北广大乡镇以外，河北梆子还流传山东、河南、黑龙江、吉林、辽宁以及内蒙古等地，在长江以南的活动基地，主要是上海、武汉等地。

河北梆子的演员中有一批全国知名的杰出的人士，如田际云、魏连升、侯俊山、何景山，赵佩云（小香水）、王莹仙（金刚钻）都以唱腔高亢优美、变化多端而为广大观众所热爱。

大登殿是京剧传统剧目之一。河北梆子、豫剧等不少地方戏剧都有此剧目，又名《算粮登殿》。

其剧情是这样的：薛平贵得代战公主之助，攻破长安，拿下王允、魏虎，自立为帝。分封宝钏、代战及苏龙；斩魏虎，欲杀王允，经王宝钏求情，始赦免；又迎请王母，共庆团圆。相传，王宝钏是唐朝宰相王允的三女儿，她天生丽质，聪明贤惠。到了婚嫁年龄，她看不上诸多王公贵族的公子，却偏偏对在家里做粗工的薛平贵产生了爱意。经过彩楼抛绣球，她选中了薛平贵。不料其父嫌贫爱富，坚决不允。无奈之下，她与父亲三击掌后断绝了父女关系，嫁给薛平贵住进了寒窑。后来，薛平贵从军征战，远赴西凉，王宝钏苦守寒窑18年。18年来，王宝钏贫病困顿，挖光了周围的野菜，苦度日月。薛平贵历尽风险，屡遭垂涎王宝钏美色的魏虎暗算，同时也屡闯难关，战功赫赫。再后来，薛平贵娶了西凉国公主代战，当上了西凉国的国主。18年后归来，与王宝钏寒窑相会，封王宝钏为正宫皇后，结局是大团圆。

《大登殿》中，人物性格较之前面几折，似乎发生了不少变化。例如女主角王宝钏，起初在寒窑，"世人都想为官宦，谁是那耕田种地的人"，风格亲民，称得上视富贵如云烟；但且看《大登殿》里她对母亲的一段说辞："先前道他是花郎汉，到如今端端正正、正正端端驾坐在金銮。来来来，随女儿我上金殿，不斩我父还要封官。"言辞中充满了洋洋得意，仿佛多年持有的潜力股终于连遇涨停。平心而论，前后的差别判若两人。又比如，当她见到第三者代战公主，暗忖："代战女打扮似天仙。怪不得儿夫他不回转，被她缠住一十八年。宝钏若是男儿汉，我也到他国住几年。"面对丈夫的背叛，王女士展示出空前的宽容大度，在红颜祸水论的指引下，轻轻几句话，便给老公一个无比舒坦的台阶下来。至于那18年，只当是一场梦了。这也与当年那个"贫困至死也不回相府门"的倔强女子大相径庭——虽然识相是检验太太的唯一标准，这么做也算得上与时俱进。但这还没完，对薛平贵而言，有一个问题难以摆平，那就是后宫的地位问题。一边是结发妻子，为自己苦守寒窑，拥有无可比拟的道德优势；另一边是代战公主，没有她，就没有这个枪杆子里打出的新政权，其实用价值绝对无法代替。谁主谁次，孰长孰幼，委实难以定夺。但感人的一幕出现了，这两位自己主动解决了这个难题。代战公主先道"你为正来咱为偏"，王宝钏立刻谦虚地说"说什么为正与为偏，姐妹双双俱一般"，于是两人齐唱"学一对凤凰女伴君前"。虚怀的若谷、高风的亮节，醍醐灌顶，难怪坐在龙椅上的薛平贵洋洋得意，没有一点"自我批评"。毛泽东用这个戏曲故事来教育干部，不要搞分散主义，闹独立性，那是要犯错误的。

# 《失街亭》第一场（京剧）
## 高庆奎演出本

【原文】

（赵云、王平、马岱、马谡同上，同起霸。）

| 赵云 | （念） | 忆昔长坂建奇功， |
| 马岱 | （念） | 交锋对垒气概雄。 |
| 王平 | （念） | 上阵全凭枪和马， |
| 马谡 | （念） | 保定我主锦江洪。 |
| 赵云 | （白） | 俺赵云。 |
| 马岱 | （白） | 马岱。 |
| 王平 | （白） | 王平。 |
| 马谡 | （白） | 马谡。 |
| 赵云 | （白） | 众位将军请了。 |
| 众将 | （同白） | 请了。 |
| 赵云 | （白） | 丞相升帐，两厢伺候。 |
| 众将 | （同白） | 请。 |

（四将两边站，四红套同上，诸葛亮上。）

诸葛亮　　（引子）　　羽扇纶巾，四轮车，快似风云。阴阳反掌定乾坤，保汉家，两代老臣。

| 众将 | （同白） | 丞相在上，末将等参见。 |
|---|---|---|
| 诸葛亮 | （白） | 众位将军少礼。 |
| 众将 | （同白） | 谢丞相。 |
| 诸葛亮 | （念） | 忆昔当年居卧龙，万里乾坤掌握中。 |
| | | 扫尽中原归汉统，方显男儿大英雄。 |

（白）　山人，复姓诸葛，名亮，字孔明，道号卧龙，官拜武乡侯之职。蒙先帝托孤之重，一要扫清中原，二要重整汉朝江山。虽然龙御宾天，此言独然在耳。昨日探马报到，司马懿带兵攻取街亭，吾想街亭乃是汉中咽喉之要道，必须要派一能将把守，方保无虑。众位将军，

| 众将 | （同白） | 丞相。 |
|---|---|---|
| 诸葛亮 | （白） | 今有司马懿带兵前来，夺取街亭。哪位将军领兵前去镇守街亭者，当帐请令。 |
| 马谡 | （白） | 且住，丞相传下将令，并无人应声，待俺进帐讨令。 |
| 启丞相： | （白） | 末将不才，愿带领人马镇守街亭！ |
| 诸葛亮 | （白） | 马将军，那司马虽然年迈，用兵如神，将军不可轻视。 |
| 马谡 | （白） | 末将跟随丞相以来，战无不胜，攻无不取，何况小小的街亭！ |
| 诸葛亮 | （白） | 街亭虽小，干系甚重。 |
| 马谡 | （白） | 如有错误，愿照军令施行！ |
| 诸葛亮 | （白） | 军无戏言。 |
| 马谡 | （白） | 愿立军状！ |
| 诸葛亮 | （白） | 当帐写来。 |
| 马谡 | （白） | 马谡书…… |

（马谡写状。）

| 诸葛亮 | （白） | 帐外候令。 |
|---|---|---|
| 马谡 | （白） | 得令。 |

（马谡下。）

| 诸葛亮 | （白） | 哪位将军愿保马谡同镇街亭，当帐请令。 |
| 王平 | （白） | 王平愿往。 |
| 诸葛亮 | （白） | 好，王将军平日用兵谨慎；此番到了街亭，必 |

须要靠山近水，安营扎寨。安营之后，必须画一地理图，送来山人观看。

| 王平 | （白） | 得令。 |

（王平下。）

| 诸葛亮 | （白） | 赵老将军听令： |
| | | 命你带领三千人马，镇守列柳城。 |
| 赵云 | （白） | 得令。 |

（赵云下。）

| 诸葛亮 | （白） | 马岱听令：命你押解粮草，军前听用。 |
| 马岱 | （白） | 得令。 |

（马岱下。）

| 诸葛亮 | （白） | 来，传马谡进帐。 |
| 龙套 | （白） | 马谡进帐。 |

（马谡上。）

| 马谡 | （白） | 参见丞相。 |
| 诸葛亮 | （白） | 罢了，请坐。 |
| 马谡 | （白） | 谢坐。宣末将进帐，有何吩咐？ |
| 诸葛亮 | （白） | 马将军，此番镇守街亭，非比寻常。山人有一 |

言，你且听了：

| （西皮原板） | 两国交锋龙虎斗， |
| | 南征北剿几时休。 |
| | 将军领兵街亭守， |
| | 靠山近水扎营头。 |
| | 犒赏三军要宽厚， |
| | 责罚分明莫自由。 |
| 马谡（西皮快板） | 丞相休要叮咛叨， |
| | 马谡自有巧计谋。 |

辞别丞相出帐口，

要把司马一笔勾！

（马谡下。）


## 【毛泽东评点】

　　毛泽东更喜欢老生戏，特别是老生戏中的高（庆奎）派的唱腔。该派突出的特点是嗓音高亮，唱腔质朴、酣畅、劲拔，多演老生戏，代表性剧目有《逍遥津》《失空斩》《斩黄袍》《李陵碑》《脂粉泪》等。20世纪40年代，毛泽东曾明确对人说过："我喜欢听高派的戏，越听越想听。"又说：此派"唱腔激昂，热情奔放，看了《失空斩》（《失街亭》《空城计》《斩马谡》三剧合称）这出戏，给人一种刚强奋力的一种感觉。"

　　　　——李和曾：《毛主席给了我艺术生命》，《毛主席诞辰八十五周年纪念文选》，人民出版社1979年版。


## 【赏析】

　　高庆奎（1890—1942），原名振山，号子君，原籍山西榆次，生于北京，著名京剧老生艺术家。其父高四保（士杰）为清末京剧丑角演员。

　　初宗谭派，嗓音复原后，更加甜脆宽亮，高亢激越，又吸收孙菊仙、刘鸿升的演唱特点，并借鉴老旦龚云甫、花脸裘桂仙之唱法，融会贯通，加以创新，形成独特的艺术风格，世称"高派"。

　　高庆奎的嗓音高、亮、甜、脆，音域很宽，音色丰富，能演老生、花脸、老旦等几种不同行当的角色。其演唱气足神完，一气呵成；念白铿锵有力，顿挫有致；做工深刻细致，精于表情。他的唱念多用京字京音，尤善用大气口"满宫满调"、长腔拖板的唱法抒发人物感情，以求声情并茂的艺术效果。

　　高庆奎的代表剧目有《逍遥津》《斩黄袍》《辕门斩子》《斩马谡》《碰碑》《胭粉计》《赠绨袍》《浔阳楼》《七擒孟获》《信陵君》《史可法》《哭秦廷》《铡判官》《掘地见母》《钓金龟》《独木关》等。

　　此剧共十场。此是第一场。写诸葛亮在祁山寨中，得报新城失陷，孟达被杀，司马懿已引兵来取蜀军之讯，大惊。料司马懿出关，必取街亭以断蜀军咽喉之路，遂拟派精兵一支，驻守街亭。唯统将颇难其选，方开口探询帐下诸将，谁敢引兵去者。语未已，而参军马谡忽驱前慷慨请令，诸葛亮颇踌躇，不认为其必能胜任，且恐其易视街亭弹丸而忽之。因为言：街亭虽小，干系甚重，并谕以司马懿善用兵，张郃又魏之名将，均非等闲可比云云，实则诸葛亮心疑其人而不能决，又雅重其才而希望其或可一用。故虽不之许，而仍出以激将之口吻。见马谡一再固请，义愤形于色，如当年黄忠入川状，且谓自幼熟读兵书，岂一街亭不能守耶，并愿以全家百口自保，当众立状，诸葛亮乃始许之。遂遣王平为副，冀藉王平之谨慎，以补其疏忽，并嘱王平随时将行营地势，绘图驰报，俾可遥施方略。

马谡等既起行，诸葛亮又遣魏延、高翔等二军，以为马谡后援，其设备调遣之周密，亦可谓至矣。孰意天下事，果终不能勉强也，马谡既抵街亭，与王平实度地势，遂出其生平熟读兵法"置之死地而后生"之手段，计定扎营山顶，以取居高临下之势，王平力谏再三，并陈述其利害，且示以在五路总口下寨之种种便利，马谡均拒谏不听。其信泥兵法，几如蚩蚩者氓之迷信神鬼无二。王平不得已只得乞兵在山麓另驻一营，以为犄角，一面即绘图驿报诸葛亮，盼其速救。司马懿用兵，神速机警，果不出王平所料，先绝汲水道路，并命张郃阻断王平军，使不能救，继乃率大兵四面围困，蜀兵早不战自乱，而街亭于是遂断送，实诸葛亮明知故犯，冀马谡为万一侥幸之罪，而非仅马谡之罪也。

马谡因误信《孙子兵法》中"置之死地而后生"之一语，致失街亭要隘，且至丧失辱国，身蒙显戮，皆死读兵书而不知变化运用之过。其说已略见《空城计》剧中。曲本中命赵云驻守列柳城等数事，与传载不同。按《失街亭》本非独立剧本，不过《空城计》中之前剧，兹以中间退兵一剧，故为独立于此，下之《斩马谡》亦同。

《失街亭》《空城计》《斩马谡》见《三国演义》第九十五回、第九十六回。三剧经常连演。谭鑫培、余叔岩代表作。谭富英、杨宝森能承其学。汉剧、滇剧、徽剧、川剧、同州梆子、湘剧、秦腔、豫剧、河北梆子均有此剧目。

# 《空城计》第四场（京剧）
## 李和曾演出本

**【原文】**

（二老军同上，打扫街道。）

二老军　（同白）　有请丞相。

（二童儿引诸葛亮同上。）

诸葛亮　（西皮摇板）　那马谡失街亭令人可恨，

这时候倒叫我难以调停。

老军甲　（白）　伙计，司马懿大兵到此，丞相不遣将对敌，反将四门大开，是何缘故呢？

老军乙　（白）　我倒明白了。

老军甲　（白）　你明白什么？

老军乙　（白）　丞相有点老糊涂呢。

诸葛亮　（白）　哽。

　　　　（西皮摇板）　老军们因何故你们纷纷议论？

二老军　（同白）　非是小人们纷纷议论，司马懿大兵到此，不遣将对敌，反将四门大开，是何缘故？

诸葛亮　（西皮摇板）　国家事用不着尔等当心。

二老军　（白）　话虽如此，国家事不用小人们当心。西城到汉中，乃是咽喉路径，司马大兵到来，一拥而进，西城失守，如何是好？

诸葛亮　（西皮摇板）　从西城到汉中乃是咽喉路径。

　　　　（白）　尔来看，

　　　　（西皮摇板）　我城内早埋伏有十万神兵。

老军甲　（白）　哦，伙计，怪不得丞相不着急，城里头埋伏好的十万神兵呢！

老军乙　（白）　我倒不信，我去看看。

老军甲　（白）　你去看看。

（老军乙看。）

老军乙 （白） 伙计，

老军甲 （白） 你看见没有？

老军乙 （白） 认什么，无有看见。

老军甲 （白） 你肉眼凡胎，看不见的，让我去看。

老军乙 （白） 你去看看。

（老军甲看。）

老军甲 （笑） 哈哈哈……

老军乙 （白） 你看见没有？

老军甲 （白） 不要说人，连个鬼影子都没有。

诸葛亮 （西皮摇板） 劝你们放大了胆把街道扫净。

（后场擂鼓。）

诸葛亮 （西皮摇板） 退司马保空城全仗此琴。

（诸葛亮上城。）

司马懿 （内西皮导板） 得了街亭望西城，

（四龙套、司马懿、司马师、司马昭同上。）

司马懿 （西皮摇板） 城门大开为何因？

　　　　（白） 且住，适才探马报道：西城乃是空城。老夫兴兵到此，为何四门大开。咦，你看诸葛亮又在那里弄鬼，不要中了他人之计，待我先传一令。众将官，听我令下：

　　　　（西皮快板） 坐在马上传一令，

　　　　　　　　　大小将官听分明：

　　　　　　　　　有人若把西城进，

　　　　　　　　　定斩首级不容情。

众　人 （同白） 哦。

诸葛亮 （西皮慢板） 我本是卧龙岗散淡的人，

　　　　　　　　　论阴阳如反掌保定乾坤。

　　　　　　　　　先帝爷下南阳御驾三请，

　　　　　　　　　算就了汉家业鼎足三分。

官封到武乡侯执掌帅印，

东西征南北剿博古通今。

周文王访姜尚周室大振，

诸葛亮怎比得前辈的先生。

闲无事在敌楼亮一亮琴音，

（诸葛亮抚琴。）

诸葛亮 （笑） 哈哈哈……

　　　　（西皮慢板） 我面前缺少个知音的人。

司马懿 （西皮原板） 坐在马上来观定，

　　　　　　　　城楼上坐的是诸葛孔明。

　　　　　　　　左右琴童来捧酒，

　　　　　　　　打扫街道老弱残兵。

　　　　　　　　我本当传将令杀进城，

众　人 （同白） 喝！

司马懿 （白） 且慢。

（西皮摇板） 又恐怕中了他巧计行。

　　　　　　你的计策休瞒我，

　　　　　　棋逢敌手一样人。

　　　　诸葛亮 （西皮二六板） 我正在城楼观山景，

　　　　耳听得城外乱纷纷。

　　　　旌旗招展空翻影，

　　　　却原来是司马发来的兵。

　　　　我也曾命人去打听，

　　　　打听那司马领兵往西行。

　　　　一来是马谡无谋少学问，

　　　　二来是将帅不和，失守我的街亭。

　　　　连得我三城多侥幸，

　　　　贪而无厌又夺我的西城。

　　　　诸葛亮在城楼把驾等，

等候你司马到此，咱们谈、谈、谈谈心。

进得城来无别敬，

我只有羊羔美酒，美酒羊羔，犒赏你的三军。

左右琴童人两个，

又无有埋伏又无有兵。

你休要胡思乱想心不定，

你就来、来、来，请上城楼，司马你听我抚琴。

司马懿　（西皮摇板）　左思右想心不定，

城内必有埋伏兵。

司马昭　（白）　听他琴内慌迫，一定是空城。乘此机会，杀进城去！

司马懿　（白）　哽。那孔明平生谨慎，从不弄险，不要中了他人之计。将前队改为后队，人马倒退四十余里。

（龙套欲下。）

司马懿　（白）　待我说破于他。诸葛亮呀，诸葛孔明，你实城也罢，空城也罢，你司马老爷是不进城了。请呀，请呀！

（龙套、司马懿同下。）

二老军　（同白）　启禀丞相：司马懿人马倒退四十余里。

诸葛亮　（笑）　哈哈哈……

（二老军同下，诸葛亮下城。）

诸葛亮　（西皮摇板）　人言司马有才能，

带兵不敢进西城。

看起来我主爷还有天分，

等马谡回营来以正军情。

（四上手、赵云同上。）

赵　云　（白）　参见丞相。

诸葛亮　（白）　哎呀，老将军呀。今有司马带兵夺取西城，被山人略施小计，他兵退四十里。恐他复夺西城，老将军快快抵挡一阵。

赵　云　（白）　得令。

（赵云引四上手下。）

诸葛亮　（白）　正是：

（念）　虎豹归山禽兽远，蛟龙得水快如船。

（诸葛亮下。）


**【毛泽东评点】**

　　毛泽东又更喜欢老生戏，特别是老生戏中的高（庆奎）派的唱腔。该派突出的特点是嗓音高亮，唱腔质朴、酣畅、劲拔，多演老生戏，代表性剧目有《逍遥津》《失空斩》《斩黄袍》《李陵碑》《脂粉泪》等。40年代，毛泽东曾明确对人说过："我喜欢听高派的戏，越听越想听。"又说：此派"唱腔激昂，热情奔放，看了《失空斩》（《失街亭》《空城计》《斩马谡》三剧合称）这出戏，给人一种刚强奋力的一种感觉。"

　　　　——李和曾：《毛主席给了我艺术生命》，《毛主席诞辰八十五周年纪念文选》，人民出版社1979年版。

　　1947年5月12日，毛泽东撤出延安后，这天接到晋南战场传来捷报，共歼敌2万多人，解放晋南25座县城，晋南只剩下运城、临汾两座孤城。

　　毛泽东接到陈赓和王新亭发来的电报后，走在山坡上，情不自禁地唱出了几句京剧："我正在城楼观山景，耳听得城外乱纷纷。旌旗招展空翻影，却原来是司马发来的兵。我也曾命人去打听，打听那司马领兵往西行……"

　　听着毛泽东那充满湖南乡音的京剧唱腔，周恩来笑了："主席，我们面前的'司马'现在可不是往西行哟！"毛泽东止住唱，风趣地说："刘戡？他不配当司马懿！"任弼时在一旁说："我们面前的司马懿是胡宗南、蒋介石！"毛泽东边走边说："蒋介石、胡宗南都不是我们的对手，我们面前没有司马懿，只有司马师哟！"周恩来大笑："主席说得对，胡宗南只配为司马师！"

　　　　——邸延生：《历史的真言——李银桥在毛泽东身边工作纪实》，新华出版社2000年版。

王蕴章

**【赏析】**

李和曾（1921—2001），北京人。他出生在一个贫苦职员家庭，9 岁考入中华戏曲专科学校，初学刀马旦、武生，并为程砚秋先生配演娃娃生。此后为京剧"高派"创始人、著名艺术家高庆奎先生所器重、培养，专工京剧老生。1939 年，他出科后不久，正式拜高庆奎先生为师。

经过大约两年的时间，李和曾不负所期，真正成为高派的优秀继承人。李和曾经常在京、津、沪、鲁、冀搭班演出，以"高派"的《辕门斩子》《斩黄袍》《斩马谡》《碰碑》等享誉南北。1945 年，他到了晋冀鲁豫根据地加入民主剧团，演出受到热烈欢迎，中共七届二中全会期间，他们剧团还曾到西柏坡为党中央演出。

新中国成立后，他任戏曲改进局京剧实验一团副团长。1954 年，同李少春、袁世海等赴港澳、印度、印尼、缅甸等地区演出，均获好评。1955 年 1 月，中国京剧院正式成立，李和曾任二团副团长（后为团长）。1956 年，随梅兰芳先生到日本演出访问，以后还曾到英国、苏联、东欧各国演出。1961 年，又拜周信芳先生为师，在表演艺术上得到了新的提高。在掌握"高派"艺术的基础上又兼修"麒派"，表演上既有"高派"激昂高亢的风格特色，又借鉴"麒派"的浑厚洒脱的艺术特点，其表演魅力更加成熟完善。李和曾有一条好嗓子，高、厚、宽、亮，音色别具一格。

《空城计》源自《三国演义》第 95 回《马谡拒谏失街亭 武侯弹琴退仲达》。三国时期，诸葛亮因错用马谡而失掉战略要地——街亭，魏将司马懿乘势引大军 15 万向诸葛亮所在的西城蜂拥而来。当时，诸葛亮身边没有大将，只有一班文官，所带领的五千军队，也有一半运粮草去了，只剩 2500 名士兵在城里。众人听到司马懿带兵前来的消息都大惊失色。诸葛亮登城楼观望，"果然尘土冲天，魏兵分两路望西城县杀来"。

于是，诸葛亮传令，把所有的旌旗都藏起来，士兵原地不动，如果有私自外出以及大声喧哗的，立即斩首。又叫士兵把四个城门打开，每个城门之上派 20 名士兵扮成百姓模样，洒水扫街。诸葛亮自己披上鹤氅，戴上高高的纶巾，领着两个小书童，带上一张琴，到城上望敌楼前凭栏坐下，燃起香，然后慢慢弹起琴来。

司马懿的先头部队到达城下，见了这种气势，都不敢轻易入城，便急忙返回报告司马懿。司马懿听后，便令三军停下，自己飞马前去观看。离城不远，他果然看见诸葛亮端坐在城楼上，笑容可掬，正在焚香弹琴。左面一个书童，手捧宝剑；右面也有一个书童，手里拿着拂尘。城门里外，20多个百姓模样的人在低头洒扫，旁若无人。司马懿看后，疑惑不已，便来到中军，令后军充作前军，前军作后军撤退。他的二子司马昭说："莫非诸葛亮无军，故作此态？"司马懿说："诸葛亮平生谨慎，不曾弄险。今大开城门，必有埋伏。我军若进，中其计也。"于是各路兵马都退了回去。

　　诸葛亮的士兵问道："司马懿乃魏之名将，今统15万精兵到此，见了丞相，便速退去，何也？"他说："此人料吾平生谨慎，必不弄险；见如此模样，疑有伏兵，所以退去。吾非行险，盖因不得已而用之。"

　　事实上，这只是郭冲在注解里编出的小故事，街亭之战时司马懿远在洛阳，攻克孟达后回驻宛城，和发生地点相隔千里，和诸葛亮对战的是张郃，孔明见街亭败绩，迅速撤回汉中。所以，此事件本身是虚构的。

　　《三十六计》中的第三十一计——空城计，指在敌众我寡的情况下，缺乏兵备而故意示意人以不设兵备，造成敌方错觉，从而惊退敌军之事。后泛指掩饰自己力量空虚、迷惑对方的策略。它是根据我国古代卓越的军事思想和丰富的斗争经验总结而成的兵书，是中华民族悠久文化遗产之一。

　　空城计，其实是一种心理战。在己方无力守城的情况下，故意向敌人暴露我城内空虚，就是所谓"虚者虚之"。敌方产生怀疑，更会犹豫不前，就是所谓"疑中生疑"。敌人怕城内有埋伏，怕陷进埋伏圈内。但这是悬而又悬的"险策"。使用此计的关键，是要清楚地了解并掌握敌方将帅的心理状况和性格特征。诸葛亮使用空城计解围，就是因为他充分地了解司马懿谨慎多疑的性格特点才敢出此险策。诸葛亮的空城计名闻天下。此事虽是小说家演绎，其实，在我国历史上真的出现过不少用空城计的出色战例。

　　在解放战争期间，中共中央机关已转移到离石家庄不远的西柏坡，华北剿总令傅作义妄图偷袭石家庄，捣毁我中共中央机关。毛泽东洞察其阴谋，于1948年10月31日写了《评蒋傅军梦想偷袭石家庄》的新华社述评揭露其阴谋，被称为毛泽东的空城计。因为当时解放军主力都在各个战场，保卫中央机关的兵力确实不多。

# 《斩马谡》（京剧） 谭富英演出本

## 【原文】

（四龙套引诸葛亮上。）

诸葛亮 （西皮摇板） 先帝创业三分鼎，

险些一旦化灰尘。

将身且坐宝帐等，

马谡回来问斩刑。

（报子上。）

报　子 （白） 王平、马谡回营请罪。

诸葛亮 （白） 再探。

（报子下。）

报　子 （白） 吩咐击鼓升帐！

（报子上。）

报　子 （白） 赵老将军回营。

诸葛亮 （白） 有请。

（赵云上，诸葛亮敬酒，赵云下。）

诸葛亮 （白） 来，传王平进帐！

手　下 （白） 王平进帐！

（王平上。）

王　平 （西皮快板） 忽听丞相传将令，

好叫王平胆战惊。

迈步且把宝帐进，

等候丞相把令行。

| 诸葛亮 | （西皮导板） | 翻来覆去难消恨， |
| | （西皮快板） | 抬头只见小王平。 |
| | | 先前怎样对你论， |
| | | 靠山近水扎大营。 |
| | | 失落街亭不打紧， |
| | | 反被司马笑山人。 |
| | | 他道我平日用兵多谨慎， |
| | | 交锋对垒错用了人！ |
| 王　平 | （西皮快板） | 丞相不必怒气生， |
| | | 细听末将说分明： |
| | | 虽然失却街亭地， |
| | | 先有画图到来临。 |
| 诸葛亮 | （西皮快板） | 不是画图来得紧， |
| | | 定与马谡同罪名， |
| | （白）　来吓！ | |
| | （西皮摇板） | 将王平责打四十棍， |

（龙套押王平下。）

龙　套　（内白）一十、二十、三十、四十。

诸葛亮　（西皮摇板）　再传马谡无用的人！

（龙套押马谡上。）

| 马　谡 | （西皮快板） | 只恨不听王平话， |
| | | 失落街亭犯王法。 |
| | | 将身跪在宝帐下， |
| | | 且候丞相把令发。 |
| 诸葛亮 | （西皮快板） | 一见马谡跪帐下， |
| | | 不由山人咬钢牙。 |
| | | 先前吩咐你的话， |
| | | 不该山顶把营扎！ |
| | | 失落街亭倒也罢， |

有何脸面对汉家？

马　谡　（西皮快板）　丞相不必怒气发，

末将言来听根芽：

白虎当头凶难化，

因此街亭失落他。

丞相快把令传下，

斩了马谡正军法。

诸葛亮　（西皮摇板）　想起先帝托孤话，

（白）　先王吓！

（西皮摇板）　一时大意错用他。

吩咐两旁刀斧手，

快将马谡正军法！

马　谡　（西皮摇板）　丞相宝帐令传下，

要将马谡正军法。

我今一死倒也罢，

家中还有老白发。

将身跪在宝帐下，

还求丞相饶全家。

　　（白）　丞相，末将一时大意，今将街亭失落，丞相将我斩首，末将一死倒也罢了。家中还有八旬老母，无人侍奉，我死之后，还求丞相另眼看待，谡纵死九泉也感丞相大恩也，吓！

（哭）　哎哎，丞相吓！

诸葛亮　（西皮导板）　见马谡只哭得泪如雨洒，

（叫头）　马谡，参谋吓！

（西皮摇板）　我心中好似快刀扎。

（叫头）马谡！

马　谡　（白）　丞相！

诸葛亮　（叫头）参谋！

马　谡　（白）　武侯！

诸葛亮　（白）　非是山人定要将你斩首，只因你未曾出兵，先立军状，今日失守街亭，若不将你斩首，焉能服得汉营中大小三军？

　　（叫头）　　马谡！

马　谡　（白）　丞相！

诸葛亮　（叫头）参谋！

马　谡　（白）　武侯！

诸葛亮、马谡　（对哭）　吓……吓……

诸葛亮　（白）　来，斩！

（手下允。）

诸葛亮　（白）　招回来！马谡，你方才言道：家有八旬老母，无人侍奉。你死之后，将你钱粮拨与你老母名下，为养老之费。

马　谡　（白）　多谢丞相，

诸葛亮　（叫头）马谡！

马　谡　（白）　丞相！

诸葛亮　（叫头）参谋！

马　谡　（白）　武侯！

诸葛亮、马谡　（对哭）　哎哎……

诸葛亮　（白）　来，斩！

（手下允，押马谡下，开刀。龙套上，献首级。）

诸葛亮　（西皮摇板）　　适才帐中来叙话，

　　　　　　　　　　　　一腔鲜血染黄沙。

　　　　　　　　　　　　我哭一声马参谋，叫一声马幼常，吓吓！

（赵云上。）

赵　云　（西皮摇板）　丞相为何泪如麻？

　　　　（白）　丞相，今日斩了马谡，为何流泪？

诸葛亮　（白）　哎呀，老将军，我想先帝白帝城托孤之时，言道：马谡言过其实，总无大用。山人一时大意，错用了马谡，失守街亭。我哭得先主，何曾哭得马谡？待山人拜本还京，自贬武乡侯，以安军心。掩门。

（尾声，诸葛亮、赵云同下。）

**【毛泽东评点】**

毛泽东又更喜欢老生戏，特别是老生戏中的高（庆奎）派的唱腔。该派突出的特点是嗓音高亮，唱腔质朴、酣畅、劲拔，多演老生戏，代表性剧目有《逍遥津》《失空斩》《斩黄袍》《李陵碑》《脂粉泪》等。40年代，毛泽东曾明确对人说过："我喜欢听高派的戏，越听越想听。"又说：此派"唱腔激昂，热情奔放，看了《失空斩》（《失街亭》《空城计》《斩马谡》三剧合称）这出戏，给人一种刚强奋力的一种感觉。"

——李和曾：《毛主席给了我艺术生命》，《毛主席诞辰八十五周年纪念文选》，人民出版社1979年版。

**【赏析】**

谭富英（1906—1977），名豫升。生于北京，祖籍湖北武昌，著名的京剧表演艺术家，曾任北京京剧团副团长，出身于京剧世家。祖父谭鑫培，父亲谭小培，深受其父辈影响。后入富连成科班，向萧长华、王喜秀、雷喜福等学艺，工老生，擅长靠把戏，后又在其父谭小培和老师余叔岩的教导下继承"谭派"和"余派"风格，发挥自己的艺术特长，酣畅淋漓，朴实大方，技艺大进，他的演唱被人们称为"新谭派"，后被誉为"四大须生"之一。

谭富英天赋优越，嗓音清亮甜脆，他的唱腔简洁、明快、洗练，朴实自然，吐字行腔不过分雕琢，不追求花哨，用气充实，行腔一气呵成，听来韵味醇厚，情绪饱满，痛快淋漓，形成他独有的艺术风格。

谭富英擅长演出谭门本派剧目，既以唱功取胜又以武功见长。代表剧目主要有《失空斩》《捉放曹》《鼎盛春秋》《晋楚交兵》《南阳关》《战太平》《定军山》《桑园寄子》《奇冤报》《击鼓骂曹》《洪羊洞》《搜孤救孤（又名赵氏孤儿）》《四郎探母》《桑园会》《珠帘寨》《秦香莲》《群英会》《借东风》《赤壁之战》《将相和》《大保国》《探阴山》《二进宫》《十道本》等都是很受广大观众欢迎的剧目。

该剧据《三国演义》改编。诸葛亮既冒险用空城计巧退司马懿之后，即弃斜谷西城县，及南安、天水、安定三郡，急返汉中。幸赖赵云断后，得不折一人一骑而还。

　　诸葛亮方检点军马，忽报马谡、王平偕高翔、魏延同至。诸葛亮先唤王平入，责其失事。王平细述马谡拒谏不听，及己如何分兵图救等事而退。待马谡入帐，诸葛亮变色怒诘曰："汝非自谓饱读兵书，熟谙战法者耶？汝可知街亭乃吾根本之地，况吾临送时，如何屡屡叮咛告诫。汝若早听王平之劝，何至有此？"马谡只有深自引咎，俯首甘受军法而已，唯以八旬老母为请。诸葛亮既令左右绑出，复唤回以好言慰之，大有依依不忍之状。盖诸葛亮既爱其才，又抱"伯仁由我而死"之隐憾。故虽正军法，而挥泪大哭幼常不已。至左右问之，佯称"追思先帝之明"因而痛哭，则又其用计处，而藉以自解之语。读书观戏者幸勿为其瞒过。

　　诸葛亮虽非害马谡，然明知其不可用而故用之，则虽谓马谡由诸葛亮而死，亦无不可。试观其遣王平为副，及事前种种周密之设备，可知诸葛亮实早知马谡之十九不可用。

　　此剧于诸葛亮挥泪斩马谡时，颇难形容，需做得又恨又痛惜，于严厉中寓爱怜不忍、无法援救之状，始得将其心事曲曲得出也。谭叫天与贵俊卿，演时最注意于此，名下毕竟无虚。

　　《斩马谡》故事来源于《三国演义》第96回《孔明挥泪斩马谡　武侯弹琴退仲达》，是第95回《马谡拒谏失街亭　武侯弹琴退仲达》的续篇。《斩马谡》是京剧传统剧目，常与《失街亭》《空城计》《斩马谡》连演，简称"失空斩"，是京剧前辈谭鑫培、余叔岩之代表作，并由谭富英、杨宝森等传承发展，久演不衰。随着演艺技术的发展，还摄制电影戏曲艺术片等。

　　蜀国的皇帝刘备在生命弥留之际，诸葛亮等一些贴身大臣入宫探病。刘备担心孔明重用马谡，所以在垂危之际，还特别叮咛，问诸葛亮说："丞相认为马谡这个人如何？"诸葛亮说称得上是英才。因为马谡与诸葛亮等一起随刘备入蜀，他才气过人，好谈兵，深得诸葛亮器重，视之如子。而马谡也将诸葛亮当作父亲一样。尤其是马谡曾给诸葛亮出过一些好计谋，在诸葛亮南征时，马谡向他献了"攻心为上"这一战略方针，使得诸葛亮"七擒七纵"孟获，使南人不复反。

但是，刘备认为马谡言过其实，所以不可重用。因为马谡虽然熟读兵书，但缺乏实战经验，故他谈兵时未免夸夸其谈，不大切合实际。因为战争千变万化，作战者要善于从实际出发，不能拘泥于兵书的只言片语。如果做参谋还可以，但是如果让他独当一面，则难以胜任。

事实的确如刘备所料。马谡之失，正是失在"言过其实"上。不信我们来看以下的一段话，看看在如何防守街亭的事情上，马谡与其副将王平有何差异：

王平主张"就此五路总口下寨，却令军士伐木为栅，以图久计"，而马谡却说"当道岂是下寨之地？此处侧边一山，四面皆不相连，且树木极广，此乃天赐之险也，可就山上屯军"。

王平说："参军差矣。若屯兵当道，筑起城垣，贼兵纵有十万，不能偷过；今若弃此要路，屯兵于山上，倘魏兵骤至，四面围定，将何一军以保？"

马谡大笑说："汝真女子之见！兵法云：凭高视下，势若破竹。若魏兵到来，吾教他片甲不回！"

王平说："今处此山，是绝地也；若魏兵断我汲水道，军士不战自乱矣。"

马谡说："汝莫乱道！孙子云：置之死地而后生。若魏兵绝我汲水之道，蜀兵岂不死战？以一当百可也。吾素读兵书，丞相诸事尚问于我，汝奈何相阻耶！"

从以上的对话可以看出，马谡以兵书为由，王平以实践为据。通过描述马、王两人的争论，突出了马谡"纸上谈兵"的形象，也指出他"教条主义"的致败之由。

马谡的错误是极其严重的，因为失掉了街亭，使得蜀军处于极度危险的境地。如果不是孔明用了一招"空城计"，肯定会被司马懿所擒。可见街亭的丢失，实在是诸葛亮错用马谡导致的啊！所以他才挥泪斩马谡，这泪至少有二义，一为爱将马谡之死而惋惜，一为自己失察而惭愧。

# 《群英会》（京剧）
# 马连良、袁世海演出本

【原文】

第四场

（周瑜上。）

周瑜　　（西皮摇板）　奉君命破曹兵胜负未定，

　　　　　　　　　　日操兵夜观策坐卧不宁。

（鲁肃上。）

鲁肃　　（西皮摇板）　曹孟德果杀了蔡瑁、张允，

　　　　　　　　　　周都督他算得天下能人。

　　　　（笑）　哈哈……

周瑜　　（白）　大夫为何这等大笑？

鲁肃　　（白）　启都督：那曹操，果中了都督借刀之计，杀了蔡瑁、张允，水军头目，换了毛玠、于禁，岂不是一喜？

周瑜　　（白）　此事当真？

鲁肃　　（白）　当真。

周瑜　　（白）　那孔明可知？

鲁肃　　（白）　他未必。

周瑜　　（白）　量他不知，有请诸葛先生。

鲁肃　　（白）　有请诸葛先生。

（诸葛亮上。）

诸葛亮　　（西皮摇板）　昨夜晚观天象早已算定，

　　　　　　　　　　　曹孟德中巧计自杀水军。

　　　　　（白）　恭喜都督，贺喜都督！

周瑜　　（白）　喜从何来？

诸葛亮　　（白）　那曹操，中了都督借刀杀人之计，杀了蔡瑁、张允，水军头目，换了毛玠、于禁，此二人不识水性，岂不是大大的一喜？

王蕴章

周瑜　　　（白）先生真乃神人也。吾观曹营水寨，十分齐整，故略施小计，何足挂齿。

诸葛亮　　（白）都督的高才。

周瑜　　　（白）瑜朝暮思得一计破曹，但是犹豫未决，欲烦先生决一良谋。

诸葛亮　　（白）不必说破，各写一字在手，看看心事对与不对？

周瑜　　　（白）如此，先生请写。

（诸葛亮、周瑜同写。）

诸葛亮　　（白）大夫请看。

（鲁肃看。）

鲁肃　　　（白）你二人俱是一个"火"字！

周瑜　　　（白）只恐未必。

诸葛亮　　（白）如此两下对来。

周瑜、诸葛亮　　（同白）　"火"！

周瑜、诸葛亮、鲁肃　　（同笑）　哈哈……

周瑜　　　（白）请坐，请问先生，这水面交锋，何物当先？

诸葛亮　　（白）弓箭当先。

周瑜　　　（白）吓，弓箭当先，怎奈我营缺少狼牙。瑜有请先生监造十万狼牙，谅无推辞了。

诸葛亮　　（白）当得效劳，但不知限山人多少日期？

周瑜　　　（白）限一月之期。

诸葛亮　　（白）多了。

周瑜　　　（白）十日如何？

诸葛亮　　（白）倘曹兵杀来，岂不误了国家大事？

周瑜　　　（白）七日如何？

诸葛亮　　（白）七日么，还多。

鲁肃　　　（白）太少了。

周瑜　　　（白）住口！如此，请先生自限日期。

诸葛亮　　（白）三日交箭。

周瑜　　　（白）　三日无箭？

诸葛亮　　（白）　依军法从事。

周瑜　　　（白）　军中不可戏言。

诸葛亮　　（白）　愿立军令状。

周瑜　　　（白）　先生请。

鲁肃　　　（白）　先生立不得吓！

周瑜　　　（白）　多口。

（吹排子，诸葛亮写状。）

诸葛亮　　（白）　吓，大夫，这是军令状，还有你的保人，三日后，命五百军士，去到江边搬箭，大夫收好了。

鲁肃　　　（白）　我看你怎么好。

诸葛亮　　（白）　告辞了。

周瑜　　　（白）　子敬代送。

诸葛亮　　（西皮原板）　在帐中辞别了子敬、公瑾，三日后到江边去收雕翎。

鲁肃　　　（白）　吓，都督，孔明止限三日交箭，莫非有诈？

周瑜　　　（白）　你不用管他，吩咐我国匠人，故意迟挨。三日后江边搬箭，误了日期，按军法施行，斩他无亏。

（黄盖上。）

黄盖　　　（白）　启都督：今有蔡中、蔡和辕门投降。

周瑜　　　（白）　命他进帐。

黄盖　　　（白）　二位将军这里来。

（蔡中、蔡和同上。）

蔡中、蔡和　（同念）　离了曹营地，来此是东吴。

　　　　　　　（同白）　参见都督。

周瑜　　　（白）　你二人既以降曹，为何又背主投降？

蔡中、蔡和（同白）　曹操无故杀我二人兄长，现投在都督麾下，日后好借兵报仇。

周瑜　　　（白）　好，二位将军，弃暗投明，果称英豪也。

蔡中、蔡和　（同白）　都督夸奖。

周瑜　　　（白）传甘宁进帐。

众人　　　（同白）　　甘宁进帐。

（甘宁上。）

甘宁　　　（念）东吴将甘宁，威风谁敢当。

　　　　　（白）参见都督。

周瑜　　　（白）将二位将军，拨在你的帐下，日后自有用处。

甘宁　　　（白）得令。

（甘宁、蔡中、蔡和同下。）

鲁肃　　　（白）都督，他二人莫非诈降？

周瑜　　　（白）那曹操无故杀他二人兄长，投在本都督帐下，日后好借兵报仇，想你这样多虑，怎容天下贤士？退下了！

鲁肃　　　（白）是。

　　　　　（念）分明指破平川路，反把忠言当恶言。

（鲁肃下。）

周瑜　　　（白）鲁大夫乃忠直之人，他也乖起来了，老将军还在？

黄盖　　　（白）在。

周瑜　　　（白）可知他二人降意如何？

黄盖　　　（白）乃是诈降。

周瑜　　　（白）怎见得诈降？

黄盖　　　（白）不带家眷，就是诈降。

周瑜　　　（白）吓，不带家眷，就是诈降。惜乎吓，惜乎！想他曹营就有此能人前来诈降；我东吴，我东吴就无人敢去诈降那曹操。

黄盖　　　（白）都督，末将不才，愿去诈降曹营。

周瑜　　　（白）老将军愿献诈降之计么？

黄盖　　　（白）正是。

周瑜　　　（白）此乃非同小可，若不受些苦刑，怎能瞒过细作之耳目？

黄盖　　　（白）盖受东吴三世厚恩，慢说身受苦刑，就粉骨碎身，理所当然。

周瑜　　　（白）　老将军可是真心？

黄盖　　　（白）　哪有假意。

周瑜　　　（白）　好，请上，受我一拜。

　　　　　（西皮原板）　老将军秉忠心大义凛凛，

　　　　　　　　　　　可算得我东吴第一功臣。

　　　　　　　　　　　瞒住了我营将全要你忍，

　　　　　　　　　　　怕只怕年纪迈难受五刑。

黄盖　　　（西皮原板）　周都督你不必礼下恭敬，

　　　　　　　　　　　俺黄盖受东吴三世厚恩。

　　　　　　　　　　　我虽然年纪迈忠心当秉，

　　　　　　　　　　　学一个奇男子大破曹营。

（黄盖下。）

周瑜　　　（西皮原板）　好一个黄公覆忠心耿耿，

　　　　　　　　　　　我二人定此计大功必成。

（周瑜下。）


## 第五场

（诸葛亮上。）

诸葛亮　　（西皮原板）　小周郎命鲁肃巡监作守，

　　　　　　　　　　　叫山人背地里冷笑不休。

　　　　　　　　　　　你那里欲杀我怎能得够，

　　　　　　　　　　　一桩桩一件件记在心头。

（鲁肃上。）

鲁肃　　　（西皮原板）　限三日去交箭不多时候，

　　　　　　　　　　　为什么坐一旁不睬不休？

　　　　　（白）　吓！先生！

　　　　　（西皮快板）　你昨日在帐中夸下海口，

　　　　　　　　　　　这件事好叫我替你担忧。

诸葛亮　　（白）我有什么事情，叫你替我担忧？

鲁肃　　　（白）吓，咳，你昨日在帐中夸下海口，立下军状，限三日交箭，只是明日一天，支箭全无，看你怎得了？

诸葛亮　　（白）不是大夫提起，亮倒把此事忘怀了。

鲁肃　　　（白）你看这样大事，他就忘了！

鲁肃　　　（白）我们来算算日期。

鲁肃　　　（白）算算看。

诸葛亮　　（白）昨日？

鲁肃　　　（白）一天。

诸葛亮　　（白）今日？

鲁肃　　　（白）两天。

诸葛亮　　（白）明日？

鲁肃　　　（白）拿来！

诸葛亮　　（白）拿什么来？

鲁肃　　　（白）拿箭来！

诸葛亮　　（白）大夫你要救我一救！

鲁肃　　　（白）先生请起，大家想来……吓，先生，下官倒有一计。

诸葛亮　　（白）有何妙计？

鲁肃　　　（白）不如驾一小舟，逃过江去罢。

诸葛亮　　（白）大夫，亮奉主之命，过江同心破曹。如今大功未成，逃了回去，怎么回复吾主？此计使不得。

鲁肃　　　（白）这、这，也罢，你莫若投江一死，落个全尸罢！

诸葛亮　　（白）蝼蚁尚且贪生，为人岂不惜命乎，大夫，这一法更使不得。

鲁肃　　　（白）叫你走，你又不走；叫你死，又死不得。真真叫我作难吓！

诸葛亮　　（白）大夫吓！

鲁肃　　　（白）大夫不会下药！

诸葛亮　　（西皮摇板）　鲁大夫你平常待我恩厚，

　　　　　　　　　　　你保我过江来无挂无忧。

　　　　　　　　　　　周公瑾要杀我你不相救，

　　　　　　　　　　　看起来算不得什么好朋友！

　　鲁　肃　　（西皮快板）这件事本是你自作自受，

　　　　　　　　　　　为什么把我来埋怨不休？

　　诸葛亮　　（白）大夫，你不能救亮，问你借几样东西，可有吓？

　　鲁　肃　　（白）你所要的东西，我早已办好了！这寿衣、寿帽、寿鞋，大大的一口棺材！

　　诸葛亮　　（白）什么话？

　　鲁　肃　　（白）要什么东西？

　　诸葛亮　　（白）战船二十支？

　　鲁　肃　　（白）有的。

　　诸葛亮　　（白）军士五百名？

　　鲁　肃　　（白）有的。

　　诸葛亮　　（白）茅草千担？

　　鲁　肃　　（白）有的。

　　诸葛亮　　（白）青布幔帐，锣鼓全套？

　　鲁　肃　　（白）有的。

　　诸葛亮　　（白）还要备酒一席。

　　鲁　肃　　（白）这些东西军中所用，这酒席何用？

　　诸葛亮　　（白）我与大夫，舟中饮酒取乐吓。

　　鲁　肃　　（白）明日进帐，没有箭交，我看你还是饮酒，还是取乐吓！

　　诸葛亮　　（白）你去办来。

　　鲁　肃　　（西皮快板）十万箭今夜晚怎生造就？

　　　　　　　　　　　怕只怕见都督难保人头。

　　　　　　　　　　　倒不如我这里放你逃走，

　　　　　　　　　　　鲁子敬为朋友顺水推舟。

　（鲁肃下。）

诸葛亮　（西皮摇板）　这件事量鲁肃猜疑不透，

　　　　　　　　　　　　他哪知我腹内另有机谋。

　　　　　　　　　　　　要借箭只等到四更时候，

　　　　　　　　　　　　趁大雾到曹营去把箭收。

（鲁肃上。）

鲁肃　　（西皮摇板）　一桩桩一件件俱已办就，

　　　　　　　　　　　　请先生到江边速速登舟。

诸葛亮　（白）　大夫来了，可曾齐备？

鲁肃　　（白）　俱已齐备。

诸葛亮　（白）　请。

鲁肃　　（白）　哪里去？

诸葛亮　（白）　同往舟中饮酒。

鲁肃　　（白）　下官营中有事，不能奉陪。

诸葛亮　（白）　走走走。

（诸葛亮拉鲁肃同下。）

## 第六场

（二水手同上，诸葛亮拉鲁肃同上。）

二水手　（同白）　启爷：满江大雾，观不见水景。

诸葛亮　（白）　将船往北而进。

鲁肃　　（白）　曹营在北，去不得的，我要下去了。

诸葛亮　（白）　船离了岸，不能拢岸。大夫请。

　　　　（西皮原板）　一霎时白茫茫满江大雾，

　　　　　　　　　　　　顷刻间观不见在岸在舟。

　　　　　　　　　　　　似这等巧机关世间少有，

　　　　　　　　　　　　学轩辕造指车去破蚩尤。

鲁肃　　（西皮原板）　鲁子敬在舟中浑身战抖，

　　　　　　　　　　　　把性命当儿戏全不担忧。

　　　　　　　这时候哪还有心肠饮酒？

　　　　　　　此一去到曹营把命来丢！

二水手　　（同白）　启爷：离曹营只有四十余里。

诸葛亮　　（白）　将船直放曹营。

鲁肃　　　（白）　水手，去不得的！我要上岸了。

诸葛亮　　（白）　船行半江，越发不能去了，只好饮酒取乐。

鲁肃　　　（白）　好，拼着性命不要，相遇你这朋友，先生请酒。

诸葛亮　　（西皮摇板）　劝大夫放开怀宽心饮酒，些许小事何要你
这等的忧愁。

二水手　　（同白）　　离曹营只有一箭之地。

诸葛亮　　（白）　吩咐鸣锣，擂鼓呐喊。

（后场擂鼓，蒋干上。）

蒋干　　　（白）　启禀丞相：外面人声呐喊。

曹操　　　（内白）　人声呐喊，想是周郎偷营，吩咐放箭！

蒋干　　　（白）　放箭！

（龙套同上，放箭，吹排子。）

二水手　　（同白）　启爷：小舟沉载不起。

诸葛亮　　（白）　前去大喊三声："南阳诸葛借箭，谢丞相赠十万
雕翎。"

二水手　　（同白）　南阳诸葛借箭，谢丞相赠十万雕翎！

鲁肃　　　（白）　我这才明白了。

（诸葛亮、鲁肃、二水手同下，曹操上。）

曹操　　　（白）　我道周郎偷营，原来孔明借箭，吩咐众舟追赶！

蒋干　　　（白）　顺风顺水，追之不上。

曹操　　　（念）　时时防计巧，

蒋干　　　（念）　着着让人高。

曹操　　　（念）　去了十万箭，

蒋干　　　（念）　明日再来造。

曹操　　　（白）　又中他人之计了！

蒋干　　（白）下次不中就是。

曹操　　（白）又坏了你手！

蒋干　　（白）又是我的不好，真真难办事吓。

（曹操、蒋干同下。）

## 【毛泽东评点】

据他身边工作人员说：转战陕北时，他爱听并时常唱几嗓子的是《空城计》《草船借箭》。在西柏坡时，指挥三大战役，他休息脑筋的办法就是听京剧唱片，特别是高庆奎的《逍遥津》、言菊朋的《卧龙吊孝》、程砚秋的《荒山泪》，高兴了，自己也哼几句《群英会》。

——陈晋：《毛泽东与文艺传统》，中央文献出版社 1992 年版，第 278 页。

## 【赏析】

马连良（1901—1966），回名尤素福，原籍陕西扶风，生于北京，字温如。中国著名京剧艺术家，老生行当的代表性人物之一，"马派"艺术创始人，京剧"四大须生"之首，民国时期京剧三大家之一，扶风社的招牌人物。代表剧目有《借东风》《甘露寺》《清风亭》《四进士》《失空斩》等。其父马西园与著名京剧演员谭小培熟识，三叔马昆山在上海唱戏，受家庭的熏陶，使马连良从小热爱京剧艺术。9 岁入北京喜连成科班，23 岁自行组班，发展成为独树一帜的"马派"表演风格，自 1920 年代至 1960 年代盛行不衰。20 世纪，他与余叔岩、高庆奎、言菊朋并称前"四大须生"；后三人去世，他又与谭富英、奚啸伯、杨宝森并称后"四大须生"。1931 年马连良在天津与周信芳同台演出，因他们技艺精湛，各具风采，被誉为"南麒北马"。

袁世海（1916—2002），原名袁瑞麟，中国北京市人，著名京剧表演艺世家、花脸演员，以擅演曹操闻名。袁世海 8 岁开始学习京剧，1927 年进入富连成戏班学习老生，后改学花脸。1934 年开始登台演出，1940 年拜郝寿臣为师，成为郝派传人。1950 年参与创建中国国家京剧院的前身之一的新中国实验京剧团，后曾担任中国国家京剧院副院长，1980年加入中国共产党。

该剧是京剧优秀传统剧目，是小说《三国演义》中第43—49回的内容，描写了历史上著名的"赤壁之战"。在这次战争中，刘备、孙权合力拒曹，歼灭曹操83万人马，奠定了三国鼎立的局面。

《群英会》以三国故事中的蒋干盗书、周瑜打黄盖、江边赋诗、借东风等情节为中心，不仅有众多脍炙人口的唱腔，还有很多念白和情节为演员们提供了极大的创作空间，所以该剧历来也是京剧界名角的"群英会"。

其剧情是这样的：三国时，曹操既得荆襄，收降水军蔡瑁、张允后，军威大震，遂率水陆，乘胜大举，图下江南。时孙、刘方结好，刘备遣诸葛亮助吴，共御曹操，唯周瑜器量狭小，深以诸葛亮智出己上为忌。一日，忽故人蒋干渡江而至，周瑜知其为曹操作说客，因设计反间，先伪作蔡、张二人通款书，乃会蒋干，置酒款待，备极殷殷，席次绝不言及孙曹事，并令太史慈监酒，以示今夕只谈风月之意。旋周瑜佯醉，引蒋干同榻，蒋干惺忪不自安，果盗书遁归。曹操向来多疑，得书，遂堕其计，怒杀蔡瑁、张允。周瑜既探得此信，知水军不足虑，乃与诸葛亮计议进攻之策，英雄所见略同，彼此认为以火攻为先。周瑜见己谋，第不能高出诸葛亮右，且每为诸葛亮所识破，因此更加嫉妒诸葛亮，故令其克期监造战箭十万。诸葛亮奋然身任，毫无难色，且以三日为期。周瑜阴喜其期促必误，唯鲁肃甚忧之，不意及期，诸葛亮果如数缴箭复令，周瑜卒无如之何。盖诸葛亮预知是晚必降大雾，因挟鲁肃，驾小舟数百艘，开赴江北，佯为偷袭曹营，以诱曹军放箭，唯鲁肃在船，股栗胆战，觳觫无人色，则已饱尝虚惊矣。旋蔡中、蔡和来降，周瑜料其有诈，因依计令黄盖用苦肉计去降曹，以备内应。

此剧内容，纯以用计见长，斗智逞谋，如重峦叠嶂，层出不穷，一峰去而，一峰又转，最足提起观者兴味，真是三国戏中之精华，然配演颇难，因各人皆须得正角去之，方能工力悉敌，如鲁肃之忠厚诚恳、诸葛亮之谈笑自若、周瑜之英爽风流、蒋干之局促不安，皆非善于描摹神情者，不能得其形似。昔在京师，尝见谭鑫培、朱素云、罗百岁、贵俊卿，合演

王蕴章

此剧，谭饰鲁肃，贵饰诸葛，素云饰周瑜，百岁饰蒋干，珠联璧合，空前绝后，真得睹未曾见，而令人有观止之叹焉！后来《群英会》由马连良、叶盛兰、裘盛戎、孙毓坤、袁世海等艺术家联袂出演，浑厚的唱腔加上精彩的演绎，尤其受到戏迷们的喜爱。

毛泽东也很喜爱这出戏，并能哼唱有些唱段，可见其熟悉程度。

# 《穆桂英挂帅》第五场（豫剧）
## 马金凤演出本

【原文】

（四长枪手、四短刀手、旗手、中军、杨文广、杨金花、杨宗保、杨思乡、穆桂英戎装上。）

穆桂英：唱【慢二八】辕门外三声炮如同雷震

天波府走出来我保国臣。

头戴金冠压双鬓，

当年的铁甲我又披上身。

帅字旗，飘入云，

斗大"穆"字威风凛凛，

浑天侯，穆桂英，

谁料想我五十三岁又管三军！

都只为那安王贼兴兵犯境，

打一道连环战表要争乾坤。

宋王爷传下余一道圣旨，

众呀众文武，跨呀跨战马，各执兵刃，一个个到校场去比武功。

王伦贼一马三箭射的准，

气坏了小文广他兄妹二人。

他兄妹商商量量才把那校场进，

同着那满朝文武夸他的口唇。

我的儿一马三箭射的稳，

我的小女儿她的箭法高，箭射那金钱落在埃尘。

王伦贼一见心中气不愤，

他要与我的儿论个假真，

未杀三合并两阵，

刀劈那王伦一命归阴。

王强贼要把我的儿捆，

多亏着寇天官一本奏当今。

万岁爷在校场他把我儿问，

小奴才瞒哄不住表他的祖根。

他言讲，住河东，有他家门，杨令公是他先人，他本是宗保的儿、杨延景的孙，他有个曾祖母叫佘太君，穆桂英我本是他的母亲。

宋王爷一听喜不尽，

他知道俺杨门辈辈是忠臣。

刀劈王伦他不怪，

才把那招对帅印赐与了儿身。转【紧二八】

我的儿怀抱帅印把府进，

我一见帅印气在心，

我本想进京归还帅印，

小儿女搬来个佘太君，

佘太君为国把忠尽，

命我挂帅平反臣。

一不为官，

二不为宦，

为的是大宋江山和黎民。

俺叫那满朝文武看一看，

谁是治国保朝的人。

穆桂英五十三岁不服老，

想当年也曾破天门，

此一番到在两军阵，

我不平安王贼永不回家门！

吩咐一声我把校场进。

（进校场）

杨文广：母亲！（唱）到军阵我匹单枪能杀退敌人。

穆桂英：（唱）你不知天高地多厚，

未出兵先轻敌涣散军心，

眼看就要临军阵，

像这样骄兵必定败回程，

今日升帐我要把奴才训，

不管不教儿不能成人，

擂鼓三通宝帐进，（进帐）

坐在宝帐把令行，

唤过来杨文广大帐进！

中军：（传令）文广进帐！

（杨文广进帐。）

程桂英：（唱）小奴才你是个惹祸的人，

怒一怒把儿的头来刎！

（穆桂英拔剑，四短刀拥上，杨文广吓得躲在杨宗保甲胄下。宗保撩
起了苍白的胡须，老泪落下；杨思乡在一旁啼哭。杨金花呆住了。）

杨宗保：（哭声）老了。

（穆桂英四顾，难过地慢慢地将剑收起。）

穆桂英：【五顶锤】，唱【慢二八】

怒一怒把儿的头来刎，

我老爷在旁泪纷纷，

兄弟止不住眼中落泪，

我的小女儿，心有点不服也不敢出唇。

全家人啼哭我心如明镜，

俺八门撇下一了这一条根：

斩了杨文广不大要紧，

百年后谁与我摔老盆。转【紧二八】

罢罢我暂且忍，

为的奴才正青春。

我叫儿闯一闯来长一长，

不闯不长儿不能成人！

军阵上你要遵元帅令，

再犯了军令我定斩不容！

杨文广：是！

穆桂英：（唱）把小奴才打出帐，这是我从小看大，娇生惯养我惯起来的人！

中　军：请元帅启程，

穆桂英：侍候了！

（金鼓齐鸣，士气昂昂，帅字旗迎风飘扬。）

穆桂英：（唱）一杆大旗竖在了空，浑天侯挂了元戎，

此一去我要把安王贼平，马到要成功，不枉我当年的老威名！（走近宗保）

回头来观见了老爷的面，

不由得为妻我想起了前情，

你不是三战铜台杨宗保，

我不是破天门的穆桂英！

此一番到在了军阵以上，

咱老夫老妻可要并马行！

转面来我把兄弟叫，

把嫂嫂嘱托话，牢记在心中。

此番到在两军阵，

您兄要顾弟弟，弟要顾兄。

我心中不把别人狠，

我连把那安王反贼骂几声，

想当年我常打边庭走，

哪个闻名不害心惊，

这儿年我未到边庭走，

儿好比砖头瓦块都成了精！

想当初破天门一百单八阵，

走马又捎带一了洪州城，

此一番到在两军阵，

管叫儿不杀不战自收兵！

（转对众兵将，唱【紧二八】）

未曾兴兵我先传令，

马步将官您是听：

此一番到了辽东地，

努力杀敌往前征，

咱平贼得胜回家转，

黎民百姓得安宁；

沿途公买要公卖，

莫要扰乱好百姓，

听我令来必有赏，

不听我令插箭去游营，

忙吩咐众三军老营动！

（穆桂英、杨文广、杨金花、杨思乡同上马。）

穆桂英：（唱）穆桂英五十三岁又出征！

（帅字旗迎风飘扬，杨家将老少英雄们浩浩荡荡出征。）


## 【毛泽东评点】

1945年8月，蒋介石为欢迎毛泽东赴重庆谈判，假座中央干部学校举办为期三天的文艺晚会，特邀请在重庆的各界人士参加。第一天晚上招待美国大使赫尔利；第二天晚上招待英国大使许阁森；第三天晚上招待苏联大使罗申，并邀请了毛泽东。晚上六点半左右，毛泽东与罗申大使乘坐的轿车停在中央干部学校大礼堂门前。蒋介石即从休息室出外迎接毛泽东和罗申大使。当毛泽东和蒋介石步入剧场时，全场起立，响起一阵热烈的掌声。开演前，蒋介石上台致欢迎词，毛泽东致谢词。那天晚上演出的是京剧《穆桂英挂帅》。毛泽东坐在蒋介石和罗申大使中间。周恩来和宋庆龄均未出席。

九时许，舞台休息，毛泽东和罗申大使离座告辞，蒋介石亲自送他们上车，而后又返回座位继续观看京剧。

——竞鸿、吴华编：《毛泽东生平实录》，吉林人民出版社<br>1993 年版，第 640 页。

据马金凤回忆：1958 年中央工作会议在郑州召开时，毛泽东及周恩来、刘少奇、朱德等领导人，观看了马金凤主演的《穆桂英挂帅》。当时还有这么一个小插曲：演出结束时，毛泽东一边鼓掌，一边走上台要接见演出人员，并合影留念；但当他走到台阶一半时，好像忽有所悟说，现在反对个人崇拜，不接见了。说罢又退了下去。此后，这出戏风靡全国，尤其是那段"五十三岁又出征"的唱腔，脍炙人口，广为流传。

1958 年 8 月 17 日，他在北戴河的一次会议上就说过："全民皆兵，有壮气壮胆的作用。我赞成唱点儿穆桂英。"

1959 年 9 月，毛泽东到邯郸视察工作期间，兴致勃勃地观看了邯郸地区东风剧团的豫剧《穆桂英挂帅》。时年 13 岁的胡小凤饰穆桂英。他赞赏胡小凤说："13 岁的娃娃演 53 岁的穆桂英，演得好！"

## 【赏析】

《穆桂英挂帅》描写北宋时期，辽东安王兴兵造反，边关紧急。宋王命令王强汇集京师武将，在校场比武点帅。但奸臣王强嘱他的儿子王伦夺帅，以便将来共掌兵权，篡夺朝政。杨家将自破了天门阵，保住宋王以后，只剩下了佘太君、杨宗保、穆桂英、杨思乡、文广和金花等人。

佘太君因宋王无道，携子孙辞官回河东，已经二十余年。一天，杨宗保将安王造反、边关紧急事禀报佘太君。佘太君惦记国事，不知由谁带兵抵抗，遂派文广前往京城打探。文广、金花在京城看到王伦在比武场上趾高气扬、不可一世，心中不忿，与王伦校场比武。他们先是以箭穿金钱眼取胜，后又刀劈王伦。宋王问明杨家情况，命穆桂英挂帅，文广、金花为马前先锋。文广、金花归来，将帅印交给穆桂英。

穆桂英因对宋王昏庸、听信谗言不满，不愿意挂帅出征，用绳索捆了文广，准备进京辞官请罪。佘太君以国事为重，劝说穆桂英回心转意，打消了她的重重顾虑。穆桂英终于同意挂帅出征，去保大宋江山。出征之日，穆桂英全身披挂，威风凛凛，佘太君亲自前来送行，大队人马浩浩荡荡，前往平定安王之乱。

马金凤（1922—），山东曹县人，豫剧表演艺术家。幼年随父学河北梆子，后改学豫剧。15岁登台。曾在豫东、皖西一带演出。新中国成立后，历任商丘、洛阳豫剧团团长，中国剧协河南分会副主席。1958年加入中国共产党。1984年获"全国三八红旗手"称号。以演《穆桂英挂帅》《花打朝》《花枪缘》等闻名。

《辞印》《挂帅》两场戏，抒发了穆桂英由感慨杨家历代忠贞而不获朝廷信任，到决定挂帅出征的自豪心情和为国为民的责任感："辕门外三声炮如同雷震，天波府走出来我保国臣。头戴金冠压双鬓，当年的铁甲我又披上身。帅字旗，飘入云，斗大'穆'字威风凛凛，浑天侯，穆桂英，谁料想我五十三岁又管三军！""老太君她还有当年的勇，穆桂英我就无有了当年的威风？我不挂帅谁挂帅！我不领兵谁领兵！"充满苍劲、悲壮的色彩。

毛泽东看过多种剧种的《穆桂英挂帅》，评价很高。

# 《打金枝》第三场 劝宫（晋剧）
## 丁果仙演出本

【原文】

唐王（白）：梓童！

皇后（白）：万岁！

唐王（白）：随上些！

（唱）：孤坐江山非容易，

皇后（唱）：全凭文武保社稷。

唐王（唱）：安禄山造反兵马起，

皇后（唱）：十万里江山好危急。

唐王（唱）：多亏太白学士李，

皇后（唱）：才搬来大将郭子仪。

唐王（唱）：老皇兄费尽千条计，

皇后（唱）：为国家出尽了汗马力。

唐王（唱）：有为王回长安满心欢喜，

皇后（唱）：当殿上才把他官职来提。

唐王（唱）：封他为汾阳王作官朝里，

皇后（唱）：金枝女许郭暧是他儿媳。

唐王（唱）：今本是郭皇兄寿辰之喜，

皇后（唱）：赐寿礼和寿幛还有寿衣。

唐王（唱）：君妃打坐深宫里，

皇后（唱）：侍女们取来象牙棋。

（两人下棋）

昭仪公主（唱）：可恼驸马太无理，

在宫院无故把我欺。

把头上翡翠打下地，

在身上扯破龙凤衣。

怒气不息进宫里，

那是父王龙母，

哎哎哎！

我见了父王龙母哭啼啼！

唐王（唱）：见得皇儿泪悲啼，

皇后（唱）：无辜伤心为怎的？

唐王（唱）：是那家姨母得罪你？

皇后（唱）：进前来对你父王提。

昭仪公主（白）：哎！父王龙母！

（唱）：金枝女在宫中珠泪悲啼，

唐王（白）：不要啼哭。

皇后（白）：缓缓地讲来。

昭仪公主（唱）：尊父王和龙母且听仔细！

唐王（白）：想是父王将儿惹下了，对你龙母去讲。

皇后（白）：阿……是呀，想是你父将儿惹下了，你来对龙母讲说。

昭仪公主（白）：哎！龙母！

（唱）：我父王不曾惹了我。

皇后（白）：你父王并未惹下我儿，想是龙母我将儿惹下了，去，对你父王讲说。

唐王（白）：是呀！想是你龙母将我儿惹下了，上前来对父王讲说。

昭仪公主（白）：哎！父王！

（唱）：我龙母也未曾将儿欺。

唐王（白）：父王和龙母都未曾惹了我儿，那个大胆的将我儿惹下了？不要啼哭，缓缓的讲来。

昭仪公主（唱）：当朝驸马叫郭暧，

唐王（白）：嗯！郭暧不郭暧，他敢将我儿怎样？

昭仪公主（唱）：他吃酒带醉回宫里。

唐王（白）：这是梓童！

皇后（白）：万岁！

唐王（白）：我想驸马招亲以来，言的明白，并不会饮酒。皇儿今天进得宫来却怎么讲下"饮酒"二字呢？

皇后（白）：是呀！你我君妃不得明白，问过皇儿才是。

唐王（白）：（同声）这是皇儿！

皇后（白）：（同声）这是皇儿！

昭仪公主（白）：父王，龙母！

唐王（白）：（同声）驸马招亲以来，言的明白，他并不会饮酒。今天皇儿回得宫来，却怎么讲下"饮酒"二字呢？

皇后（白）：（同声）驸马招亲以来，言的明白，他并不会饮酒。今天皇儿回得宫来，却怎么讲下"饮酒"二字呢？

昭仪公主（白）：父王、龙母，驸马原来不会饮酒，自从招亲以来，你儿宫中有酒，他今天也吃哩，明天也尝哩。这吃着尝着嘛……

唐王（白）：（同声）怎么样？

皇后（白）：（同声）怎么样？

昭仪公主（白）：他就大喝起来了。

唐王（白）：哦！怎么说驸马原来不会饮酒，自从招亲以来，因我儿宫中有酒，他今天也吃哩，明天也尝哩。这吃着尝着嘛……他就大喝起来了。

昭仪公主（白）：正是得。

唐王（白）：我且问你，驸马饮酒不饮酒，他将我儿敢怎么样？

昭仪公主（白）：父王、龙母！

（唱）：今本是他父寿辰期，

众哥弟拜寿在筵席。

他都是成双成对的，

单丢驸马郭暧独自。

唐王（白）：你众家哥弟都去拜寿，他们都成双成对，怎么只有驸马是一个人，我儿你向哪里去了？

皇后（白）：是呀！我儿你向哪里去了？

昭仪公主（白）：儿我在哩。

唐王（白）：你在哪里？

昭仪公主（白）：儿我已在宫下收拾得整理整齐的。

唐王（白）：想必前去拜寿？

皇后（白）：噢！想必是前去拜寿？

昭仪公主（白）：儿我……

唐王（白）：怎么样？

昭仪公主（白）：儿我才没去！

唐王（白）：这么说你没去？噢！你原来才是进宫辈舌来了！

皇后（白）：捣起事非来了！

唐王（白）：哼！你公父今天寿辰，你不前去拜寿，却进宫翻起是非来了，真道的该打才是！梓童！

皇后（白）：万岁！

唐王（白）：你我打坐一旁，莫要睬她！

昭仪公主（白）：哎呀，父王！

（唱）：尊声父王莫上气，

　　　　听儿把话说仔细。

　　　　盘古至今一贯理，

　　　　哪有个为君拜臣的。

（白）：父王！依孩儿心中思想，咱乃是君他乃是臣，君与臣吗……就拜……就拜不得寿！

唐王（白）：皇儿讲话差也！论起国法莫要说起，论起家法人家是你的公父，你是人家的儿媳，理应拜寿，却怎么说拜不得呢？

昭仪公主（白）：拜不得！

唐王（白）：拜得！

昭仪公主（白）：拜不得！

唐王（白）：拜得！

昭仪公主（白）：（哭）拜不得呀！

唐王（白）：莫要哭，就是个拜不得，你看好不好？

昭仪公主（白）：（笑）好！

唐王（白）：好了，对你龙母说去，父王我不爱听，该打才是！（作

打势）（退到皇后处）

昭仪公主（白）：龙母！依儿心中思想，咱乃君他乃臣，君与臣吗……就拜不得寿。

皇后（白）：皇儿讲话差也！论起国法莫要说起，论起家法人家是你的公父，你是人家的儿媳，理应拜寿，却怎么说拜不得呢？

昭仪公主（白）：拜不得！

皇后（白）：拜得！

昭仪公主（白）：拜不得！

皇后（白）：拜得！

昭仪公主（白）：（哭）拜不得呀！

皇后（白）：莫要哭，就是个拜不得，你看好不好？

昭仪公主（白）：（笑）好！

皇后（白）：好了，对你父王说去，龙母我不爱听，该打才是！（作打势）（退后又前进）

昭仪公主（白）：龙母，你对我父王讲去，就说拜不得寿。

皇后（白）：我不去。

昭仪公主（白）：你去些！

皇后（白）：我不去。

昭仪公主（白）：你，你，你去，你去……（哭）

皇后（白）：好好好，你莫要哭了，我去，我去，把你就惯成了！万岁！

唐王（白）：梓童！

皇后（白）：皇儿说来拜不得寿，你也就说上个拜不得。

唐王（白）：这是梓童！

皇后（白）：万岁！

唐王（白）：皇儿不懂得道理，难道你也装糊涂不成？

皇后（白）：妾妃焉能不知，只是皇儿哭得要紧，你说了拜得她又啼哭。

唐王（白）：好好好！就算个拜不得，叫她往下讲来。

皇后（白）：皇儿过来，你父王说来拜不得寿。

昭仪公主（白）：你看怎样？我说是拜不得，你总是说拜得拜得，你看，还是个拜不得！

　　唐王（白）：本来就拜得么。

　　昭仪公主（白）：哎呀，父王！

　　（唱）：他进宫不施君臣礼，将儿拳打又脚踢。

　　唐王（白）：怎么？他还敢打我皇儿？

　　昭仪公主（白）：正是！

　　唐王（白）：梓童！

　　皇后（白）：万岁！

　　唐王（白）：你看驸马当真了不得了，竟然打起皇儿来了！你去看是青伤还是红伤？若有伤痕，定要将驸马杀了！剐了！与我儿出气。

　　皇后（白）：待我去验，驸马当真了不得了，竟然打起皇儿来了！皇儿往前站，叫龙母看驸马将我儿打得什么伤痕。

　　昭仪公主（白）：龙母，儿有伤哩，还验看什么呢！

　　皇后（白）：龙母我一定要验。

　　昭仪公主（白）：怎么你一定要验？龙母你附耳来（耳语）龙母，儿才没有伤。

　　皇后（白）：怎么你没有伤？你父王若问，该用何言答对？

　　昭仪公主（白）：你就说有伤哩。

　　唐王（白）：梓童！命你去验皇儿的伤痕，或是青伤，或是红伤却怎么慢慢腾腾的不见回话呢？

　　皇后（白）：皇儿说他有伤哩，想必是有伤哩。

　　唐王（白）：怎么说皇儿说他有伤，想必就是有伤。难道你就没有验看吗？

　　皇后（白）：我就没有验。

　　唐王（白）：哈哈！我把你个老不中用的！

　　皇后（白）：中用的上前。

　　唐王（白）：闪开！待我去验。皇儿过来待父王验看，驸马将我儿打的是什么伤痕，若是有伤，父王立刻登殿将郭暧杀了剐了，好与我儿消气。

昭仪公主（白）：父王儿有伤哩，我龙母方才验过了，你还验啥呢？

皇后（白）：这哇！我何时可验来！

唐王（白）：你龙母验了父王我不信，还要亲眼验看。

昭仪公主（白）：怎么一定要验？

唐王（白）：一定要验！

昭仪公主（白）：一定要看？

唐王（白）：一定要看？

昭仪公主（白）：一定要验的时节你就与我看看看！

唐王（白）：（看）哎呀，梓童！

皇后（白）：万岁。

唐王（白）：驸马当真了不得了，他将我皇儿身上打的嘛……

皇后（白）：怎么样？

唐王（白）：才没有伤。

皇后（白）：哼！国王家的女儿，进宫辈起舌来了。

唐王（白）：翻起是非来了。

昭仪公主（白）：哎，父王！

    （唱）：他言说父王江山从何起，

      尽都是郭家东挡西杀

      南征北剿汗马功劳争下的。

唐王（白）：（背语）好一郭暧这就不是！你夫妻争吵，为何提起孤家的江山来了。

（向昭）往下讲来。

昭仪公主（白）：父王，依孩儿心中思想，咱这十万里江山乃是先君爷家留下来的，他郭家挣了个什么呢？

唐王（白）：皇儿讲话差也，父王这十万里江山，原是人家郭家汗马功劳挣下的，父王和你龙母才能安然而受之。

昭仪公主（白）：哼！留下的！

唐王（白）：挣下的！

昭仪公主（白）：留下的！

唐王（白）：挣下的！

昭仪公主（白）：（哭）留下的么！留下的……

唐王（白）：好好好，就是先君爷留下的，你看好不好？

昭仪公主（白）：（笑）好！

唐王（白）：好了，对你龙母讲说，父王我不爱听。

昭仪公主（白）：龙母！依孩儿心中思想，我父王这十万里江山乃是先君爷家留下来的，他郭家挣了个什么呢？

皇后（白）：皇儿差也，你父王这十万里江山，原是人家郭家汗马功劳挣下的。

昭仪公主（白）：哼！留下的！

皇后（白）：挣下的！

昭仪公主（白）：留下的！

皇后（白）：挣下的！

昭仪公主（白）：（哭）留下的么！留下的……

皇后（白）：好好好，就是先君爷留下的，你看好不好？

昭仪公主（白）：（笑）好！

皇后（白）：好了，对你父王讲说，龙母我不爱听。（欲打）

昭仪公主（白）：（退而又进）龙母，你对我父王去说。就说是留下的！

皇后（白）：这话我说不了。

昭仪公主（白）：嗯！你去！

皇后（白）：我不去。

昭仪公主（白）：你去！

皇后（白）：我不去！

昭仪公主（白）：你你你去……（哭）

皇后（白）：好好好我去，你在莫要哭了，万岁！

唐王（白）：梓童！

皇后（白）：皇儿说这十万里江山，是先君爷家留下的，你就说是留下的。

唐王（白）：梓童！

皇后（白）：万岁！

唐王（白）：我今天看出你母女的意思来了。

皇后（白）：看出是么意思来了？

唐王（白）：你母女二人打的是通通鼓，展的是顺风旗。

皇后（白）：妾妃焉有不知，只是娃哭得要紧么。

唐王（白）：好！就是先君爷家留下的，叫他往下的讲来。

皇后（白）：皇儿过来。

昭仪公主（白）：龙母。

皇后（白）：你父王说来，咱这十万里江山，是先君爷家留下的。

昭仪公主（白）：你看，你看怎么样！我说是留下的，你总是说挣下的，这到底还是个留、留、留下的！

唐王（白）：这本来就是人家挣下的。

昭仪公主（白）：哎，父王！

（唱）：请父王杀驸马与儿出气，你不杀小郭暧儿我不依。

唐王（白）：这个！

（唱）：皇儿宫中表心意，

可笑驸马没道理。

你夫妻争吵呕了气，

为何将王的江山提。

他言说王坐江山非容易，

本是他郭家南征北战

东荡西杀汗马功劳挣下的。

王这里坐车辇上殿去，

定要把郭暧斩首级。

皇后（白）：万岁！

（唱）：劝万岁莫要心生气，

听妾妃把话说仔细。

汾阳王今日寿诞期，

七子八婿摆筵席。

一对对小夫妻都去贺喜，

惟有那三子郭暧独自一。

皇儿撒娇不肯去，

驸马焉能不着急。

兄弟妯娌闲言语，

说的老三红面皮。

回宫与儿论道理，

她必然说话没高低。

说什么纲纪君臣礼，

大言大语把人欺。

说的驸马生了气，

争吵几句难免的。

你休听皇儿一面理，

她撒娇任性翻是非。

漫说驸马还有理，

即就是有罪也斩不得。

万岁江山谁保你，

少不了郭家父子定社稷。

你今不当为别的，

全当为的咱自己。

消一消火来压一压气，

那个岳父大人斩女婿？

只有你坐车辇上得金殿去，

将驸马莫要杀……

唐王（唱）：王我将他剐了？

皇后（唱）：将他的官职……

唐王（唱）：王我把他的官职革了？

皇后（唱）：再往上连升三级。

唐王（唱）：梓童讲话没道理，

他不该把王爱女欺。

越思越想越生气，

我定要把郭暧……

（偷看昭仪）

千刀剁万刀剐活剥了皮。

昭仪公主（白）：哎哎哎！这怎么当真要杀驸马哩呀！哎，父王！

（唱）：走上前来扯龙衣，

父王莫忙听仔细。

驸马吃酒上了气，

儿不该进宫诉委屈。

龙母说的有道理，

夫妻争吵是常有的。

劝声父王消消气，

斩坏了驸马……

唐王（唱）：与我儿就把气出了！

昭仪公主（唱）：儿我该怎的？

唐王（白）：哈哈哈……

（唱）：孤要斩郭暧是假意，

她母女果然着了急。

寡人立刻上殿去，

再叫梓童听仔细。

将皇儿领奔后宫里，

一霎时与驸马加官晋级。

皇后（白）：好呀！

（唱）：听罢言来深施礼，

叫皇儿随娘到后宫里。（下）

唐王（唱）：转回头来叫长随，

后宫院与王换龙衣。

## 【毛泽东评点】

据郭桂馨回忆：毛泽东在下专机后，问她："叫什么名字呀？"

"郭桂馨。"

"郭桂馨，男娃的名字嘛。我看叫郭子仪吧，知道郭子仪吗？看过《打金枝》没有？郭子仪可是位民族英雄哪。"

——李克菲、彭东海：《秘密专机上的领袖们》，中共中央党校出版社1997年版，第130页。

1952年10月，毛泽东在中南海观看山西晋剧团《打金枝·劝宫》后，对扮演唐代宗的丁果仙说："你扮演的唐代宗这个人，虽然建功立业上没有什么作为，但他很会处理家庭矛盾。这一点，我们共产党的干部也应当学习一下啊！"

——纪丁：《女中男儿丁果仙》，人民音乐出版社2002年版，第169页。

1958和1959年，毛泽东先后两次观看了河南豫剧院二团著名演员桑振君演出的《打金枝》。

20世纪60年代，毛泽东看了晋剧《打金枝》很喜欢，曾几次同中央领导谈论这个戏，说郭子仪的儿子和皇帝的女儿结婚后闹矛盾，双方都各自批评自己的孩子，矛盾很快解决了，这很好啊。

——刘丽丽：《毛泽东对子女恋爱婚姻的关心与指导》，《世纪桥》2010年第10期

## 【赏析】

《打金枝》是晋剧著名的经典剧本，故事讲述了唐代宗将女儿升平公主许配汾阳王郭子仪六子郭暧为妻。时值汾阳王花甲寿辰，子、婿纷纷前往拜寿，唯独升平公主不往，引起议论，郭暧怒而回宫，打了公主。公主向父母哭诉，逼求唐皇治郭暧罪，郭子仪绑子上殿请罪，唐皇明事理、顾大局，加封郭暧官职。皇后劝婿责女，小夫妻消除前嫌，和好如初。

该剧目是颇具特色和影响深远的经典剧目，它由几代艺术家潜心创作，不断开拓，至今仍久演不衰。创下了曾九进中南海为毛泽东、周恩

来、朱德、贺龙、陈毅等中央领导演出的纪录；1948年春天毛泽东在山西兴县北坡村看了晋剧《打金枝》后指出："此剧讲君臣团结，人民之福；教育子女，顾全大局，是教育干部的好戏。"

梅花版《打金枝》由山西梅花文化传播有限公司制作，并在传统经典保留剧目基础上进行了创新演绎。该剧由史佳花、谢涛、胡嫦娥、成凤英、苗洁、武凌云等6位历届中国戏剧梅花奖获奖演员担纲主演。六朵梅花同台演《打金枝》，开创了中国戏剧舞台表演艺术的先河。

毛泽东赞赏唐代宗会处理家庭矛盾，号召我们共产党干部向他学习，是很有意义的。

# 《逼上梁山》（京剧）
# （延安）中共中央党校俱乐部演出本

## 【原文】

### 第十一场　风雪山神庙

时　间：夜晚。地点：山神庙。（远处丘陵起伏，近处劲松挺立，狂风怒号，大雪飘飘。

林　冲　（内喊）　好大雪！（开二幕。林冲头戴毡笠，挂剑荷枪，枪上挑酒葫芦上。）

林　冲　（唱）【一支花】

夜沉沉漫天大雪飘，

风萧萧怒卷茅棚倒，

凄切切怎度今宵！

避风雪急往山神庙，

孤单单奔走荒郊。

望家乡，路迢遥，

王蕴章

想贤妻，无依靠，生死难料！

恨权奸，逼得俺，天涯流落！

啊哈！

到，到何日，这血海冤仇，才得报！

（适才在酒店，与众家兄弟相会。不想回到草料场，见草房被风雪压倒，险遭不测，今晚无处安身。看前面有一山神庙，不免去至那里，暂住一宵。）

（绕场）（开三幕，出现山神庙景。）

林　冲　（入门，关门，四下张望）看那旁有些柴草，待俺生火取暖。生火，坐神案旁饮酒）想俺林冲，遭此迫害，流落沧州，多蒙众位父老兄弟帮助，才有今日。回想奸佞专权，陷害于我，压榨百姓，民不聊生，怎不令人气恼！高俅啊！贼子！（起初更）

（唱）【四平调】

耳听得谯楼初更敲，

往事萦怀怒火烧。

我心里实把高俅恨，

狗奸贼呀！（拔剑示意）

不杀那奸贼恨难消！啊，恨难消。

（坐神案旁饮酒，起二更）

（接唱）

又听得谯楼二更来，

弟兄们言语记心怀。

众百姓揭竿而起上山寨，

上山寨呀！（拔剑起舞）

这浑身的枷锁才能打开！

啊——

才能打开！

（饮酒，有醉意）看那旁神帐之上有些字迹，待俺映着火光看来！

啊——

　　　　　　　　"农夫背上添心号，

　　　　　　渔父舟中插认旗。"（大声重复诗句，起三更）

　　（唱）【原板】

　　　　　　　　谯楼已把三更报，

　　　　　　心潮澎湃似海涛。

　　　　　　农夫背上添心号，

　　　　　　渔父舟中认旗飘。

　　　　　　官逼民反民必反，

　　　　　　反了吧！

　　　　　　砸碎枷锁出笼牢。

　　　　　　要把这黑暗的世界翻转了，

　　　　　　还须得枪对枪来刀对刀。

　　（转）【垛板】

　　　　　　　　枪对枪，刀对刀，

　　　　　　反朝廷，诛无道，

　　　　　　杀贪官，除强暴，

　　　　　　闹它个天翻地覆，

　　　　　　海沸山摇！（把酒喝干，站立不稳，醉伏神案旁）

　　（李小二、王月华持兵刃走边急上。）

　　李小二　　咳！你我去至草料场寻找教头，不想草房被风雪压倒，教头不在。这漫天大雪，他可上哪去啦？王月华看那旁乃是山神庙，教头借地安身，也未可知。

　　李小二　　你我冒叫一声。（上前呼叫）林教头！林教头！

　　（李小二、王月华推门入内。）

　　林　冲　　什么人？

　　李小二　　我等在此。

　　林　冲　　兄嫂到此何事？

　　李小二　　哎呀，教头啊！你走之后，店中来了二人，东京口音，与本地管营窃窃私语，鬼鬼祟祟，言道什么高太尉，又说什么草料场……

王月华　　还说什么风呀，火呀！

李小二　　莫非高俅老贼派人前来陷害于你不成？

林　冲　　他二人作何打扮？

李小二　　前一人师爷打扮，后一人公差模样。

林　冲　　这前一人定是陆谦。他既然前来，必有所为，待我会他！

（远处有火光，人声嘈杂。陆谦、富安、管营上，众打手随上。）

富　安　　好大的火呀！

管　营　　这冲天大火，定能把林冲烧死！

陆　谦　　哼！就是烧不死他，这大军草料场被焚，也得问他个死罪！

富　安　　待火熄灭，捡两块林冲的骨骼，回去请赏。

陆　谦　　好大的雪啊！你我到庙中歇息歇息！

（林冲、李小二，王月华破门而出。）

（林冲、陆谦对视。）

陆　谦　　你……是……

林　冲　　俺就是你害不死的林冲！啊！

陆　谦　　啊！（惊惧地示意差拨上）

（林冲、李小二、王月华与陆谦等拼杀。李小二追富安下，王月华追管营下。林冲与众打手搏斗，杀死众打手，最后将陆谦踢倒在地。）

（李小二、王月华引李铁及男女老少农民及猎户、铁匠等群众持兵刃及锹镐等拥上。）

陆　谦（见势不妙，跪地求饶）贤弟饶命！

李小二　　你们来到沧州苦苦相逼，所为何来？

陆　谦　　这……

李　铁　　快说，不说就杀！

陆　谦　　只因高太尉与林教头旧恨未解，又加新仇，高太尉唯恐林教头身在沧州，养虎成患，故尔命我等前来斩草除根！

林　冲　　啊？！我那娘子她……

众　　　　讲！

陆　谦　　是是，自从林教头走后，高衙内将林娘子抢进府中……

林　　冲　讲！陆谦那……那林娘子被迫自尽，一家人俱已死于非命！

林　　冲　好恼！

（唱）【西皮快板主】

惊噩耗不由人肝胆俱裂，

南望云天恸欲绝！

恨不得食尔之肉饮尔血——

（以刀逼陆谦）

陆　　谦　（叩头如捣蒜）　林教头饶命，此乃高俅父子所为，与小人无干啊！

众　你们狼狈为奸，休想抵赖！

林　　冲　（接唱【散板】）

尔真是狠如豺狼毒似蛇蝎！（踢翻陆谦）

陆　　谦　林贤弟，千不念万不念，念在你我十年同窗共事数载，将我饶恕了吧！

林　　冲　（冷笑）嘿嘿……（接唱）！

龙泉剑怎能饶——

你这人面兽心，口蜜腹剑的贼妖孽，

恨不能杀回东京除尽奸邪！

（林冲杀死陆谦。战鼓震天，胡笳长鸣。群众甲急上。群众甲李铁哥，州将领兵来了，快想一脱身之计！）

林　　冲　事到如今，无路可走，大家一起反了吧！

众　对！一起反了！

林　　冲　乡亲们！随我一同迎敌去者！

众　噢！（林冲率众绕场下。）


## 第十二场 造反上梁山


时间：紧接前场。由深夜到黎明。地点：旷野。

（丘陵起伏，白雪覆盖，夜色阴沉。）

鲁智深、曹正　走啊！

（二幕前，鲁智深、曹正率起义军数人上。）

鲁智深　　商议合寨事，

曹　正　　雪夜奔梁山。

（鼓角声，喊杀声。）

鲁智深　　听这边鼓角齐鸣。

曹　正　　看那旁火光冲天。

鲁智深　　定是万恶官府又来骚扰百姓。

曹　正　　弟兄们，我等上前看个明白，一同扶危除暴。

鲁智深　　打抱不平！

众义军　　啊！（同下）

（开二幕，州兵引州将、副将、管营等上，林冲、李铁等率群众与州将等官兵对垒。）

州　将　　咄，尔等暴徒竟敢聚众放火，烧了大军草料场，杀死朝廷官吏，包庇重犯林冲，该当何罪？

李　铁　　呀呀呸！尔等贪官污吏，纵火烧了草料场，我等前来救火，捉拿奸细，有何罪过！

一老农　　你们这班狗官，贼喊捉贼，自己放火，反来诬陷百姓……

州　将　　看刀！（杀死老农）

林　冲　　咄！大胆奸贼，休走看枪！

州　将　　你是何人？

林　冲　　豹子头林冲！

州将、林冲（同喊），杀！

（林冲与州将对阵，林冲追州将下。）

（群众与官兵一场混战。）

（李小二、王月华杀死副将、管营、公差等，李铁与州将对战，不敌而下。）

（鲁智深、曹正率众冲出，与州将对打。）

（林冲上，共战，将州将杀死，官兵大败，众纷纷上。）

林　　冲　　乡亲们，官兵已经大败，大家一同投奔梁山！

众　　　　好！梁山泊去者！（载歌载舞）

（合唱）【黄龙滚主】）

　　　　　恨朝廷荒淫无道，

　　　　　恨奸邪罪恶滔滔，

　　　　　黎民百姓受尽煎熬。

（一青年举起义红旗，从群众中挥舞而过。）

　　　　　反抗的怒火高烧，

　　　　　携起手打开笼牢，

　　　　　要把那山河再造！（重句）

　　　——幕闭·剧终


**【毛泽东评点】**

　　绍萱、燕铭同志：

　　　　看了你们的戏，你们做了很好的工作，我向你们致谢，并请代向演员同志们致谢！历史是人民创造的，但在旧戏舞台上（在一切离开人民的旧文学旧艺术上）人民却成了渣滓，由老爷太太少爷小姐们统治着舞台，这种历史的颠倒，现在由你们再颠倒过来，恢复了历史的面目，从此旧剧开了新生面，所以值得庆贺。郭沫若在历史话剧方面做了很好的工作，你们则在旧剧方面做了此种工作。你们这个开端将是旧剧革命的划时期的开端，我想到这一点就十分高兴，希望你们多编多演，蔚成风气，推向全国去！

　　敬礼！

　　　　　　　　　　　　　　　　　　　　　　　　　毛泽东

　　　　　　　　　　　　　　　　　　　　　　　　　一月九日夜

　　　　　——《毛泽东书信选集》，人民出版社 1983 年版，第 222 页。


**【赏析】**

　　《逼上梁山》取材于古典小说《水浒传》中林冲的故事，并参照有关

王蕴章

北宋宣和年间人民革命斗争的历史资料，以及明传奇《宝剑记》《灵宝刀》和民国初年杨小楼的《英雄血泪图》（亦名《野猪林》）等戏曲作品编写而成。

1943年作于延安，初稿作者杨绍萱，正式演出本又经延安中共中央党校的刘芝明、齐燕铭等集体加工修改。1943年由延安中共中央党校教职学员的业余文艺组织"大众艺术研究社"作首次演出。全剧26场（1944年又改为27场）。嗣后曾被昆曲、秦腔、汉剧、河北梆子、豫剧、评剧、晋剧、婺剧等剧种移植演出。

《逼上梁山》主要描写林冲的故事，但并不单纯表现林冲的个人遭遇，而是以林冲的故事做线索，广泛联系北宋末年的社会斗争，突出表现了当时广大劳苦群众不堪封建统治者的压迫，纷纷起来聚义造反的现实。它不但描写了林冲由一个具有正义感的下层军官走上反抗道路的曲折过程，成功地塑造了这个"官逼民反"的典型形象；而且着力塑造了李铁、李小二、鲁智深、曹正、王月华等反封建起义造反者的英雄群像，热情歌颂了人民群众的革命精神和英雄行为，及其在推动历史前进中的伟大作用。这就使《逼上梁山》在思想上与前代所有同一题材的戏曲作品有了根本的不同，呈现出崭新的面貌，这是剧作者尝试运用历史唯物主义观点重新认识历史、处理历史题材的结果。

《逼上梁山》上演了。毛泽东在半月里连看了两遍。《逼上梁山》的演出得到了毛泽东的高度评价，他观看后在写给编导者的信中指出："历史是人民创造的，但在旧戏舞台上（在一切离开人民的旧文学旧艺术上）人民却成了渣滓，由老爷太太少爷小姐们统治着舞台，这种历史的颠倒，现在由你们再颠倒过来，恢复了历史的面目，从此旧剧开了新生面，……你们这个开端将是旧剧革命的划时期的开端。"在现代中国戏曲发展史上，《逼上梁山》的出现具有重大的意义。

京剧，旧称"平剧"，它还有一个名字叫"国剧"，可见是国学中的另一株奇葩、中华文化的又一瑰宝。

中国京剧是中国的"国粹"，已有200年历史。京剧之名始见于清光绪二年（1876）的《申报》，历史上曾有皮黄、二黄、黄腔、京调、京戏、平剧、国剧等称谓。清朝乾隆五十五年（1790年）安徽四大徽班进京后与北京剧坛的昆曲、汉剧、弋阳、乱弹等剧种经过五六十年的融汇，衍变成为京剧，是中国最大戏曲剧种。其剧目之丰富、表演艺术家之多、剧团之多、观众之多、影响之深均为全国之冠。京剧是综合性表演艺术。即融唱（歌唱）、念（念白）、做（表演）、打（武打）、舞（舞蹈）为一体，通过程式的表演手段叙演故事，刻画人物，表达"喜、怒、哀、乐、惊、恐、悲"的思想感情。角色可分为：生（男人）、旦（女人）、净（男人）、丑（男、女人皆有）四大行当。人物有忠奸之分、美丑之分、善恶之分。形象鲜明、栩栩如生。

所谓"京剧革命"，分内容和形式两个方面。

关于内容，齐燕铭回忆说：《逼上梁山》把林冲和高俅之间的矛盾赋予了政治内容，即写林冲主张抗敌御侮，高俅主张妥协投降，将之作为两种政治矛盾的反映，而把高俅之子谋占林冲妻子的内容推到了第二位，这就与《水浒传》以及过去同一题材的戏曲和电影，仅限于描写林冲个人苦难遭遇截然不同。剧本旨在描写主人公林冲在具体的历史条件下思想转变的过程，也即特定历史典型环境下典型人物的形象塑造。

至于表现形式，除了保留原剧若干特点之外，又吸收了秦腔《打渔杀家》的表现特点，如情绪高亢的齐声合唱等。对人物形象也力求突破旧剧行当的限制，按照剧中人物思想情感和性格的要求，运用京剧艺术形式重新塑造；唱、白，着重于人物内心的表现，不拘于程式，如林冲，就采用了武生的功架和念白，同时兼用了须生和武生的唱法，来表现林冲的性格以及随着思想觉悟的提高，其态度的转变。此外，在脸谱、化妆、舞台设计和装置等方面，都有一些创新。

齐燕铭总结说，这出戏是用阶级观点观察和分析历史、用京剧形式写新历史剧的试验，同时又是对京剧形式的一次初步的改革。

杨绍营（1893—1971），河北滦县人。当时是中共中央党校研究员。

齐燕铭（1907—1978），北京市人。当时在中共中央党校教务处文教科任科长。

毛泽东看了由杨绍营、齐燕铭编导，中共中央党校俱乐部演出的平剧

（即京剧）《逼上梁山》后，写了这封信，请中央党校副校长彭真转交编导者。"文化大革命"期间此信曾在 1967 年 5 月 25 日《人民日报》上发表，当时这封信被说成是写给延安平剧院的，信中"郭沫若在历史话剧方面做了很好的工作，你们则在旧剧方面做了此种工作"一句被删掉。1982年 5 月 23 日在《人民日报》上重新发表了此信的全文。

郭沫若在历史话剧方面所做的工作，指郭沫若在抗日战争时期写了《屈原》《虎符》等历史话剧。


# 《三打祝家庄》（京剧）
## 延安平剧院演出本


【原文】

### 第十一场

（祝朝奉、孙立、栾廷玉等同上。）

祝朝奉　（唱）　　天朗日暖惠惠飏，

　　　　　　　　提辖一同来巡庄。

　　　　　　　　但顾早日灭贼党，

　　　　　　　　祝家威名天下扬。

（祝老五等上。）

祝老五　迎接老太公。

祝朝奉　老五，小三呢？

祝老五　这个——

祝朝奉　为何吞吞吐吐？

祝老五　回禀老太公，他喝酒嫖破鞋还没有来呢。

祝朝奉　哦，如此失职，将他抓来见我。

祝老五　是。（下）

（战鼓声。祝彪上。）

祝　彪　　爹爹，梁山一支贼兵呐喊，待孩儿擒进庄来。

孙　立　　老太公，愚下也要助公子一臂之力。

祝朝奉　　好，你们就出城擒贼者。

（孙立、祝彪同下。）

战鼓声、喊声。

庄　丁　　孙提辖擒了贼将石秀过去了！

（押石秀过场，孙立、祝彪同上。）

祝朝奉　　孙提辖擒了贼将石秀，令人钦佩！

孙　立　　乃是三公子之功。

栾廷玉　　大家之功。

　　同　　哈哈哈。

（祝老五拉祝小三上，乐和暗上。）

祝老五　　启禀老太公，祝小三抓来了。

祝小三酒醉不省人事。

祝朝奉　　唗，胆大奴才，如今正在交战之际，竟敢贻误大事，吃得
这样醺醺大醉，来，推出斩了。

祝　彪　　且慢，爹爹，念他擒贼有功，还是饶过才是。

（乐和暗示老五、锺离群要他们说话。）

祝老五　　老太公，祝小三吃酒误事还不算，还克扣弟兄们的口粮，
招得弟兄们个个不满。

钟离群　　老太公，祝小三克扣我们的口粮，叫我们吃不饱，怎能守
城打仗？

祝朝奉　　小奴才，竟敢如此胡作非为，撤去其职，重责四十，押下去。

（庄丁拉祝小三下。）

祝老五　　老太公，那么寨楼之事呢？

祝朝奉　　就命你掌握，升为正目。

祝老五　　多谢老太公。

祝朝奉　　孙提辖真乃武艺超群，等郓州官兵到来，还望一同击杀贼兵。

孙　立　　当得勤劳。

祝朝奉　　巡庄去者。

（牌子，同下。）

乐　和　　五哥，大喜啦，新升了正目，没有旁的，得讨我喝几杯喜酒呀！

祝老五　　行，什么时候？

乐　和　　明日吧！

祝老五　　成，明天正好是老太公的寿日，咱们给他老人家祝寿，也给我捧个场。

乐　和　　白天晚上？

祝老五　　白天吧。

乐　和　　白天我没有工夫。

祝老五　　那就晚上吧，咱们喝个通宵。

乐　和　　在哪儿？

祝老五　　就在寨楼上吧！

乐　和　　不是老太公有命令，谁也不能上寨楼吗？

祝老五　　什么命令不命令，如今我就是命令，你准来吧！

乐　和　　对，死约会，不见不散。

祝老五　　张大哥，我新升了正目，我要找弟兄们训话去。（下）

乐　和　　好，请。且住，这小子明日晚上请我到寨楼上喝酒，机会难得，我不免和姐夫商议，那夜动起手来便了。（急下）


## 第十二场

（宋江率将等急急上。）

宋　江（念）　三军士气旺，今夜破祝庄。

众家贤弟，适才孙立贤弟送来一信，约定我等今夜三更时分，进攻祝家庄。此番进兵：必须人衔枚，马解铃，悄悄而行。敌我胜负，在此一举。李逵贤弟听令：

李　逵　　在。

宋　江　命你带领五百精壮步兵，三更时分准赶到庄前，但等寨门开放，便冲进庄去，进庄之后，放起火来，不准胡乱杀人。

李　逵　遵命，好百姓我一个也不杀，祝家恶霸我半个都不留。

宋　江　林冲贤弟听令！

林　冲　在。

宋　江　命你带领五百马军，但等庄内起火，便冲杀进去，不得有误。

林　冲　得令。

宋　江　众家贤弟，随同愚兄，一齐进庄去者。

众　　得令。

（同下。）


## 第十三场

（乐和孙新同上。）

乐　和　大事安排好。

孙　新　劈城放吊桥。

乐　和　五哥五哥。

（祝老五、钟离群同上。）

祝老五　张大哥来了。（钟离群拿酒。）

钟离群　是。（摆酒）

乐　和　五哥，这是我们老爷的侍从孙福，这是守城正目五哥。

祝老五　都是自己人就没错，请喝酒。

同　　请。（同饮酒）

乐　和　这些日子和梁山打仗，你看是谁胜谁败呀？

祝老五　自然是我们胜，张大哥，我听说了，郓州官兵快到了，那时候我们庄内的人马，一拥而出，两下夹攻宋江的贼兵、管叫他们下得山来，就一个也回不去。

乐　和　这么说梁山的死期到了！

祝老五　那还用说。你请看热闹了。

乐　和　祝五哥，你知道我是谁呀？

祝老五　　你不是张和张大哥吗？

乐　和　　不是。

祝老五　　别开玩笑了，你是谁呀？

乐　和　　俺乃梁山好汉铁叫子乐和。（祝老五大惊）不准动。（拔出刀来）我告诉你，寨门已经劈开了，吊桥也放下啦，梁山人马已经杀进来了。眼前摆着生死两条道，要生，一齐杀死祝朝奉，有你们的好处；要死一刀两段，白白地替祝朝奉送死。我们梁山替天行道，扶危济贫。今天就是祝家庄的穷人翻身的日子，你们还不起来干吗？

钟离群　　好哇，五哥，咱们就反了吧！

乐　和　　怎么样？

祝老五　　我随着，我随着。

乐　和　　好，放起火来，走！

（同下。）

（开打，梁山将杀死祝朝奉、祝彪、祝龙、祝虎、祝小三，得胜返回山寨。祝家庄众百姓夹道欢送。）

## 【毛泽东评点】

毛泽东同志在《矛盾论》中指出："《水浒传》上宋江三打祝家庄，两次都因情况不明，方法不对，打了败仗。后来改变方法，从调查情形入手，于是熟悉了盘陀路，拆散了李家庄、扈家庄和祝家庄的联盟，并且布置了藏在敌人营盘里的伏兵，用了和外国故事中所说木马计相像的方法，第三次就打了胜仗。《水浒传》上有很多唯物辩证法的事例，这个三打祝家庄，算是最好的一个。"

——《毛泽东选集》，第一卷，人民出版社1991年版，第313页。

1939年秋，毛泽东在延安窑洞里，召见了即将赴山东出任八路军山东纵队第三旅旅长的许世友。在谈话中，他要许世友到山东后领个媳妇回来。毛泽东说："胶东姑娘的美是有其历史依据的，不是我毛泽东凭空讲出来的。她们不仅外貌美，而且心灵美。北朝时期女扮男装替父从军的花木兰，'当窗理云鬓，对镜贴花黄'，称得上是一个美女将军了。这个花木兰，就是山东登州人。宋公明三打祝家庄，前两次没打下来，第三次才打下来，你知道功臣是谁吗？"许世友摇头回答。毛泽东即说："是号称'母大虫'的顾大嫂。顾大嫂不简单呀！梁山寨一百零八条好汉，她就带上去八九个。你看这个顾大嫂也是登州人。"

———（《旧闻周刊》2006 年 3 月 4 日）

1944 年 7 月初，延安平剧院正式成立了《三打祝家庄》创作小组，并从毛泽东那里借来了一百二十回本的《水浒全传》，构思中又得到了齐燕铭的帮助。毛泽东在听取创作汇报时，再次指示说："该剧要写好三条：第一，要写好梁山主力军；第二，要写好梁山地下军；第三，要写好祝家庄的群众力量。"

———陈晋：《毛泽东谈文说史·〈水浒传〉的启迪》，《瞭望》杂志 1991 年第 44 期。

1945 年 2 月 22 日，延安平剧研究院公演《三打祝家庄》。毛泽东写信祝贺，说："我看了你们的戏，觉得很好，很有教育意义。继《逼上梁山》之后，此剧创造成功，巩固了平剧改革的道路。"

注：据北京《新民报》1950 年 1 月 17 日报道：《三打祝家庄》由延安平剧研究院魏晨旭、李纶、任桂林等集体创作，刘宁一、齐燕铭、郭化若、刘慎之参加研究。毛泽东观看后，给演出者写了这封信。

———白金华：《毛泽东谈作家和作品》，吉林人民出版社 1993 年版，第 326 页。

1945 年 5 月 31 日，毛泽东在中国共产党第七次全国代表大会上的结论中，提出要多想问题。他说："一个问题来了，一个人分析不了，就大家来交换意见，要造成交换意见的空气和作风。我这个人凡事没有办法的时候，就去问同志们，问老百姓。打仗也是这样。我们要善于跟同志们交谈。比如，《逼上梁山》就是一个集体创作，《三打祝家庄》也是一个集体创作，《白毛女》也是一个集体创作，让自己的功劳同大家共有，这有什么不好呢？《共产党宣言》就是马克思、恩格斯两个人合作写的。我们搞

王蕴章

了一个《关于若干历史问题的决议》，又搞了一个政治报告，如果不是大家都来，一个人怎么能够搞得完全呢？首先要承认这一点，就是一个人搞不完全，要依靠大家来搞，这就是我们党的领导方法。要用这样的方法来启发同志的思想，去掉盲目性。"

——《毛泽东文集》，第三卷，人民出版社 1996 年版，第 398 页。

1945 年，当时延安鲁迅艺术剧院的平剧团，也移植演出水浒戏《三打祝家庄》。毛主席非常喜欢看戏，他几乎是每场必到。有一次，锣鼓响起，大幕拉开，只见花脸上台来，黑脸下台去。毛主席看得津津有味，不时评论一句："这个李逵是天不怕、地不怕，就跟我们将军许世友一样。"

——李耀宇口述：《中国革命亲历者的私人记录》，当代中国出版社 2006 年 1 月版。

1945 年 9 月，重庆谈判期间，毛泽东在桂园会见民主爱国人士时，有人在谈话中暗示：重庆气候不好，易患感冒，您还是早点回延安吧！听了这位朋友忧虑中的忠告，毛泽东微微一笑："中国有句古话：不入虎穴，焉得虎子。谈判和打仗是一回子事，不同的是一个是流血的政治，一个是不流血的斗争。要想战胜对手，就必须了解对手，熟知对手。知己知彼，才能百战不殆嘛！宋江三打祝家庄，前两次都因情况不明、方法不对，吃了大亏。后来，梁山好汉们学得聪明起来，改变了方法，采用了孙子的《论军事说》，派人进去在敌人的营寨中搞了个调查研究，做了些工作，结果，李家庄、扈家庄和祝家庄的联盟开始分崩离析，盘陀路的道也弄清楚了，并且布置了藏在敌人营盘中的伏兵，用了和外国故事中所说木马计相像之方法，于是，第三次进攻，就打了个大胜仗。"毛泽东从他的故事中又回到现实："和蒋介石进行面对面的斗争，就是要更好地了解他，在战术上熟知他的同时，通过谈判，让更多的人们深刻认识到蒋介石排除异己、消灭中共的错误战略思想。让人们在事实中得出结论：要打内战的不是共产党、毛泽东，而是他蒋介石执意要这么办！他要这么办，谁也没有办法，我们只有奉陪到底。"

——李清华：《雾都较量》，中共中央党校出版社 1994 年版，第 177 页。

1946 年 6 月 26 日，国民党空军上尉刘善本等驾机起义。3 天后，延安军民举行晚会，欢迎刘善本机组。灯火通明的中央大礼堂门前，并排站立着中国共产党的 3 位巨人：身穿土布补丁衣服的毛泽东、朱德、刘少奇。欢迎的规格之高，使踏上台阶的刘善本惊呆了。毛泽东伸出大手，微笑着："毛泽东欢迎你们到延安来。"一时间，刘善本的脑子里出现空白，事先准备的许多话不知跑哪儿去了。他抓住毛泽东的手摇啊摇，摇了半天，泪水才和声音一起迸出："毛主席，我终于到您这里来了！"一条长长的板凳，坐着举世闻名的毛泽东、朱德、刘少奇，也坐着刘善本和他的机组成员——自愿留在延安的张受益、唐世耀、唐文玉。彼此一律平等，都是普通观众。开演前，毛泽东对刘善本说："今天晚上，本来是要演平剧《逼上梁山》的。因为蒋介石打内战，我是被逼上梁山的，你们也是逼上梁山的。可是剧组却在外面赶不回梁山了，只好演些小节目。"毛泽东回过头问后排的人："是些什么小节目呀？"后排的人回答："有秧歌剧《兄妹开荒》。""哦，好，好。"毛泽东继续他的随意说笑，"《兄妹开荒》也好嘛。上得梁山，就要开荒，先开一片新地，再开一片新天。天上开荒，要靠你们这些飞将军啰。"

——王苏红、王玉彬：《空战在朝鲜》，解放军文艺出版社1992 年版，第 60—61 页。

20 世纪 40 年代，毛泽东在延安枣园时，曾对身边的同志说："《水浒》中的三打祝家庄，为什么要打 3 次？我看宋江这人有头脑，办事谨慎，前两次是试探，后一次才是真打。我们干革命，就得学宋江，要谨慎。有人说《金瓶梅》是写色情的书，主张不要看。你不看此书就不知道梁山好汉是如此产生出来的，就不了解当时社会的腐朽生活。梁山的好汉都是些不甘受压榨，敢于反抗的英雄。那时的梁山虽然没有产生老马（马克思）主义，但他们的所作所为，基本上是符合马列主义的。"

——喜民：《魂系中南海》，中国文联出版公司 1990 年版，第 91—92 页。

王蕴章

据解放战争时期担任毛泽东警卫排长的阎长林回忆，1947 年前后，在转战陕北的艰苦斗争的日子里，毛泽东充分利用行军打仗的间隙时间，在行军路上学习。大概因为他看到我们懂得太少了，就说："你们的文化低，读理论书有困难，可以先看小说，引起读书兴趣，文化提高后再慢慢读理论书。小说的内容很丰富，有政治，有军事，有文化，有生活。看小说不仅能够增长知识，养成良好的学习习惯，而且也能够提高分析和判断的能力。例如《水浒》里有个三打祝家庄，前两次没有打进去，宋江从调查情况入手，熟悉了盘陀路，拆散了李、扈、祝三家的联盟，给敌人的营盘里藏了伏兵，第三次就打进去了。这就是只有调查研究才能找到解决问题的方法嘛。"由《水浒》，毛泽东又讲了《三国演义》和《红楼梦》。

——孙宝义：《毛泽东的读书生活》，知识出版社 1991 年版，第 237 页。又见陈四长、郭洛夫：《艰难的转战》，军事科学出版社 1993 年版，第 116 页。

1947 年 12 月 21 日，毛泽东在陕北米脂县杨家沟，对晋绥平剧院演出队作了《改造旧艺术，创造新艺术》的讲话。他在讲话中说："世界上本来百分之九十的人是工人、农民，我们住的房子，都是他们双手盖起来的，土豪劣绅连个柱子都搬不动，可是许多的旧戏却把劳动人民表现成小丑。当然，旧戏中也有些剧本是好的，如《打渔杀家》之类。有些旧戏你们可以改造它，用自己的创造力掌握了这门艺术，并且从政治上来个进步，你们就可能写些新的东西。打仗也是个创造，但这是死了好多人才换来的。1927 年我在武汉时还是个白面书生，但是在以后 20 年的战争中创造了打仗的新的方法，同样，我们党的每一个工作人员和干部，在各种工作中都有可能发挥自己的创造力。前途是我们的。打败仗我们不怕，不打败仗我们就不知道仗应该是如何打法。平剧这个剧种在延安曾有过很多的争论。平剧把老爷、太太、少爷、小姐写成一个世界，穷人就不算数。平剧的形式目前我们不忙改，只挑出若干需要修改的戏，首先从内容着手改造。过去在延安改造了两个戏，一个是《逼上梁山》，一个是《三打祝家庄》，缺点就是太长了。有些旧戏我看写的还很精练。希望你们大胆地进行艺术创造，将来夺取大城市后还要改造更多的旧戏。"

——《毛泽东文集》，第四卷，人民出版社 1996 年版，第 325—326 页。

1948 年 4 月 2 日，毛泽东同《晋绥日报》编辑人员谈话。毛泽东在谈到群众齐心了，一切事情就好办了时，笑着向大家说："你们看过《三打祝家庄》的戏吧！头两次打败了。后来研究了为什么失败，大家心一齐，采用里应外合的方法，结果第三次打胜了。"

——纪希晨：《忆毛泽东同志对〈晋绥日报〉编辑人员的谈话》，

《山西文史资料》第 31 辑，山西人民出版社 1984 年版，第 8、11 页。

## 【赏析】

《三打祝家庄》作者任桂林、魏晨旭、李纶。1944 年创作，1945 年 2 月由延安平剧研究院首演。剧本收入《中国人民文艺丛书》（1949）与《中国地方戏曲集成·北京市卷》（1959）。

作品取材《水浒传》小说第 46—50 回中三打祝家庄的故事，描写梁山农民起义军第 1 次攻打地主武装盘踞的祝家庄，由于贸然进兵，被困盘陀路中，险些全军覆没。又派石秀探明盘陀路，并采取各个击破策略，争取了李家庄、扈家庄，孤立了祝家庄。但因祝家庄城高堑深，梁山农民起义军只靠强攻猛打，第 2 次进兵又遭失败。梁山再联络孙立、孙新、乐和等打入祝家庄，作为内应，第 3 次进兵，终于攻克了祝家庄。平剧《三打祝家庄》删除原小说中时迁偷鸡、李逵洗劫扈家庄、吴用计赚李应上梁山等情节，吸收昆曲传统剧目《扈家庄》《探庄射灯》的一些表演艺术，从策略斗争的角度，描写梁山农民起义军总结战争失利的教训，摸索出依靠群众、调查研究、分化敌人、里应外合等经验，终于取得胜利。1944 年，抗日战争即将转入全面反攻阶段，解放区军民面临着夺取敌占城市的重要战略任务。这出戏的创作正适应了当时的革命形势。平剧《三打祝家庄》的创作受到毛泽东的重视。他看了这个戏的演出后，给延安平剧研究院写信，称赞这个戏很有教育意义，并且肯定了它在戏曲改革工作中的历史地位，认为继《逼上梁山》之后，此剧创造成功，巩固了平剧（京剧）改革的道路。

1943 年底，平剧《逼上梁山》在延安演出成功后，毛泽东于 1944 年

王蕴章

春又指示延安平剧院创演《三打祝家庄》，以期通过这个戏对干部、战士进行运用"里应外合"战术解放城市的策略教育。此剧于当年7月开始创作，1945年2月22日和23日在延安正式公演。该剧中就有河北演员牛树新。他在"一、二打"中扮演铁棒栾廷玉，"三打"中扮演女杰顾大嫂。牛树新生前多次回忆毛泽东观看他们演出《三打祝家庄》的盛况。他说，毛泽东多次观看此剧，多年以后他还说："三打祝家庄，为什么要三次？我看宋江这个人有头脑，办事谨慎，前两次是试探，后一次才是真打。我们干革命，就要学宋江，要谨慎。"

《三打祝家庄》可以说是在毛泽东的关怀指导下创作演出的，并认为它是改编历史题材的成功范例。1945年4月22日，该剧在延安正式公演，毛泽东当即写信祝贺："我看了你们的戏，觉得很好，很有教育意义。继《逼上梁山》之后，此剧创作成功，巩固了平剧改革的道路。"

此剧是继《逼上梁山》之后，《逼上梁山》创作的意义在于："历史是人民创造的，但在旧戏舞台上（在一切离开人民的旧文学旧艺术上）人民却成了渣滓，由老爷太太少爷小姐们统治着舞台，这种历史的颠倒，现在由你们再颠倒过来，恢复了历史的面目，从此旧剧开了新生面，所以值得庆贺。"（1944年1月9日《致杨绍萱、齐燕铭的信》，《毛泽东书信选集》，人民出版社1983年版，第222页。）

《逼上梁山》的意义在于旧剧开了新生面，也就是正确地反映历史唯物主义。所谓"新"，包括改编者具有新的创作指导思想，剧目本身表现了新的主题思想，观众能根据现实的需要引申获得新的教益。总之一句话，"在历史剧里，历史真实生活与服务政治应该统一起来。"（李纶《论历史剧创作》，《解放日报》1945年10月2日）用新的历史观点改造旧题材，有两条原则：一是用科学的历史唯物主义态度对待历史；二是要尊重艺术规律，真正按这个规律来改编历史题材，就能获得成功。这就是《三打祝家庄》给予我们的启示，也是毛泽东称赞它的原因。